MONTAGES,
Toujours!

COMPLETE COURSE FOR LEAVING CERTIFICATE FRENCH

DONAL FARRELL   CYRILLE LAURENS   JOAN DOBBYN

 GILL EDUCATION

Gill Education
Hume Avenue
Park West
Dublin 12

www.gilleducation.ie

Gill Education is an imprint of M.H. Gill & Co.

978 07171 5528 6

Design and print origination by hlstudios.eu.com

For permission to reproduce photographs, the author and publisher gratefully acknowledge the following:

© Adrian Raeside: 140, 138TR; © Alamy: 17TL, 17TC, 17CL, 17CC, 17CR, 17BL, 17BR, 20, 23, 25, 28TL, 28CL, 28TR, 28CR, 29, 76BR, 76TR, 78C, 85, 90TL, 92L, 173B, 182, 205; © André Faber: 55, 79; © Bruno Budrovic/Laughing- Stock.com: 203CL, 207; © Canary Pete: 158CB, 166L; © Chappatte in "Le Temps", Geneva – www.globecartoon.com: 1B, 106BR, 119R; © Chimulus: 30TC, 39; © Clay Bennett / The Washington Post Writers Group / The Cartoonist Group: 76BC, 87; © Corbis: 17BC, 28BL, 28BR, 65TR, 70, 106TR, 113; © Deligne: 125BR, 132TL, 187BR, 199; © Faujour – Iconovox: 158TR, 160; © Frep: 187TL, 192L; © Geek and Poke: 49TC, 60; © Getty Images: 90BR, 99, 158TL, 164L, 203TL, 208, 203TR, 206; © hellotim – Fotolia.com: 158BR, 164R; © Hub: 187TR, 192R; © IOC, Olympic Museum / Allsport / Getty Images: 64TL, 66L; © Jacques Sondron: 65CC, 73B; © JM Ucciani: 90CL, 97; © KAnar: 49C, 57, 173TL, 175; © Koch: 30TL, 33; © Lasserpe: 125TL, 127; © L'Auto-Ecole © Bamboo Edition, Cazenove & Amouriq: 90TR, 94; © Lénaïc Vilain: 49TL, 56; © Martin Vidberg: 30CC, 42, 49TR, 59, 125BL, 132TR; © Muzo: 30TR, 46T; © Olivero: 138CR, 149; © Olivier Ranson: 49BR, 63B, 173TR, 176; © Philippe Geluck: 1TR, 11, 30CL, 46B, 65CL, 69, 90BL, 101L, 106BC, 114, 151R, 181, 198; © Philippe Tastet: 65BL, 73T, 106BL, 119L, 173TC, 179; © Pierre Kroll: 187BL, 200TR; © Rex Features: 1TC, 6, 203BC, 213; © Sabine Nourrit: 187CL, 196; © Shutterstock: 17TR, 21, 49BL, 63T, 76BL, 138BR, 142, 158CR, 162, 158BL, 166R, 203TC, 212; © Soulcié Iconovox: 214L; © Tesson: 1TL, 3; © Tom Wuthrich: 43L; © Topfoto: 138TL, 143R; © Wingz: 90CC, 92R.

The authors and publisher have made every effort to trace all copyright holders, but if any has been inadvertently overlooked we would be pleased to make the necessary arrangement at the first opportunity.

Contents

Préface v

Exam Guidelines...vi

1: Ma famille et moi 1

2: Chez moi et mon quartier 17

3: Le lycée... 30

4: Les copains et les réseaux sociaux 49

5: Le sport... 64

6: Les loisirs 76

7: Les transports 90

8: La santé 106

9: La technologie 125

10: Les vacances et les voyages 138

11: Les métiers... 158

12: L'argent 173

13: La planète 187

14: La société 203

Appendix A: List of difficult words................... 218

Appendix B: Les nombres et les quantités......... 220

Appendix C: Grammaire................................... 223

eTest.ie – what is it?

A revolutionary new website-based testing platform that facilitates a social learning environment for Irish schools. Both students and teachers can use it, either independently or together, to make the whole area of testing easier, more engaging and more productive for all.

Students – do you want to know how well you are doing? Then take an eTest!

At eTest.ie, you can access tests put together by the author of this textbook. You get instant results, so they're a brilliant way to quickly check just how your study or revision is going.

Since each eTest is based on your textbook, if you don't know an answer, you'll find it in your book.

Register now and you can save all of your eTest results to use as a handy revision aid or to simply compare with your friends' results!

Teachers – eTest.ie will engage your students and help them with their revision, while making the jobs of reviewing their progress and homework easier and more convenient for all of you.

Register now to avail of these exciting features:

- Create tests easily using our pre-set questions OR you can create your own questions

- Develop your own online learning centre for each class that you teach

- Keep track of your students' performances

eTest.ie has a wide choice of question types for you to choose from, most of which can be graded automatically, like multiple-choice, jumbled-sentence, matching, ordering and gap-fill exercises. This free resource allows you to create class groups, delivering all the functionality of a VLE (Virtual Learning Environment) with the ease of communication that is brought by social networking.

Préface

Welcome to the new edition of *Nouveaux Montages*. We have renamed it *Montages, Toujours !* as it retains all the essential components that made *Nouveaux Montages* so popular and has been updated with fresh material relevant to students today.

The reading comprehensions are more exam-focused and also provide the students with translations of important Leaving Certificate vocabulary. The mind maps at the beginning of each chapter give a helpful overview of the new, extensive oral material. Quotes sprinkled throughout the book can be used as a *point de départ* for further oral or written work.

Check your progress using the extensive eTests for this edition; over 80 comprehensive grammar, vocabulary and matching exercises are available on eTest.ie and are a perfect way to revise, chapter by chapter.

We hope you enjoy using *Montages, Toujours !* as much as we have enjoyed working on it. 'Learn the language and the exam will take care of itself!'

Donal Farrell, Joan Dobbyn and Cyrille Laurens

Les symboles

The following symbols are used throughout the book to denote exactly which section each exercise deals with:

 Grammar exercise

 Reading Comprehension (Literary piece)

 Listening Comprehension exercise

 Reading Comprehension (Journalistic piece)

 Oral exercise

 Written exercise

Exam Guidelines

The Higher Level Leaving Certificate French exam is made up of:
- an oral examination (25%)
- reading comprehension (30%)
- written production (25%)
- listening comprehension (20%)

Map of the French Leaving Certificate examination

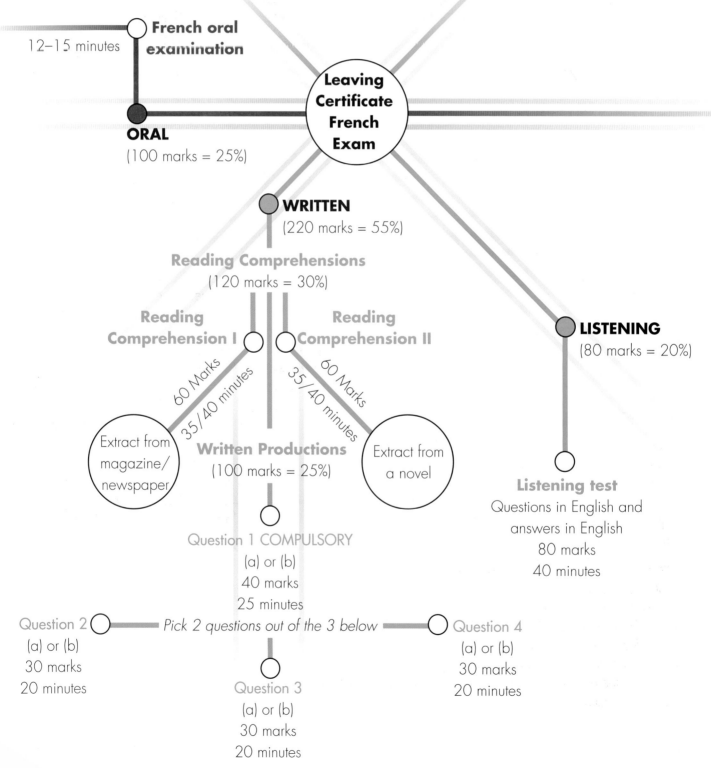

French oral examination

12–15 minutes

ORAL
(100 marks = 25%)

Leaving Certificate French Exam

WRITTEN
(220 marks = 55%)

Reading Comprehensions
(120 marks = 30%)

Reading Comprehension I

Reading Comprehension II

60 Marks
35/40 minutes

60 Marks
35/40 minutes

Extract from magazine/newspaper

Extract from a novel

Written Productions
(100 marks = 25%)

LISTENING
(80 marks = 20%)

Listening test
Questions in English and answers in English
80 marks
40 minutes

Question 1 COMPULSORY
(a) or (b)
40 marks
25 minutes

Question 2
(a) or (b)
30 marks
20 minutes

Pick 2 questions out of the 3 below

Question 4
(a) or (b)
30 marks
20 minutes

Question 3
(a) or (b)
30 marks
20 minutes

The oral examination 25% (100 marks)

- The oral exam lasts between 12 and 15 minutes and usually takes place in March or April. It is important to prepare for your oral throughout your Leaving Certificate years, learning as much vocabulary as you can, and also working on your pronunciation.
- As you memorise vocabulary, expressions and sentence structure, this preparation for the oral will also help you to tackle reading comprehensions, written production and listening tests.
- Bear in mind that the examiners are aware of how nervous people are on the day and their aim is always to make you feel as comfortable as possible so that they can get the best out of you!
- The topics dealt with in the oral are widely covered in *Montages, Toujours !* and the textbook also encourages you to develop some of these topics further.

- Preparing a document is a great idea, since it gives you the chance to talk about a topic you have a strong interest in. For example, your document could be a photo of a holiday or a school trip. It could also be something from a book or newspaper on a topic of interest to you.
- Your performance in the oral exam is assessed under four headings:
  1. Pronunciation (20%)
  2. Vocabulary (20%)
  3. Structure (30%) (i.e. Grammar)
  4. Communication (30%) (i.e. your understanding of the questions, and showing some initiative in giving your responses, rather than saying just 'oui', or 'non'.)

The reading comprehension 30% (120 marks; 60 + 60)

- There are two texts: a literary text, which is usually an extract from a novel, and a journalistic text, which is an article from a newspaper or magazine. The time allocated to each must be about 35 minutes.
- Questions are asked in French and must be answered in French, except in the case of the last question, which is asked and answered in English in order to test your general understanding of the text. Make sure you pay particular attention to the English question, as it carries a total of 10 marks out of 60. A grammar question is also usually asked on both texts.
- Here is a way to proceed when facing a reading comprehension.
  - Read the title of the text, if there is one.
  - Read the English question, as it can give you an idea of what the text is about.
  - Read and make sure you understand all of the French questions. You are told what section every question refers to; jot the question number in the margin beside the relevant section.

This ensures that you don't quote from the wrong section in your answers, giving, for example, some information from section 3 when answering a question on section 2.
  - Then read the text, paying attention to each section and the questions asked on these specific sections.
  - Answer the first question on section 1 and so on.
- The reading comprehensions and questions in *Montages, Toujours !* have been selected to reflect the challenge of the exam. To prepare for this part of the exam, you should read as much French as possible from as many sources as you can, including French websites. Current affairs sites, as well as those which reflect your personal interests will be of particular use to you.
- As with any language, it is a good idea to keep a vocabulary notebook, where you jot down words and phrases which you consider interesting, and which you could fit in to your own written pieces or your oral.

Key words found in the French questions

Un mot = a word
Une phrase = a sentence
Trouvez, Citez, Relevez, Repérez = Find, Quote, Pick out
Montrez, Indiquez = Show
La raison pour laquelle = The reason why
Décrivez, Faites une description = Describe, Give a description
Expliquez = Explain

Revise the question words

Quand... ?	= When...?
Où... ?	= Where ...?
Comment... ?	= How ...?
Qui... ?	= Who ...?
Pourquoi... ?	= Why ...?
Combien... ?	= How much / How many...?
Combien de temps... ?	= How long ...?
Que, Qu'est-ce que, Qu'est-ce qui... ?	= What ...?
Quel, Quelle, Quels, Quelles ... ?	= Which ...?
Lequel, Laquelle, Lesquels, Lesquelles... ?	= Which one(s) ...?

Answering the reading comprehension questions

- If asked *'Trouvez un mot... '*, Give only **one** word! If you write more than one word, marks will be deducted.
  'Une expression' means more than one word; it's a part of a sentence, a phrase.
  'Une phrase' is a sentence.

- Some questions require the answer to be manipulated. To manipulate an answer is to change its grammar; the meaning must never be changed.

Examples:

1. *Selon la section 1, pour continuer leurs études, que font la plupart des jeunes ?*
   Answer found in the text:
   '... plus d'un jeune sur deux quitte le domicile de ses parents afin de poursuivre ses études.'
   Manipulated answer: *'La plupart des jeunes quittent le domicile de leurs parents (afin de poursuivre leurs études).'*

2. *Comment Soizic et David savent-ils que beaucoup de gens s'intéressent à eux ?*
   Answer found in the text:
   'Après un reportage diffusé à la télé au printemps, nous avons reçu huit cents mails. Notre blog reçoit trois cents visites par jour.'
   Manipulated answer: *'Ils ont reçu huit cents mails. Leur blog reçoit trois cents visites par jour.'*

The grammar question

- Make sure you know all the terminology for French grammar: un pronom, un adverbe, un adjectif au masculin/féminin/singulier/pluriel, une préposition, un verbe au passé composé, au conditionnel, au futur, à l'imparfait, au plus-que-parfait, au subjonctif, un infinitif, un participe passé, un participe présent, etc.

- You must be careful not to over-quote: if the question is *'Trouvez un verbe au passé composé'*, and you see *'j'ai mangé'* in the text, be careful!
  Your answer must be *'ai mangé'*, not *'j'ai mangé'*. Why? Je/J' is a pronoun, not a verb, and is therefore considered as extra material so, one mark will usually be deducted.

  The same applies when you are asked to find a participe passé (past participle): In the case of *'J'ai mangé'*, your answer should simply be *'mangé'*.

The written production 25% (100 marks; 40 + 30 + 30)

The marks in this section are divided equally between communication (i.e getting the idea across) and language (i.e grammar and structures).

There are four questions in this part of the exam, and within each question there is a choice of answering (a) or (b). You must answer Q.1 and two other questions. So you will do one of the following combinations: Q.1, Q.2, Q.3 / Q.1, Q.2, Q.4 / Q.1, Q.3, Q.4. **N.B.** You cannot answer (a) and (b) within the same question.

The compulsory Q.1 (40 marks; 25 minutes) takes its theme from the reading comprehension texts. In other words, there is a question related to each of these texts. The question related to the literary text usually gives you scope to talk about personal experience (real or imagined), and the question related to the journalistic piece is usually on a topical subject. Be careful – do not refer to these texts in your answer; they are merely used as a stimulus to get you to write a piece of French. You are answering the question asked, not talking about the comprehension piece. Failure to understand this can mean failing this question, which carries 10% of the total marks.

Q.2, Q.3, Q.4 (30 marks each, 20 minutes each)

After Q.1, you then choose two out of the three remaining questions (a) or (b) in each, so you have plenty of choice). The types of written pieces you are expected to write will include:

- a diary entry
- a message or email
- a letter (formal or informal)
- a short article
- a reaction to a headline, picture, cartoon.

Letter writing

There are 6 marks for layout, 12 for communication and 12 for language.

1 Informal letter

> Galway, le 12 juin 2013
>
> Cher Paul/Chère Marie
>
> ....
> ....
>
> À bientôt/Amitiés/Amicalement,
> Seán

2. Formal letter

   Remember that when writing a formal letter, you must use the 'VOUS' person of the verb as well as all the words associated with 'vous': votre, vos, etc. You must also avoid familiar language, like 'salut', and any slang words or expressions.

> Sender's name & address   Place and written date (one line)
>   Dublin, le 6 juin 2013
>   Receiver's name & address
>
> Monsieur/Madame,
> Je vous écris au sujet de
> ....
> ....
> ....
> Je vous prie d'accepter mes sincères salutations (One of many possible formulae)
> Sign the name given in the question.

General advice for the written production

- Read the stimulus carefully. Do not write a full learned-off piece on the environment just because you happen to see the word 'environnement' in the question. Any irrelevant material is penalised.
- Use words and phrases you have built up from your reading of *Montages, Toujours !* and from any other sources. The material you have prepared for your oral will also be helpful with your written production.
- Over the course of your two years' preparation for this exam, your teacher will be pointing out common spelling and grammar errors you tend to make in your written work. Make sure these don't appear in your written pieces.
- Always check agreements, verb endings, pronouns and prepositions when you have finished writing. Never misspell a word given in the question.
- Get used to writing 75/90-word pieces within 20–25 minutes over the two years. Sometimes try it as it will be on the day of the exam – without your dictionary or notes – and see how you get on.
- It is misguided to think that you can or should write more than the required three written pieces; the two and a half hours available to you should be devoted to careful reading, writing and your work. This is correct and valuable use of your time.

Some advice on dividing up your time

- You have two and a half hours (150 mins) in which to answer **five questions**.
- One approach is to divide up the time in proportion to the marks allocated to each question. This would mean working as follows:

Section I	120 marks	Two Q's (60 marks each) @ 35 or 40 mins each	= 75 mins
Section II	100 marks	One Q (40 marks) @ 25 mins	= 25 mins
		Two Q's (30 marks each) @ 20 mins each	= 40 mins

This adds up to 140 minutes, leaving 10 minutes for reading over the paper.

The listening comprehension 20% (80 marks)

- There are five sections on the listening comprehension paper.
- Use the time given to read the introductions and the questions and to highlight the key question words, e.g. 'Why?' 'When?' etc.
  Reading all the questions first gives you the basic ideas behind the listening piece.
- At the start of each section, check how many times the piece will be played.
  What usually happens is that sections I, II, III and IV are played a total of **three times** (once right through, once with pauses, and again right through). Section V usually contains short news / weather items. Each one is played twice in succession, before you hear the next one. **Section V does not feature a third complete playthrough.**
- Do not write your answers while the tape is being played as you might miss important information. There is plenty of time given for writing.
- Answer all questions in English / Irish.
- Be concise.
- Leave nothing unanswered.
- Write legibly, **in ink**, **not pencil**.
- Read over your answers **and** the questions, to check the following:
  - Does what you have written answer the question?
  - Does what you have written make sense?
  - Have you filled in multiple-choice boxes legibly?
- To improve your listening skills throughout the two years of your Leaving Certificate course, listen to as much French as possible – there is plenty of listening material in *Montages, Toujours !* and, as with reading opportunities, the Internet provides abundant material to help you with your oral and listening skills.

Finally, keep in mind the following saying:

'Learn the language and the exam will take care of itself!'

Montage 1 Ma famille et moi

Montage 1
Ma famille et moi

PARLER DE VOUS

Je m'appelle Paul Ryan
J'ai dix-sept ans
Je suis né en
J'ai les yeux bleus/les cheveux bruns
Je suis dynamique, sérieux/sérieuse, sociable
Je suis du signe du Cancer
Je suis drôle/sympa
Mes amis trouvent que je suis drôle/sympa
Mon père/Ma mère me dit souvent que...

DÉCRIRE VOTRE FAMILLE

Il y a cinq personnes dans ma famille
C'est une petite/grande famille
Tout le monde s'entend bien
Je suis l'aîné(e)/le (la) plus âgé(e)
Je suis l'enfant du milieu
Je suis le (la) cadet(te)/le (la) plus jeune

PARLER DE VOS FRÈRES ET SŒURS

Je m'entends bien avec ma sœur
On a le même caractère
Mon frère/Ma sœur est embêtant(e)/pénible
J'adore ma sœur, on fait tout ensemble
On est complètement différent(e)s
On se dispute parfois
Mon frère a quitté la maison l'année dernière
Ma sœur étudie au DIT

PARLER DE VOS PARENTS

Mes parents sont assez compréhensifs
J'ai le droit de faire ce que je veux
Ils me font confiance
Ils sont trop stricts avec moi
Ils croient que j'ai encore douze ans
Mes parents croient que j'ai encore douze ans
Mes parents me donnent de bons conseils
Ma mère est ma meilleure amie

💬 1.2 Parler de vous-même

Je m'appelle Paul Ryan
My name is Paul Ryan

Mon nom est Paul Ryan
My name is Paul Ryan

Je suis né en…
I was born in…

Mon anniversaire est le neuf juillet
My birthday is on the 9th of July

Je suis enfant unique
I am an only child

J'ai les yeux bleus/les cheveux bruns
I have blue eyes/brown hair

Je suis dynamique, sérieux/
sérieuse, sociable
I am dynamic, serious/sociable

J'aime la musique/le sport
I like music/sport

J'ai un caractère plutôt calme
I'm fairly quiet

Mon signe astrologique est…
My star sign is…

Je suis du signe du Cancer
My star sign is Cancer

Mes amis trouvent que je suis
drôle/sympa
*My friends think that I am
funny/nice*

Mon père/Ma mère me dit
souvent que…
My dad/mum often tells me that…

Je suis sportif/sportive
I am sporty

« Familles nombreuses, familles heureuses »

🎧 CD1, Track 1 Les questions de notre examinateur à Luke

Bonjour, monsieur. Comment vous appelez-vous ?

Je m'appelle Luke O'Grady, j'ai dix-huit ans, je suis né en mille neuf cent quatre-vingt dix-sept et mon anniversaire est le trois mars. Je suis du signe du Poisson et je suis d'un caractère plutôt calme.

Faites-moi une description de vous

Je suis plutôt sérieux et aussi très sociable, je suis sportif, je joue au tennis et au foot. J'ai beaucoup d'amis et ils disent que je suis très drôle. J'ai aussi des points négatifs, mes parents me disent sauvent que je suis mal organisé !

« Qui aime bien châtie bien »

1.3 Sandrine, 18 ans, et ses racines anonymes

1 Sandrine a été adoptée après une naissance « sous X ». Elle a vite voulu en savoir plus sur ses origines. « Je suis née "sous X". Mes racines, ce sont mes parents adoptifs. Ils m'ont élevée et ils ont fait de moi ce que je suis aujourd'hui.

2 « Je n'ai pas de sentiment pour ma mère biologique, ni tendresse ni rancœur. Beaucoup de respect, car elle a fait preuve d'un très grand courage. Cela doit être terrible d'abandonner l'enfant que l'on a porté. À chaque anniversaire, je pense à elle. Je me demande si elle aussi pense à moi ce jour-là.

3 « À 12 ans, j'ai eu envie de la connaître. Je suis allée consulter mon dossier avec mes parents. Il était vide. Je sais juste que ma mère était brune, avait 23 ans au moment de ma naissance, et qu'elle prenait de la vitamine C. C'est tout ! Sur le moment, j'ai été très déçue et j'ai pleuré. C'est triste de n'avoir aucune image, aucune culture. Je ne sais même pas si elle était marocaine, égyptienne ou française mariée à un Africain. Je ne le saurai jamais.

4 « Qui a passé des nuits à me consoler, quand j'étais malade ?

Pas ma mère biologique… Qui m'a appris à faire du vélo ? Mon père. »

Glossaire

la racine : *root*
sous X : *anonymous*
savoir : *to know*
élever : *to raise*
la rancœur : *bitterness*
faire preuve de : *to show*
se demander : *to wonder*
avoir envie de : *to want*
vide : *empty*
déçu : *disappointed*
pleurer : *to cry*

Questions

Section 1

1 Qu'est-ce qui est arrivé à Sandrine après sa naissance ?

2 Relevez le verbe « être » à la première personne du singulier du présent.

Section 2

1 Pour sa mère biologique, Sandrine

(a) a un sentiment de tendresse ☐

(b) a un sentiment de rancœur ☐

(c) n'a pas de sentiment ☐

(d) a un sentiment de haine. ☐

2 Relevez la phrase qui montre pourquoi Sandrine a du respect pour sa mère.

3 À quelle occasion Sandrine pense-t-elle à sa mère ?

Section 3

1 Qu'est-ce qu'elle a trouvé dans son dossier ?

2 Nommez les trois choses que Sandrine a découvertes au sujet de sa mère biologique.

3 Trouvez les mots qui indiquent la réaction de Sandrine quand elle a vu son dossier.

Section 4

Trouvez :

(a) un adjectif

(b) un pronom possessif

(c) un verbe à l'infinitif

• **'Sandrine seems to have a very well-balanced reaction to having been adopted.'**

Do you agree? Refer to the text in your answer.

1.4 Les signes du Zodiaque

Vocabulaire

♑ Capricorne
(23 décembre – 21 janvier)

♒ Verseau
(22 janvier – 20 février)

♓ Poissons
(21 février – 20 mars)

♈ Bélier
(21 mars – 20 avril

♉ Taureau
(21 avril – 21 mai)

♊ Gémeaux
(22 mai – 21 juin)

♋ Cancer
(22 juin – 22 juillet)

♌ Lion
(23 juillet – 23 août)

♍ Vierge
(24 août – 23 septembre)

♎ Balance
(24 septembre – 23 octobre)

♏ Scorpion
(24 octobre – 22 novembre)

♐ Sagittaire
(23 novembre – 22 décembre)

Quel est votre signe du Zodiaque ?
– Je suis Lion.

Quel est votre signe astrologique ?
– Moi, je suis Cancer.

Et vous ?

1.5 La famille – l'arbre généalogique

Family

Using the following words and the family tree, complete the family relationships.

les arrière-grands-parents	le père	le mari	le frère	la nièce
l'arrière-grand-père	la mère	la femme	la sœur	le filleul
l'arrière-grand-mère	les beaux-parents	le beau-frère	le fils	la filleule
la grand-mère	le beau-père	la belle-sœur	la fille	le petit-enfant
le grand-père	la belle-mère	l'oncle	le cousin	le petit-fils
les parents	le parrain	la tante	la cousine	la petite-fille
	la marraine	l'enfant	le neveu	

Exemple : *Martine est la fille d'Anne et de Georges.*

1 François est _____ de Martine et de René.

2 Robert est _____ de Paul.

3 Jules et Pierre sont _____ d'Anne et de Georges.

4 Annick _____ de Vanessa.

5 Pierre _____ de Julie.

6 Robert _____ d'Annick.

7 Danielle _____ de Jules.

8 René _____ de Pierre.

9 Agnès _____ de Martine.

10 Laure et Julie _____ d'Anne et de Georges.

11 Danielle _____ de Paul.

12 Georges _____ de Jules.

13 Vanessa _____ de Robert.

14 Annick _____ d'Agnès.

15 Pierre _____ d'Agnès.

16 Paul et Robert sont _____.

17 François et Laure _____.

18 Jules et Danielle _____.

19 Anne _____ de Danielle.

20 Pierre _____ de Paul.

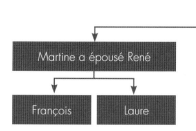
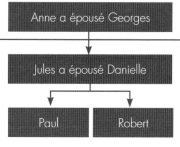
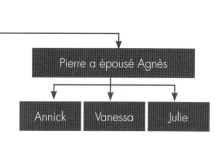

 ## 1.6 Décrivez votre famille

Vocabulaire et expressions de base

Il y a cinq personnes dans ma famille
There are five people in my family

Nous sommes quatre dans notre famille
We are four in our family

On est quatre dans ma famille
We are four in my family

C'est une petite/grande famille
It is a small/big family

Je suis l'aîné(e)/le (la) plus âgé(e)
I am the eldest/the oldest

Je suis au milieu
I am in the middle

Je suis le (la) cadet(te)/le (la) plus jeune
I am the youngest

J'ai un frère/une sœur
I have one brother/one sister

J'ai un frère jumeau/une sœur jumelle
I have a twin brother/twin sister

J'ai un demi-frère/une demi-sœur
I have a stepbrother/stepsister/half-brother/half-sister

Ma mère s'appelle Christine
My mother is called Christine

Mon père s'appelle Seán
My father is called Seán

J'ai une belle-mère/un beau-père
I have a stepmother/stepfather

J'ai aussi un chien et deux chats
I also have a dog and two cats

Tout le monde s'entend bien
Everybody gets on well

« Dans une famille, on a beau avoir vécu les mêmes choses, on n'a pas les mêmes souvenirs. »
Marie Darrieussecq

CD1, Track 2 **La question de notre examinateur à Lucy**

Parlez-moi de votre famille.

Il y a quatre personnes dans ma famille, mes parents, ma sœur et moi. Je suis l'aînée et ma petite sœur s'appelle Camille ; elle a dix ans. Mes parents s'appellent Seán et Dolores. Nous avons aussi un petit chien, Buster ; il a juste six mois et maintenant il fait partie de notre famille !

 ## 1.7 Using the possessive

Mistakes in the use of the possessive are very common in Leaving Cert oral and written exams. Remember that 'my', 'his', etc. are possessive **adjectives**, and adjectives are 'chameleon' words in French. They will adapt to the noun they are with. In grammatical terms, this is known as 'agreement'. The same happens with the French words for 'the' and 'a/some' (**le/la/les**, and **un/une/des**).

Before doing the following exercise, re-familiarise yourself with the possessive adjective as explained on p. 252.

This exercise tests your ability to associate words together correctly.

Down the left, you have a mixture of 'chameleon' words.
Across the top, you have a list of nouns – a selection of singular and plural, masculine and feminine.
In the column below each noun, tick the words that could go with it. The first one is done for you.

Possessives	sœur	frère	mère	parents	oncle	tante	père	grands-parents
Mon								
Ma	✓							
Mes								
Ton								
Ta	✓							
Tes								
Son								.
Sa	✓							
Ses								
Notre	✓							
Nos								
Votre	✓							
Vos								
Leur	✓							
Leurs								
Other words which must agree								
Le								
La	✓							
L'								
Les								
Un								
Une	✓							
Des								

1.8 Où est mon chien ?

1 La niche était vide. Tournée vers Ernestine, qui l'avait ramenée de l'école, Sylvie demanda :

– Où est-il ?

Au lieu de répondre, Ernestine secoua les épaules. Elle avait un air si embarrassé que Sylvie, inquiète, répéta sa question :

– Où est Toby ?

– Votre grand-mère l'a donné, dit Ernestine.

Le cerveau stupéfié, les jambes faibles, Sylvie murmura :

– Donné ? Donné mon Toby ? Mais à qui ?

– À M. Castagnat. Il avait vu souvent Toby à la chasse, avec votre grand-père. Il en a parlé à votre grand-mère. Elle a dit oui. Il l'a emmené cet après-midi.

– Où ça ?

– Chez lui. À Espaly.

2 Suffoquée par le chagrin, Sylvie pivota sur ses talons, passa en courant devant le bureau et gravit l'escalier. Elle appelait :

– Grand-mère ! Grand-mère !

À l'étage des chambres, tout était silencieux.

Ernestine, ayant rejoint Sylvie, lui dit d'une voix essoufflée :

– Qu'est-ce que vous lui voulez à votre grand-mère ? Elle est sortie.

3 Sylvie frappa le plancher avec son talon et porta les deux poings devant son visage.

– Elle n'avait pas le droit de donner Toby ! cria-t-elle enfin. C'était le chien de grand-père, de papa, de maman, c'était mon chien à moi, pas le sien !

– Vous n'allez pas vous mettre dans des états pareils pour une bête ! dit Ernestine.

Et, avec un coin de son tablier, elle tenta d'essuyer le visage de l'enfant, mouillé de larmes. Sylvie la repoussa :

– Toby, c'était tout pour moi ! Tout ! Tout !

Viou, Henri Troyat

Glossaire

la niche : *kennel*	le plancher : *floor*
ramener : *to bring back*	le poing : *fist*
secouer les épaules : *to shrug*	le sien : *hers*
le cerveau : *brain*	l'état : *state*
la chasse : *hunting*	la bête : *animal*
le chagrin : *sorrow*	le tablier : *apron*
le talon : *heel*	tenter : *to try*
gravir : *to climb*	essuyer : *to wipe*
essoufflé : *out of breath*	mouillé : *wet*
	la larme : *tear*

Questions

Section 1

1 Quelle est la première chose que Sylvie a faite en rentrant de l'école ?

2 Trouvez deux adjectifs qu'on utilise pour parler de l'émotion.

3 Relevez l'expression qui montre que Sylvie était choquée.

4 Quand est-ce que M. Castagnat avait-il vu le chien ?

Section 2

1 Trouvez le mot qui indique qu'il n'y avait personne à l'étage des chambres.

2 La grand-mère

(a) est dans sa chambre ☐

(b) s'appelle Ernestine ☐

(c) n'est pas là ☐

(d) est à la sortie. ☐

Section 3

1 Retrouvez la phrase qui montre que Sylvie était très fâchée.

2 Trouvez un verbe à l'infinitif.

3 Trouvez le contraire de ces mots :

• derrière   • rien

• **'Her grandmother gave away the dog, but Sylvie wasn't too upset.'**

Do you agree? Refer to the text in your answer.

« Une famille qui possède une personne âgée possède un trésor »
(Citation chinoise : Proverbes et dictons chinois)

CD1, Track 3 **1.9** Cinq personnes parlent de la famille

Questions

Answer the following questions in English:

1 (a) How old is Patrick's brother, Arnaud?
   (b) What happens to Arnaud from time to time?
   (c) How long does this usually last?
2 What is the main personality difference between this girl's parents?
3 What siblings does this boy have, and how old are they?

4 (a) How old is Marilène?
   (b) How old is her baby?
   (c) When is Marilène hoping to return to school?
5 (a) Write down the details you hear about Muriel's brother and sister.
   (b) What is Muriel's opinion of her home situation? Why does she feel like this?

 1.10 Parler de vos frères et sœurs

Vocabulaire et expressions de base

Je m'entends bien avec ma sœur
I get on well with my sister

Ma sœur étudie au DIT
My sister studies in the DIT

Mon frère a déménagé l'année dernière
My brother moved out last year

On a le même caractère
We have the same character

On aime les mêmes choses
We like the same things

J'adore ma sœur, on fait tout ensemble
I love my sister, we do everything together

Mon frère et moi sommes très proches
My brother and I are very close

On est complètement différent(e)s
We are completely different

Mon frère/ma sœur est embêtant(e)/pénible
My brother/sister is annoying/a pain

Ma sœur me pique mes vêtements
My sister steals ('nicks') my clothes

Mon frère prend toujours la télécommande
My brother always takes the remote

On se dispute parfois
We sometimes argue

Il/elle m'énerve
He/she annoys me

Je ne supporte pas quand il/elle…
I cannot stand it when he/she…

 CD1, Track 4 **Les questions de notre examinateur à Peter**

Parlez-moi de vos frères et sœurs.

Mon grand frère s'appelle Paul ; il a vingt ans et il va à la fac à Dublin. Il fait des études de langues pour devenir traducteur. Ma sœur, Lucie, a quinze ans. Elle va dans un collège de filles à Dublin.

Est-ce que vous vous entendez bien avec vos frères et sœurs ?

Oui, je m'entends très bien avec mon frère. Comme il y a juste deux ans de différence entre nous, on fait beaucoup de sport ensemble, on regarde les matchs de foot à la télé mais on soutient deux équipes différentes, alors parfois c'est un peu tendu !

Est-ce que vous vous disputez de temps en temps ?

Oui, ça arrive, surtout avec ma sœur. Je ne supporte pas qu'elle passe des heures dans la salle de bains tous les matins et j'ai horreur des programmes qu'elle regarde à la télé ! Alors, parfois on se dispute, mais ce n'est jamais très sérieux !

1.11 En Chine : 90 millions d'enfants uniques

1 Depuis 1978, le planning familial limite le nombre de naissances à un enfant par famille. Trente ans plus tard, la croissance démographique a été ralentie.

2 La Chine compte officiellement 1,315 milliard d'habitants. Cette politique a empêché 400 millions de naissances (plus que la population de l'Europe des Vingt-Sept) qui auraient été autant de bouches à nourrir et d'emplois à trouver. Cette génération de 90 millions d'enfants uniques constitue un phénomène sans précédent dans l'histoire de l'humanité. Mais cette politique provoque de nombreuses dérives,

notamment un déséquilibre croissant entre les sexes à la naissance. Le ratio chinois est de 120 garçons pour 100 filles et atteint 140/100 dans certaines provinces, alors que l'équilibre naturel est de 99/101. Les orphelinats sont pleins à 95 % de petites filles.

3 Beaucoup d'avortements ont lieu lorsque les parents découvrent que le bébé est de sexe féminin. La loi a déjà été aménagée et permet aux paysans un second essai si le premier enfant est handicapé ou une fille. En ville, le slogan « Une fille, c'est aussi bien qu'un garçon » est populaire. Deux enfants uniques qui se marient ont le droit d'avoir deux enfants.

Le point

Glossaire

la naissance : *birth*
la croissance : *growth*
ralentir : *to slow down*
le milliard : *billion*
empêcher : *to prevent*
autant de : *as many*
la dérive : *failure*
atteindre : *to reach*
l'orphelinat : *orphanage*
l'avortement : *abortion*
avoir lieu : *to take place/happen*
aménager : *to adjust*
le paysan : *farmer*
l'essai : *try*

Questions

Section 1

1 Quel est le but de la loi sur le planning familial ?
2 Trouvez le verbe « avoir » à la 3e personne du singulier du présent.

Section 2

1 Relevez la phrase qui nous montre la conséquence de cette politique.
2 Autres conséquences : il y a moins de
_____ _____ _____ et
d'_____ _____ _____.

• **'This one-child policy is totally sexist!'**

Discuss. Refer to the text in your answer.

3 Citez le mot qui signifie 'qui n'ont ni frère ni sœur'.
4 Nommez un autre problème mentionné dans cette section.

Section 3

1 Pourquoi est-ce qu'il y a beaucoup d'avortements ?
2 Dans quelles circonstances est-il permis d'avoir un second bébé ?
3 Qui a le droit d'avoir deux enfants ?

> « Le chef de famille c'est celui qui tient la télécommande ».
> Jean-Jacques Thibaud

1.12A L'impératif – *The imperative*

The imperative of a verb is used to give orders/commands: e.g. 'go', 'do', and 'write'.

In French it's simply the 'tu' and 'vous' persons of the present tense but without the 'tu' and 'vous' (in the case of –er verbs, you drop the final 's' in the 'tu' person):

va, fais, écris (2nd person singular), **allez, faites, écrivez** (2nd person plural)

One exception is '**être**'. The Imperatives are '**sois**' and '**soyez**'.

Sois sage – *Be good.*
Soyez ici à midi – *Be here at noon.*

Negative imperative: **Ne** mange **pas** si vite.

Reflexive verbs **(les verbes pronominaux)** use '-toi' and '-vous' after the verb:

Lève-toi – *Stand up*
Levez-vous (plural, literally 'raise yourself/yourselves')

 ## 1.12B Être enfant : ordres des parents

– Mange ta soupe !
– Tiens-toi droit !
– Mange lentement !
– Ne mange pas si vite !
– Bois en mangeant !
– Coupe ta viande en petits morceaux !
– Tu ne fais que mordre et avaler !
– Ne joue pas avec ton couteau !
– Ce n'est pas comme ça qu'on tient sa fourchette !
– On ne parle pas à table.
– Finis ton assiette !
– Ne te balance pas sur ta chaise.
– Tu ne seras content que lorsque tu auras cassé cette chaise.
– Finis ton pain.
– Ne touche pas ta figure avec tes mains sales !
– Mâche !

– Tu t'es lavé les mains ?
– Ne parle pas la bouche pleine !
– Tes mains !
– Ne mets pas les coudes sur la table !
– Ne donne pas des coups de pieds à la table.
– Ramasse ta serviette.
– Ne ris pas bêtement.
– Ne mange pas tes ongles.
– Tu veux que je t'aide ?
– Ne fais pas de bruit en mangeant !
– On croirait que tu le fais exprès.
– Tu sortiras de table quand tu auras fini.
– Pousse avec ton pain.
– Tu vas renverser ton verre.
– Essuie ta bouche avant de m'embrasser.
– Tu ne t'en iras pas avant d'avoir plié ta serviette.

 ## 1.12C Parents et profs donnent des ordres

Rédigez une liste d'ordres donnés par vos parents et vos profs qui ne figurent pas sur la liste à 1.12B.
Par exemple : Mange tes légumes. Sortez vos livres.

 ## 1.13 Parler de vos parents

Vocabulaire et expressions de base

Mes parents sont assez libéraux/compréhensifs
My parents are quite liberal/understanding

J'ai le droit de faire ce que je veux
I'm allowed to do what I want

Ils me laissent sortir
They let me go out

Ils me font confiance
They trust me

Mes parents sont un peu vieux jeu
My parents are a bit old-fashioned

Ils sont trop stricts avec moi
They are too strict with me

Ils ne me comprennent jamais
They never understand me

Mes parents croient que j'ai encore douze ans
My parents believe I am still 12

Ils ne me font pas confiance
They don't trust me

Ma mère est ma meilleure amie
My mother is my best friend

Je dis tout à ma mère
I tell my mother everything

Mes parents me donnent de bons conseils
My parents give me good advice

Ils ont souvent raison/tort
They are often right/wrong

Mon père déteste mon petit copain
My father hates my boyfriend

« On reconnaît l'arbre à ses fruits »

CD1, Track 5 **Les questions de notre examinateur à Peter**

'Un petit conseil'
It is unlikely the examiner will ask you questions about your parents unless you bring up the topic yourself

---

Est-ce que vos parents sont stricts envers vous ?

Non, pas vraiment ; je crois qu'ils me font confiance. En général, j'ai le droit de faire ce que je veux, dans la limite du raisonnable ! Parfois, j'ai l'impression qu'ils croient que j'ai encore douze ans, mais c'est normal, ce sont mes parents !

Ils sont donc compréhensifs ?

Oui, ils sont toujours à l'écoute et ils me donnent souvent de bons conseils. C'est très important, je crois !

1.14A Les habitudes de Stéphanie

Introduction

Stéphanie est une jeune fille de 13 ans qui ne s'entend pas très bien avec ses parents. Pendant un certain temps, elle a écrit un journal tous les jours. Ce journal a été publié. Stéphanie aimait écrire des listes. Voici une sélection de choses figurant sur l'une de ses listes.

1 Elle laisse la fenêtre de sa chambre ouverte toute la nuit pour attraper un rhume et pas aller en classe le lendemain.

Elle dort avec Garfunkel, même si ses parents lui ont interdit de le faire parce qu'ils disent que c'est une très mauvaise habitude à donner à un chat.

Elle essaie d'avoir des notes en classe complètement aberrantes comme un zéro à un contrôle et un vingt* la fois d'après.

2 Elle passe toute une journée à pas parler du tout à personne et à faire comme si Elle était temporairement devenue muette.

Elle se coupe les franges de cheveux comme ça sa mère est obligée de l'emmener chez le coiffeur et de lui faire faire une nouvelle coupe.

Elle écoute de la musique religieuse très fort quand ses parents écoutent du rock.

3 Elle s'habille tout en noir. Elle garde les mêmes jeans pendant quarante-cinq jours de suite.

Elle dit qu'elle veut faire du karaté, mais elle ne va pas au cours après que ses parents l'ont inscrite. Même système pour les cours de danse, de chant, de claquettes, de piano, de cheval, de peinture, de céramique, de russe. Elle se fait toujours inscrire dans tous les cours mais elle y va jamais.

Elle se réveille à 3 heures du matin pour se faire un sandwich au jambon et à la confiture de fraise et elle laisse des miettes partout sur la table de la cuisine et dans le salon où elle va manger son sandwich en regardant le ciel noir par la fenêtre.

Elle a tout le temps mal à la tête, tout le temps, tout le temps.

Elle met du lait dans son Coca.

Elle a tout le temps mal au cœur.

*vingt = 20/20 (En France, le travail des élèves est noté sur vingt.)

Des cornichons au Chocolat, Phillipe Labro

Glossaire

attraper : *to catch*	s'habiller : *to dress*
un rhume : *a cold*	de suite : *in a row*
dormir : *to sleep*	inscrire : *to enrol*
interdire : *to forbid*	les claquettes : *tap dancing*
essayer : *to try*	
la note : *grade*	jamais : *never*
aberrant : *erratic*	se réveiller : *to wake up*
le contrôle : *test*	la miette : *crumb*
muet : *dumb*	partout : *everywhere*
la frange : *fringe*	mettre : *to put*
emmener : *to take*	le mal au cœur : *sick stomach*
fort : *loud*	

Question

Faites une liste des choses que fait Stéphanie sous ces trois rubriques.

Son 'look'	Son comportement	Ce qu'elle mange/boit

 ### 1.14B Ça l'énerve !

Racontez des choses que vous faites qui irritent :
- (a) un parent/vos parents
- (b) un professeur/vos professeurs
- (c) quelqu'un d'autre.

Vocabulaire

Pour vous aider :

énerver, irriter	Ça m'énerve !	Ma sœur a une	toujours
to annoy	Ça m'énerve quand	habitude très	*always*
énervant	mon frère…	énervante	insupportable
annoying	Ça énerve mes profs	surtout	*unbearable*
exprès	quand je…	*especially*	impossible
on purpose	Ce qui m'énerve,	par exemple	*impossible*
une habitude	c'est…	*for example*	refuser de…
a habit	Il le fait exprès	quelquefois	*to refuse to…*
se fâcher	Il sait que ça m'énerve	*sometimes*	
to get cross/angry		chaque fois que…	
		every time…	

CD1, Track 6 1.15 Un père parle de sa famille

Questions

Answer the following questions/fill in the blanks in English:
- (a) This man's sons are aged _____, _____ and _____.
- (b) When the boys were small, he and his wife had a certain idea about the future. What was this idea?
- (c) They knew that they would miss their sons, but that they _____.
- (d) Things have turned out differently from the way they thought they would. In what way?
- (e) What is the house always full of?

> « J'adore entendre dire du mal de ma famille ; c'est la seule chose qui me permette de la supporter »
> Oscar Wilde

 **1.16**

Avant de faire cet exercice, révisez les verbes « être » et « avoir » au présent à la page 228.

Les verbes « être » et « avoir »

Draw up two columns in your copy – one entitled '**être**' and the other '**avoir**'.
Put in at least 12 sentences using '**Je suis…**' and '**J'ai…**'.
For example, **you are** a brother/sister, a cousin, a certain nationality, a certain personality type, etc.
You have family, friends, physical traits, etc.
Suivez les exemples donnés ci-dessous :

Être		Avoir	
Je suis frère (sœur)	Je suis lycéen (lycéenne)	J'ai trois frères	J'ai les yeux bleus
1.		1.	
2.		2.	

1.17 Rédaction de courrier

Here is an example of an informal letter. Note the layout, and use it in every informal letter that you write; this one is an Irish student writing a letter of introduction to her French exchange student.

> Cork, le 22 janvier 2013
> (Town, + le + date + month (small initial letter) + year)
>
> Chère Chantal, ('Cher' if writing to a male)
> Je voudrais bien être ta correspondante. Je me présente. Je m'appelle Jane O'Brien. J'ai 17 ans, mon anniversaire est le 18 août, donc je suis Lion ! J'ai les cheveux longs et noirs et les yeux bleus. Je mesure 1m 60. Je suis bavarde, sincère, fidèle et j'ai le sens de l'humour. J'adore la musique – surtout le rock. Je m'intéresse aussi au sport et au cinéma. J'aime sortir avec mes copines, et on va à la disco tous les week-ends.
> J'ai deux frères de 19 et 21 ans et une sœur de 15 ans. Ma mère travaille dans un magasin et mon père est plombier.
> Nous habitons une maison dans la banlieue nord de Dublin. La maison a quatre chambres et un grand jardin. Je partage une chambre avec ma sœur.
> Je vais à une « community school », près de chez moi. Ce n'est pas mal. À l'école, j'aime l'anglais et le français et je déteste la géo !
> Et toi ? Écris-mois bientôt et présente-toi.
> Salut, (**or** À bientôt, **or** Amitiés)
> Jane

> « On ne choisit ni ses parents, ni sa famille. On ne se choisit même pas soi-même. »

Now you try. Write a letter to a new exchange student on the lines of Jane's letter and include any additional information that you like. Keep close to the model letter at this stage.

1.18A Le père Noël

1 Et puis je me souviens aussi d'un jour où on était chez mamie. J'étais en train d'écrire au père Noël. Et là de la manière la plus insidieuse mon frère Philippe m'a dit.

« Mais on t'a pas dit ?

– Quoi ?

– Le père Noël, il n'existe pas. C'est les parents qui font les cadeaux. »

En voyant ma tête, il ajouta :

« Ben je croyais que tu savais. »

« Mais la petite souris, elle, elle existe, hein ? »

J'avais encore cinq dents à perdre, dont deux qui donnaient des signes de faiblesse.

Il n'était pas question que la petite souris, non plus, n'existe pas.

« Pareil », dit-il froidement.

2 C'en était trop. Je me précipitai dans le salon où les grandes personnes étaient réunies. Je courus dans les jupes de maman et lui demandai. Elle me convainquit plus ou moins que Philippe voulait seulement me faire enrager, mais pas longtemps, parce que je surpris très vite des regards lourds entre mes deux grands-parents et mon père. Mon frère avait donc dit vrai. J'en eus bientôt la certitude lorsqu'il me fut ordonné par mon père de regagner ma chambre, et d'y rester. Il ne m'aimait pas, Philippe, j'en eus vraiment la preuve ce jour-là. Quand il avait appris que le père Noël n'existait pas, il avait dû être malheureux lui aussi, alors pourquoi maintenant il me faisait pareil ?

Et les parents, pourquoi ils nous racontent des choses qui n'existent pas ? En tout cas, mon frère, c'est pas mon meilleur ami.

Le fils de l'Homme invisible,
François Berléand

Glossaire

se souvenir : *to remember*
ajouter : *to add*
la petite souris : *the tooth fairy*
pareil : *same thing*
se précipiter : *to rush*
convaincre : *to convince*
lourd : *heavy*
la preuve : *proof*
malheureux : *unhappy*
raconter : *to tell*

« En famille, tout se sait, mais rien ne se dit. »

Section 1

1 Où était la jeune fille ce jour-là ?
2 Que faisait-elle ?
3 Qu'est-ce que son frère lui a révélé ?
4 Pourquoi est-elle inquiète au sujet de « la petite souris » ?
5 Trouvez le mot qui signifie « la même chose ».

Section 2

1 Relevez les mots qui montrent que la petite fille était bouleversée.
2 Comment a-t-elle réalisé que son frère avait dit la vérité ?
3 Son père lui a dit « Va dans ta _____ ».
4 Selon la fille, pourquoi son frère lui a-t-il dit ces choses ?

• **'In a few short minutes all the girl's illusions are shattered.'**

Do you agree? Refer to the text in your answer.

1.18B Le Père Noël et vous

Et vous ? Comment et quand avez-vous appris que le Père Noël n'existait pas ?

Vocabulaire

J'avais 6/7 ans...	J'étais	*I was*
C'était la veille de Noël...	bouleversé(e)	*upset*
J'ai découvert les cadeaux.	triste	*sad*
m'a dit que...	déçu(e)	*disappointed*
Mon père	fâché(e)	*angry*
Ma sœur	J'ai pleuré	*I cried*
Mon copain		
Ma copine		

CD1, Track 7 **1.19** Un jeune parle de lui-même et de sa famille

Questions (…/18 marks)

1 What do his friends say about Seán? (…/3)
2 When was his brother's birthday? (…/3)
3 Why does he get on with his brother? (…/3)

4 What happens at every tennis match? (…/3)
5 What does he have to do when Damian goes out with him? (…/3)
6 What does he say about going out this year? (…/3)

CD1, Track 8 **1.20** Une adolescente parle de ses frères et sœurs

Questions

1 How many sisters and brothers does this girl have?
2 What does she say about herself? (one point)
3 What ages are her brothers?

4 For how long has her older brother been living in Galway?
5 Why does she not get on with Sophie? (one point)
6 What does she say about her sister's character?

1.21 Une histoire simple

1 C'est une histoire simple qui a commencé dans les premiers jours de novembre.

Un soir, lorsque je suis rentrée à la maison, ma fille avait disparu.

Ce n'était plus un bébé : elle avait vingt-trois ans !

Ce matin-là, elle était partie comme d'habitude à l'université, mais elle n'est pas revenue.

Où était-elle ? Que lui était-il arrivé ? Pourquoi avait-elle quitté la maison sans prévenir personne ?

Elle semblait très heureuse. Je ne comprenais pas.

Et moi, sa mère, j'étais incapable de répondre à ces questions.

2 La police m'a demandé des détails.

Oui, je l'avais vue pour la dernière fois le lundi matin vers huit heures. Elle partait pour l'université. Elle portait un jean, un anorak mauve, des baskets. Elle avait un sac à dos.

Non, je n'avais rien remarqué de particulier. C'était un matin tout à fait normal.

Je l'ai embrassée sur le pas de la porte.

– Au revoir, ma chérie. Fais bien attention à toi. Je t'aime.
– Bye, Maman. À ce soir.

3 Ce soir-là, j'étais invitée chez des amis. Sara n'était pas encore rentrée quand j'ai quitté la maison. La nuit était déjà tombée. J'ai laissé les lumières allumées dans le salon et dans sa chambre. J'ai mis un petit mot sur la porte du réfrigérateur :

« Sara chérie,

J'espère que ta journée s'est bien passée.

Ton souper est prêt. Il est au four.

Je rentrerai tard. Ne m'attends pas.

À demain. Bonne nuit.

Je t'embrasse.

Maman »

Il était plus de minuit lorsque je suis rentrée. La rue était noire mais ma maison brillait comme un phare.

« Sara a oublié d'éteindre !

Qu'est-ce qu'elle fait debout à cette heure-là ? Elle s'est encore endormie sur ses livres ! Ou alors elle regarde un film… Elle va être épuisée demain ! »

Glossaire

lorsque : *when*	oublier : *to forget*
disparaître :	éteindre : *to turn off*
to disappear	debout : *up*
comme d'habitude :	s'endormir : *to fall asleep*
as usual	épuisé : *exhausted*
arriver à : *to happen to*	le coup d'œil : *glance*
prévenir : *to inform*	le bruit : *noise*
sembler : *to seem*	entrouvrir : *to half-open*
tout à fait : *completely*	inquiet : *worried*
le pas : *step*	dévaler : *to run down*
la lumière : *light*	se précipiter : *to rush*
allumer : *to light*	la voix : *voice*
se passer bien :	la volonté : *will*
to go well	Dieu : *God*
prêt : *ready*	soûl : *drunk*
le four : *oven*	à ma connaissance :
briller : *to shine*	*to my knowledge*
le phare : *lighthouse*	ne… jamais : *never*

« Un bon chef de famille, c'est celui qui se montre un peu sourd »

▽

4 J'ouvre la porte doucement. Un coup d'œil dans le salon. Elle n'y est pas. Je monte sans faire de bruit. J'entrouvre la porte de la chambre. Son lit n'est pas défait. Elle n'est pas là !

Où est-elle ?

Sara a vingt-trois ans, certes, mais elle est diabétique. Je suis inquiète. A-t-elle eu un malaise ? A-t-elle eu un accident ? Elle est peut-être à l'hôpital… Si elle a eu un problème et qu'elle était capable d'appeler, elle m'a sûrement laissé un message : elle sait que je vais m'inquiéter.

Je dévale l'escalier et me précipite sur le téléphone.

Le voyant rouge du répondeur clignote. J'ai des messages. C'est sa voix. Ouf ! Elle est en vie !

– Maman, je t'appelle pour te dire que je t'aime et que je suis mariée…

Un silence. Un moment d'hésitation et elle reprend :

– Je vais me marier. C'est la volonté de Dieu. Je t'aime.

Quoi ?

C'est elle, mais sa voix est bizarre.

Elle a l'air soûl. Pourtant, elle ne boit pas.

La drogue ? À ma connaissance, elle ne s'est jamais droguée.

Il faut sauver Sara, Marie Joly

Questions

Section 1

1 Avant sa disparition, Sara donnait l'impression d'être

  (a) soûle ☐

  (b) contente ☐

  (c) inquiète ☐

  (d) malade. ☐

2 Relevez un adjectif possessif.

Section 2

Trouvez le contraire de ces mots :

première

nuit

quelque chose

bonjour

je te déteste

Section 3

1 Pourquoi la mère a-t-elle laissé les lumières allumées dans la maison ?

2 Citez la première pensée de la mère de Sara quand elle voit que les lumières sont encore allumées.

Section 4

1 Relevez la phrase qui indique que Sara n'a pas dormi chez elle.

2 Comment la mère de Sara réagit-elle d'abord quand elle entend sa voix au répondeur ? Elle est

  (a) soulagée ☐

  (b) furieuse ☐

  (c) choquée ☐

  (d) inquiète. ☐

3 Citez les deux phrases qui nous montrent que le message de Sara n'était influencé ni par l'alcool ni par la drogue.

• Make a list of the different states of mind of Sara's mother from the time she went out to when she got Sara's message.

🎧 CD1, Track 9 **1.22** Un jour en France – le Français en 24 heures

Fill in the blanks.

• A French person sleeps for _____ h _____ on average per day.

• He spends _____ h _____ at the table.

• And spends 48 minutes _____.

• He works for _____ h _____.

• Takes 48 minutes to get to _____.

• At home, it's _____ who give the most time to _____ _____ _____ h _____ each day, of which 26 minutes are given over to _____, their children _____ and _____.

• Men spend _____ h _____ on housework.

• The French have _____ h _____ of leisure time.

Montage 2 Chez moi et mon quartier

Montage 2
Chez moi et mon quartier

OÙ J'HABITE

J'habite à Dublin
Je vis à Lucan
C'est une ville/un village/un hameau
C'est au nord, au sud, à l'est, à l'ouest de Dublin
Il y a environ deux mille habitants
C'est dans le comté de Kerry
C'est à la campagne
C'est en ville
C'est situé au bord de la mer
C'est dans la banlieue

MON LOGEMENT

Je vis dans une assez grande maison
Je vis dans un appartement/un studio/une HLM
J'habite dans une villa
Elle est située sur un lotissement
Il y a huit pièces
Il y a deux étages
La salle de bains, la cuisine, la buanderie
La cave, le grenier, le garage, le jardin, le balcon
Il y a un jardin devant et derrière la maison
C'est une maison moderne/ancienne/écologique

MA CHAMBRE

Ma pièce préférée est ma chambre
C'est mon domaine/mon territoire
Je décore ma chambre comme je veux
J'ai peint les murs en rouge et en bleu
J'ai mis des posters sur les murs
J'ai une télé, un ordinateur
J'ai un bureau où je fais mes devoirs
J'ai le temps dans ma chambre
Je passe la plupart du temps à ranger ma chambre
Mes parents me disent de ranger dans ma chambre
Personne n'a le droit de rentrer dans ma chambre

MON QUARTIER

Mon quartier est très calme/tranquille
Ma maison est isolée
C'est très animé
C'est très propre, il n'y a pas de papiers par terre
Les habitants sont respectueux et polis
Mon quartier est sûr
Tout le monde se connaît
Je m'entends bien avec mes voisins
Il y a de la violence/de l'insécurité
Il y a des cafés, des restaurants, des pubs
Une bibliothèque, un cinéma, une piscine
Un bowling, une salle de billard
Un club de hurling/de rugby/de foot
de tennis

LES TÂCHES MÉNAGÈRES

J'aide mes parents à la maison
Je garde mon petit frère/ma petite sœur
Je range ma chambre
Je passe l'aspirateur
Je vide le lave-vaisselle
Je vais à l'épicerie acheter du lait, du pain
Je sors les poubelles
Je tonds la pelouse en été
Je lave la voiture de ma mère
Je fais la cuisine de temps en temps
Je prépare des pâtes, un petit déjeuner irlandais…
Mon frère/Ma sœur n'aide jamais

💬 2.2 Où j'habite

J'habite à Dublin *I live in Dublin*	**C'est situé à la campagne** *It is situated in the countryside*	**C'est situé à côté de...** *It is situated beside...*
Je vis à Lucan *I live in Lucan*	**C'est situé à la montagne** *It is situated in the mountains*	**C'est situé à trente kilomètres de l'école** *It is situated thirty kilometres from the school*
C'est une ville/un village/un hameau *It is a town/a village/a tiny village*	**C'est situé au bord de la mer** *It is situated beside the sea*	
Il y a environ deux mille habitants *There are about two thousand inhabitants*	**C'est situé au centre-ville** *It is situated in the city centre*	**C'est au nord, au sud, à l'est, à l'ouest de Dublin** *It is north, south, east, west of Dublin*
	C'est situé dans la banlieue *It is situated in the suburbs*	
C'est dans le comté de Kerry *It is in County Kerry*	**C'est situé près de...** *It is situated near...*	

🎧 CD1, Track 10 **La question de notre examinateur à Eric**

Où est-ce que vous habitez ? (Où habitez-vous ?)

J'habite à Curracloe dans le comté de Wexford, au sud-est de l'Irlande, ... à environ huit kilomètres de la ville de Wexford. C'est un petit village avec deux cents habitants. Il est situé au bord de la mer et le paysage est vraiment magnifique.

> « Les villes devraient être bâties à la campagne : l'air y est tellement plus pur. »
> Henri Monnier

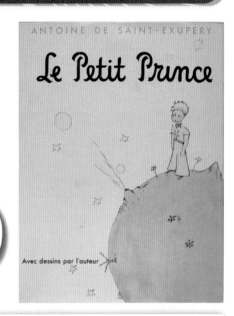

ANTOINE DE SAINT-EXUPERY

Le Petit Prince

Avec dessins par l'auteur

📖 2.3 Pendant la guerre en Bosnie

Zlata a écrit un journal intime

Vendredi 5 juin

Mimmy,

1 L'électricité est coupée. Depuis plusieurs heures déjà, et nous craignons pour le contenu du congélateur. Ce sont nos réserves, les dernières. Il ne faut pas les laisser perdre. Il y a de la viande, des légumes, des fruits. Comment faire ?

2 Papa a déniché un vieux poêle à bois dans le grenier. Dans la cave, on a trouvé du bois ; les Bobar aussi. On a installé le poêle dans la cour, et toute la nourriture qui était dans le frigo, on l'a fait cuire ; les Bobar sont venus nous donner un coup de main, et on a fait un festin. Il y avait au menu du veau, du poulet, du strudel à la cerise, de la tourte à la viande et aux pommes de terre – de tout, il y avait de tout.

3 On a nettoyé le frigo et le congélateur. Qui sait quand nous pourrons à nouveau cuisiner? Trouver de la nourriture à Sarajevo devient un réel problème. Il n'y a plus rien à acheter, et pour les grands, ça devient difficile de se procurer des cigarettes et du café. Les dernières réserves s'épuisent. Dieu du Ciel, en plus du reste, nous n'allons pas avoir faim ?...

Zlata.

Le journal de Zlata, Zlata Filipović

Glossaire

couper : *to cut (off)*
craindre : *to fear*
le congélateur : *freezer*
dénicher : *to unearth*
le poêle : *stove*
la cour : *courtyard*
faire cuire : *to cook*
le coup de main : *(helping) hand*
le festin : *feast*
nettoyer : *to clean*
la nourriture : *food*
s'épuiser : *to exhaust*
Dieu : *God*
avoir faim : *to be hungry*

▼

Questions

Section 1

1 Depuis combien de temps l'électricité est-elle coupée ?

2 Trouvez les 2 mots qui indiquent qu'après ces réserves il n'y a plus rien à manger.

3 Relevez un verbe à l'infinitif.

Section 2

1 Où Papa a-t-il trouvé le poêle ?

2 Les deux familles

(a) sont allées dans la cave ☐

(b) habitent dans la cour ☐

(c) ont mangé ensemble ☐

(d) ont fait les courses. ☐

Section 3

1 Relevez la phrase qui montre que l'avenir est incertain.

2 Relevez l'expression qui signifie « est de plus en plus difficile ».

3 Quel est le problème pour les adultes ?

4 Avoir faim – to be hungry. Find the meaning of and learn these important expressions which use 'avoir', whereas in English they use 'to be':

Avoir chaud

Avoir froid

Avoir soif

Avoir peur

Avoir sommeil

Avoir 16 ans

« Choisir ses voisins est plus important que choisir sa maison. »

2.4 Mon habitation

Vocabulaire et expressions de base

Je vis dans une assez grande maison *I live in a fairly big house*	Il y a huit pièces *There are eight rooms*	La véranda, l'abri de jardin *The conservatory, the garden shed*
J'habite dans une villa *I live in a detached house*	La salle de bains, la cuisine, la buanderie *The bathroom, the kitchen, the utility room*	Il y a deux étages *There are two storeys*
Je vis dans un chalet *I live in a chalet*	La chambre, le séjour, le salon *The bedroom, the sitting room, the living room*	Il y a un jardin devant et derrière la maison *There is a garden at the front and the back of the house*
J'habite un pavillon *I live in a bungalow*	La cave, le grenier, le garage, le jardin, le balcon *The cellar, the attic, the garage, the garden, the balcony*	C'est une maison moderne/ancienne/écologique *It is a modern/old/ecological house*
J'habite dans un appartement/un studio/une HLM *I live in a flat/a studio/a council flat*		Mes parents ont aménagé le grenier *My parents converted the attic*
Il/elle est situé(e) sur un lotissement *It is located in a housing estate*		

🎧 CD1, Track 11 **Les questions de notre examinateur à Sophie**

Pouvez-vous faire une description de votre maison ?

Oui, elle est assez grande, il y a sept pièces: trois chambres, une cuisine, un salon, une salle de bains et le grenier. Mes parents ont converti le grenier, donc maintenant il y a deux étages.

Est-ce que votre maison est moderne ?

Oui, elle est située sur un lotissement donc la maison est récente ; ça fait juste cinq ans qu'on y habite.

 **2.5 Le logement**

Avant de faire l'exercice qui suit, faites un remue-méninges avec la classe pour trouver autant de sortes de logements que possible.

Lisez les détails concernant chaque personne puis faites-leur correspondre un logement.

(a) Marie, 20 ans, étudiante à la Sorbonne.	1 Une prison.
(b) Jean-Pierre, 50 ans, éleveur.	2 Un pavillon à trois chambres avec un petit jardin.
(c) Michel, 30 ans, célibataire, ouvrier chez Renault.	3 Un château en Bourgogne.
(d) Françoise, 58 ans, concierge.	4 Un monastère.
(e) Yannick et Émilie, 28 et 30 ans, deux enfants.	5 Un petit appartement au rez-de-chaussée d'un immeuble.
(f) Marie-Thérèse, 90 ans, veuve.	6 Un orphelinat.
(g) Marc, 17 ans, élève de première, qui habite loin de son école.	7 Une ferme.
(h) Jean-Marc, 22 ans, détenu pour avoir cambriolé des maisons.	8 Une caserne.
	9 Un couvent.
(i) Hervé, 50 ans, SDF.	10 Un deux-pièces au 15ᵉ étage d'un immeuble en banlieue.
(j) Laure, 5 ans, sans parents.	11 Une chambre à Paris.
(k) Philippe, 58 ans, moine.	12 Un internat.
(l) Arnaud, 22 ans, soldat.	13 Une maison de retraite.
(m) Sophie, 44 ans, religieuse.	14 Des maisons abandonnées, des gares, parfois une auberge.
(n) René, 28 ans, viticulteur.	

 2.6 Ma chambre

Ma pièce préférée est ma chambre
My favourite room is my bedroom

C'est mon domaine/mon territoire
It is my realm/my territory

Je décore ma chambre comme je veux
I decorate my bedroom as I like

J'ai peint les murs en rouge et en bleu
I painted the walls red and blue

J'ai mis des posters sur les murs
I put up posters on the walls

J'ai une télé, un ordinateur
I have a TV, a computer

J'ai un bureau où je fais mes devoirs
I have a desk where I do my homework

Je passe la plupart du temps dans ma chambre
I spend most of my time in my bedroom

Mes parents me disent de ranger ma chambre
My parents tell me to tidy up my room

Personne n'a le droit de rentrer dans ma chambre
Nobody has the right to come into my bedroom

Je partage une chambre avec ma sœur/mon frère
I share a room with my sister/my brother

 CD1, Track 12 **Les questions de notre examinateur à Robert**

Quelle est votre pièce préférée ?

Sans aucun doute, ma chambre ! J'adore ma chambre, c'est là où je passe la plupart de mon temps. J'ai peint ma chambre et j'ai mis sur les murs des posters de mes groupes et chanteuses préférés. C'est le seul endroit que je peux arranger comme je veux.

Pouvez-vous faire une description de votre chambre ?

Les murs sont bleus et le sol est en parquet. J'ai un bureau où je fais mes devoirs, un ordinateur et la télé. Il y a une grande fenêtre avec vue sur le jardin. En général c'est toujours bien rangé !

2.7A Dix commandements pour la sécurité de l'enfant

1 ✓ Ne jamais laisser un enfant seul à la maison (risque de défenestration, d'incendie).

2 ✓ Ne jamais laisser un bébé de moins de 18 mois seul dans la baignoire (30 cm d'eau suffisent…).

3 ✓ Ne jamais laisser un enfant seul dans la cuisine. 10 % des accidents chez les moins de cinq ans sont dus à l'ingestion ou à la projection de liquides chauds (risque de brûlures au visage, aux épaules, aux bras…). Éviter de laisser les enfants réchauffer seuls des aliments dans le four à micro-ondes. Il arrive que le récipient reste froid alors que son contenu est brûlant.

4 ✓ Ne pas donner aux enfants de moins de cinq ans des cacahuètes, fruits secs… (si l'enfant les aspire, la mort peut intervenir en quelques secondes). Attention, pour les mêmes raisons, aux petits objets (piles, boutons, pièces de monnaie, billes…).

5 ✓ Ne pas manipuler un produit ménager en présence d'un enfant.

6 ✓ Débrancher les rallonges électriques et cacher les prises dès que bébé marche à quatre pattes.

7 ✓ Protéger fenêtres et escaliers par de petites barrières.

8 ✓ Ne jamais utiliser de récipients (bouteilles d'eau minérale, de jus de fruits…) pour y mettre des produits ménagers ou caustiques.

9 ✓ Placer les médicaments et produits cosmétiques dans une armoire fermée à clef ; ne jamais laisser des comprimés sur la table de nuit.

10 ✓ Ne pas laisser un enfant seul dans le jardin près d'un feu.

CD1, Track 13 2.7B Cinq accidents domestiques

You will hear five accounts of accidents in the home, all involving children. In each case, state which of the 'ten commandments' above was ignored, what happened as a result, and what the consequences were for the victim(s) of the accident.

Accident	Commandment no.	Consequences of accident
1		
2		
3		
4		
5		

2.7C Avez-vous eu un accident quand vous étiez petit(e) ?

(Refer to the rules on passé composé/imparfait on pp. 232 and 234.)
Essayez de raconter d'une façon simple ce qu'il s'est passé. Par exemple…

(a) Dites l'âge que _vous aviez_ et ce que _vous faisiez_ à l'imparfait
Un jour, quand j'avais 5 ans…
je descendais l'escalier à toute vitesse
je jouais avec mon frère dans…
j'essayais de… (_I was trying to…_)
je traversais… (_I was crossing…_)

(b) Dites ce qu'il _s'est passé_ au **passé composé**
Je suis tombé(e)
J'ai trébuché (_I tripped_)

(c) Écrivez _le résultat_ au **passé composé**
Je me suis fait mal
Je me suis cassé le pied
Je me suis blessé le bras
Je me suis foulé le/la… (_I sprained my…_)
Ma mère a fait venir le médecin/une ambulance (_My mother sent for the doctor/ an ambulance_)
Je suis allé(e) à l'hôpital
Je suis allé(e) chez le médecin
J'ai été transporté(e) à l'hôpital
J'ai été opéré(e) (_I was operated on_)

2.8 Les tâches ménagères

J'aide mes parents à la maison *I help my parents at home*	**Je vais à l'épicerie pour acheter du lait, du pain** *I go to the grocer's to buy milk, bread*	**Je prépare des pâtes, un petit déjeuner irlandais…** *I prepare pasta, an Irish breakfast…*
Je garde mon petit frère/ ma petite sœur *I look after my little brother/sister*	**Je sors les poubelles** *I take out the bins*	**Mon frère/ma sœur n'aide jamais** *My brother/sister never helps*
Je range ma chambre *I tidy my room*	**Je tonds la pelouse en été** *I mow the lawn in the summer*	**J'aide chez moi car mes parents travaillent dur** *I help at home because my parents work hard*
Je passe l'aspirateur *I hoover*	**Je lave la voiture de ma mère** *I wash my mother's car*	
Je vide le lave-vaisselle *I empty the dishwasher*	**Je fais la cuisine de temps en temps** *I cook from time to time*	

🎧 CD1, Track 14 **Les questions de notre examinateur à Cian**

Est-ce que vous aidez vos parents à faire le ménage chez vous ?

Oui, je range toujours ma chambre, je fais mon lit. J'ai des tâches à faire, des corvées, comme sortir les poubelles, tondre la pelouse, vider le lave-vaisselle…

Est-ce que vous faites la cuisine de temps en temps ?

Oui, mais je prépare des repas simples comme des pâtes, des toasts ou je fais réchauffer des pizzas. Je commande souvent des plats à emporter !

 2.9A À, Au, À la, A l', Aux

À (à) and its forms mean 'to', 'at', 'in', 'to the', 'at the' and 'in the'.

Examples:
1. à Paris (*to/in Paris*): à ma sœur (*to my sister*)
2. au lycée (*at/in school*). Masculine singular noun.
3. à la maison (*at home/in the house*). Feminine singular noun
4. à l'école (*at/in school*). Masculine or feminine singular noun beginning with a vowel or silent 'h'.
5. aux magasins (*at/in the shops*). All plural nouns.

> « Il ne faut jamais lancer de pierre quand on habite une maison de verre. »

 2.9B À (to, at, in)

Remplissez les blancs avec **à, à la, à l', au** ou **aux** ; et traduisez en anglais.

1. Je vais rester _à la_ maison ce week-end.
2. Vous allez _à_ l'église samedi soir ?
3. _à_ Moscou, il fait très froid en hiver.
4. Ma mère a acheté son maillot de bain _aux_ Galeries Lafayette.
5. J'ai des billets pour le prochain match _au_ Stade de France !
6. Elle est allée acheter des timbres _au_ bureau de poste.
7. Tournez à gauche _au_ Musée des Beaux-Arts.
8. J'ai pris de l'essence _à la_ station-service près de chez toi.
9. On a passé deux nuits _à l'_ auberge de jeunesse ; c'était moins cher.
10. Rendez-vous _au_ café à côté de la boulangerie, d'accord ?
11. Tu veux venir _à la_ piscine avec nous ?
12. J'ai téléphoné _à_ François.

2.10 Le déménagement

1 C'est il y a cinq ans, après beaucoup de discussions et votes à main levée, que nous avons décidé de quitter Paris. Mon père rêvait de dormir fenêtre ouverte sur ses plantations. Ma mère n'était pas contre à condition de pouvoir disposer d'une voiture, pour garder sa liberté. Bernadette, n'en parlons pas : il y avait un manège à proximité. Quant à Cécile et à moi, l'idée d'avoir chacune notre chambre a emporté la décision. Inutile de dire que Claire était contre ; elle ne supporte pas le changement et a déclaré qu'à part un divorce rien ne vieillissait davantage que de changer d'habitation. La maison, dans un petit village à vingt-cinq kilomètres de Paris, règne sur un demi-hectare de terrain. Nous avons gardé son nom : La Marette.

2 Quand chacune a choisi sa chambre, j'étais la seule en faveur du grenier. Après avoir essayé une nuit, Cécile a déclaré que des légions de rats galopaient au-dessus de sa tête. À mon avis, ce sont des oiseaux. À moi donc, tout en haut, la longue mansarde dont une fenêtre ouvre sur le jardin et l'autre sur la rue. Cécile a pris une chambre minuscule au même étage que moi en disant que ce serait plus facile à ranger.

3 Claire s'est installée au premier, à côté des parents et de la salle de bains. Bernadette n'a pas hésité : le sous-sol ! Elle a une grande pièce presque vide. Elle a gardé les clous aux murs pour y suspendre ses vêtements entre des photos de chevaux. Le sol, cimenté, est très froid sous les pieds l'hiver. Elle refuse obstinément toute amélioration de sa situation.

L'esprit de famille, Janine Boissard

Questions

Section 1

1 Relevez l'expression qui montre que la décision de déménager a été prise démocratiquement.

2 Mettez le nom de chaque personne devant sa raison de vouloir/ne pas vouloir déménager.

A Le père	(a) _____ était plus ou moins pour, mais voulait être indépendante.
B La mère	(b) _____ pense que déménager, c'est très difficile.
C La narratrice	(c) _____ adore les chevaux.
D Claire	(d) _____ veut avoir sa propre chambre.
E Bernadette	(e) _____ veut habiter à la campagne.
F Cécile	(f) _____ ne devrait plus partager une chambre.

Section 2

1 Relevez la phrase qui explique pourquoi Cécile a abandonné le grenier.

2 Trouvez la phrase qui indique qu'il y avait deux fenêtres dans le grenier.

3 Relevez l'expression qui montre pourquoi Cécile a choisi cette chambre.

Section 3

1 Retrouvez les mots qui montrent que Bernadette aime l'équitation.

2 Quels sont les mots qui indiquent que le sous-sol n'est pas très confortable ?

3 Explain why each of the forms of 'à' is being used:
au même étage
au premier
aux murs
aux pieds

• **'Claire is very conservative and insecure.'**

Can you find two things in the text which show this?

> « Les maisons sont faites pour être habitées, non pour être vues. »
> Francis Bacon

2.11 Mon quartier (ma ville/mon village)

Vocabulaire et expressions de base

Mon quartier est très calme/tranquille	**Je m'entends bien avec mes voisins**
My area is very calm/quiet	*I get on well with my neighbours*
Ma maison est isolée	**Il y a de la violence/de l'insécurité**
My house is isolated	*There is violence/insecurity*
C'est très animé	**Il y a des cafés, des restaurants, des pubs**
It is very busy	*There are cafés, restaurants, pubs*
C'est très propre, il n'y a pas de détritus par terre	**Une bibliothèque, un cinéma, une piscine**
It is very clean, there is no rubbish on the ground	*a library, a cinema, a swimming pool*
Les habitants sont respectueux et polis	**Un bowling, une salle de billard**
The residents are respectful and polite	*a bowling alley, a pool club*
Mon quartier est sûr	**Un club de hurling/de rugby/de foot/de tennis**
My area is safe	*a hurling/rugby/soccer/tennis club*
Tout le monde se connaît	
Everybody knows each other	

'Un petit conseil'

Research your own town or area, i.e. famous events, buildings, festivals…

 CD1, Track 15 **Les questions de notre examinateur à Sophie**

Est-ce qu'il y a des choses à faire dans votre quartier ?

Oui, c'est un quartier très sympa et animé, il y a des cafés, des restaurants, des pubs, comme dans tous les quartiers. Tout le monde se connaît ; par exemple, je m'entends très bien avec les voisins et je garde souvent leurs enfants.

Est-ce qu'il y a des activités pour les jeunes ?

Oui, on a un cinéma, des clubs de sports, donc il y a beaucoup d'endroits où on peut se rencontrer et faire des trucs ensemble. J'adore aller au bowling le vendredi soir.

 CD1, Track 16 **2.12** Four people talk about where they live

Answer the questions/complete the sentences below in your copy.

1	Where does this person live?	What facilities are there?	Other comments
2	Where does this person live?	In summer…	In winter…
3	Where does this person live?	What's in the area?	Where does he go at weekends?
4	Where does this person live?	During the week, she…	What is in the area?

2.13

Vous venez de déménager. Écrivez un mél à un(e) ami(e).

> **Pour vous aider**
>
> Commencez par « Tu m'as demandé de décrire notre nouvelle maison. Alors, voilà… »

1 Où habitez-vous ?
   J'habite une maison/un appartement/un immeuble/un bungalow.

2 Où se trouve votre maison ?
   - Dans la banlieue de Dublin
   - Au sud de Cork
   - À la campagne
   - Dans une ville
   - Dans un village
   - Au bord de la mer

3 Il y a combien de pièces ?
   - Nous avons trois/quatre/cinq chambres.
   - Il y a la cuisine, le salon, la salle à manger, la salle de bains, les toilettes.

4 Votre chambre
   - Décrivez-la en utilisant le vocabulaire de ce Montage – les meubles, la moquette, les affiches, les couleurs.

5 Décrivez la maison.
   - Elle est grande ? Petite ?
   - Il y a un jardin ?
   - De quelle couleur est la porte ? Verte, bleue, rouge, jaune, blanche, grise, marron ?
   - Et le toit ?
   - Il y a un garage ?
   - C'est une maison à un, deux ou trois étages ?

6 Êtes-vous content(e) d'avoir déménagé ?
   - Qu'est-ce qui va vous manquer le plus ?
   - Allez-vous être obligé(e) de changer d'école ?
   - Avez-vous fait la connaissance de vos nouveaux voisins ?
   - Ont-ils un enfant de votre âge ?

7 Voici quelques prépositions pour vous aider :

Vocabulaire et expressions de base

dans = *in*	près de = *near*	au milieu de = *in the middle of*
sur = *on*	loin de = *far from*	au centre de = *in the centre of*
devant = *in front of*	à côté de = *beside*	au bout de = *at the end of*
derrière = *behind*	en face de/face à = *opposite*	autour de = *around*

Use these expressions to say where you live in relation to places.
Examples: J'habite en face de l'église.
J'habite près de mon école.
Use *'il y a'* to describe your surroundings.
Example: Il y a une gare derrière ma maison.

> « Depuis que nous avons la télévision à la maison, nous prenons nos repas tous du même côté de la table, comme dans la Cène* de Léonard de Vinci. »
> *The Last Supper
> Marcel Pagnol

📖 2.14 'À' (to, at, in)

Voir la page 23.

Remplissez les blancs avec à, à la, à l', au ou aux ; et traduisez en anglais.

1 Paul va acheter de l'aspirine ~~au~~ à la pharmacie.
2 Ils se sont promenés __au__ parc cet après-midi.
3 Vous allez dîner ~~à la~~ __au~~aux~~__ restaurant avec vos collègues ?
4 Papa me cherchera __à la__ gare lundi matin.
5 Tu pourrais acheter un cadeau pour ton neveu ~~aux~~ a la librairie, non ?
6 Le théâtre est __à~~u~~ ~~te~~__ bout de la rue de la Fraternité.
7 Tu as vu l'exposition __à__ l'Hôtel de Ville ?
8 Désolée, je ne peux pas venir avec toi __au__ cinéma ; je suis fauchée !
9 Il y a quelqu'un ~~aux~~ a la porte.
10 Mes parents ont parlé avec mon prof d'anglais ~~aux~~ à mon école avant-hier.
11 On a passé la matinée __au__ centre commercial.
12 Hélène est __à__ l'hôpital ; elle s'est cassé le bras mardi.

🎧 CD1, Track 17 2.15A Une jeune parle de sa maison

Questions (…/20)
1 Where is the house located? (…/2)
2 What is there at the back of the house? (…/2)
3 Why is it important that she has her own room? (…/3)
4 What did she do last summer? (…/2)
5 What do her parents often say to her? (…/3)
6 What is the first household task she does? (…/2)
7 What household task is her least favourite and why? (…/3)
8 What does she say about her parents? (…/3)

🎧 CD1, Track 18 2.15B Un jeune parle de sa ville

Questions (…/15)
1 How many people live in Kinsale? (…/3)
2 What kind of place is Kinsale described as in the summer? (…/3)
3 What competition does the town participate in? (…/3)
4 What do young people mostly do in the summer? (…/3)
5 What does Luke like to do in Kinsale? (…/3)

✒️ 2.16 Laurence décrit son appartement

Use the vocabulary you've learned in this unit to fill in the blanks.

Eh bien, notre appartement ? Il est à Paris, dans un immeuble du 19ᵉ siècle, et il est très joli. Il est au troisième _____. Il y a trois _____, un salon, une petite salle à manger, et la _____. Il y a aussi les toilettes. J'ai ma chambre à moi. Dans ma chambre, il y a un _____. J'ai une armoire pour mes vêtements, un petit _____ où je fais mes devoirs. Au plancher, il y a un _____ verte – j'adore le vert. Les _____ sont peints en vert aussi. J'ai aussi des _____ aux murs, de cinéma, de mes chanteurs et de mes acteurs préférés.

Nous n'avons pas de _____, mais Maman a beaucoup de fleurs et de plantes dans l'_____. Elle aime ça. Au salon, il y a un grand _____ où je m'assieds avec Papa et Maman pour regarder la télé. Nous aimons la musique, donc il y a une _____, et un _____ pour regarder les films. Maman n'aime pas faire la cuisine, donc elle a acheté un _____ !

🎧 CD1, Track 19 **2.17** Ten people talk about housing

1 What is 'un duplex'?

2 Where do they live?

3 (a) Describe where they live now.
   (b) And where they used to live.

4 What's this person's comment on housing in Ireland?

5 (a) What's the mother's comment about this person's room?
   (b) How is the comment answered?

6 What did this person's sister do?

7 (a) Describe this person's dream house.
   (b) Where did she get the idea from?

8 How did this person decorate her room?

9 (a) Name two advantages of living near the centre of Lyon.
   (b) Name one disadvantage.
   (c) How does the family overcome this?

10 (a) Name the items in this boy's room.
    (b) Name one bad and one good thing about the room.

📰 **2.18** L'immobilier

1 49490 St Nazaire, villa 4 faces avec beaux volumes, 5 chambres dont 3 en rez-de-chaussée, piscine, garage, à voir – Réf. 2369. 323 500 €

2 Superbe
Au coeur du Vallespir
30 min Perpignan, Mas authentique, rénové dans l'esprit du pays. 180m² hab., 16 hectares de forêt dont 13 clôturés, cours d'eau, source naturelle, piscine 5x10 m. Coup de cœur assuré. 442 000 € – 04 68 51 86 09

3 85748 Taurinya, maison à restaurer sur 800 m² de jardin, 4 pièces, cuisine, vue, exposition, caves, à voir. 70 000 € – 04 68 05 22 00

4 0598 – Perpignan Sud, Villa de caractère rénovée par architecte avec 4 chambres, 2 salles de bains, garage, terrasse, barbecue, belle piscine. Très jolie vue. Beau produit. 370 000 € – 04 68 51 43 43

5 Un bijou. Perpignan, Jolie maison de ville agréablement restaurée, avec séjour et salon, cuisine équipée en rdc sur jardin arrière, 3 belles chambres + salle de bains au 1er. Garage, quartier calme, à 2 pas des commerces. 200 000 € – 04 68 51 86 09

6 85899 Rare, Perpignan, Palais des Congrès, agréable maison de ville, 140m² hab., gd salon, séjour, cuis. indép., 3 chs, SdB équipée, chauf. gaz, poss. studio indép. 220 000 €

Questions

Quelle est la maison qui vous intéresserait si :

(a) vous n'aimiez pas le bruit ? ☐

(b) vous aimiez le bricolage ? ☐

(c) vous vouliez louer une partie de votre maison ? ☐

(d) vous aimiez la natation ? ☐

(e) vous aviez une famille nombreuse ? ☐

(f) vous aimiez l'architecture traditionnelle ? ☐

(g) vous aimiez vous promener dans les bois ? ☐

(h) vous aimiez manger en plein air ? ☐

(i) vous alliez souvent faire des courses ? ☐

(plusieurs réponses possibles)

LES ACTUS **2.19**

Tarn-et-Garonne. Depuis deux mois le serpent, niché entre planchers et faux plafonds, sème la terreur.

Dans l'immeuble affolé, la chasse au python est lancée

C'est une jeune femelle que recherchent les « chasseurs » de serpent.

1 Seul, sans un bruit et surtout loin des yeux indiscrets. C'est ainsi que Yanik Coyak traque les reptiles. Le python royal qui erre depuis plus de deux mois dans les faux murs et les faux plafonds d'une maison rénovée de la rue des Fosses de Montech a eu droit au même traitement, hier. Depuis juillet, alors qu'il vient juste d'emménager dans un loft sous les toits d'une immense maison toulousaine, un locataire tombe nez à nez avec un reptile se promenant au-dessus de la cabine de douche. Il ne l'apprend que plus tard, ce python royal s'est enfui il y a près de deux mois du terrarium de son propre voisin. Une présence qui a poussé plusieurs locataires à faire leurs valises.

2 Devant toute cette agitation, Yanik Coyak, 50 ans, agent de sécurité, a proposé de mettre la main sur le serpent. C'est équipé d'un sac en toile et d'un crochet que cet amoureux des reptiles a arpenté le loft déserté, inspecté la salle de bains et, surtout, le toit de la cabine de douche avec sa petite échelle.

3 Tout semble réuni pour que le python royal passe un été de rêve dans la maison : tranquillité, chaleur, des zones humides dans les salles d'eau… « Il a reconnu que ce serait particulièrement difficile. Il a accès à tous les faux plafonds, les faux murs, les colonnes d'eau et électrique », a dit un locataire.

4 Le spécialiste a saupoudré un peu de farine près d'un trou situé dans un mur. Si le serpent vient y traîner ses écailles, il y laissera une trace et poura être suivi. S'il y passe. Un locataire assure : « On saura qu'il est en vie. Mais de toute façon, je ne reviendrai pas habiter ici. »

La Dépêche, Fabrice Vironneau

Glossaire

le bruit : *noise*
loin de : *far from*
traquer : *to track down*
errer : *to wander*
faux : *false*
le plafond : *ceiling*
emménager : *to move in*
le locataire : *tenant*
au-dessus de : *above*
s'enfuir : *to escape*
le terrarium : *glass case*
le voisin : *neighbour*
pousser : *to push*
faires ses valises : *to pack suitcases*
en toile : *(made of) canvas*
un crochet : *hook*
arpenter : *to survey*
une échelle : *ladder*
réuni : *set*
la chaleur : *heat*
reconnaître : *to recognise*
saupoudrer : *to sprinkle*
la farine : *flour*
le trou : *hole*
traîner : *to drag*
une écaille : *scale*
suivre : *to follow*

Questions

Section 1

1 Dans cet article il s'agit
(a) d'une souris ☐
(b) d'un serpent ☐
(c) d'un singe ☐
(d) d'une salamandre. ☐

2 Citez l'expression qui nous montre comment Yanik Coyak travaille.

3 Depuis combien de temps le python erre-t-il dans la maison ?

4 Où exactement le locataire a-t-il vu le python ?

5 Trouvez l'expression qui nous dit que certains locataires ont quitté cette maison.

Section 2

1 M. Coyak : – quel âge a-t-il ?
– quelle est sa profession ?

2 Nommez les 2 choses qu'il utilise pour attraper le python.

Section 3

1 Nommez une chose que le python aime.

2 Relevez un adverbe (*hint: probably ends in* -ment).

Section 4

1 Qu'a fait M. Coyak pour trouver le python ?

2 Trouvez la phrase qui indique que le locataire ne veut plus revenir dans cette maison.

Montage 3 Le lycée

3.1A

LA DESCRIPTION DE L'ÉCOLE

Je vais au lycée à...

C'est un lycée mixte, privé, de garçons, de filles

C'est grand

Il y a six cent vingt élèves et soixante professeurs

L'équipement scolaire : les salles de classes, les

laboratoires, l'atelier de dessin et de poterie,

la salle d'informatique

Les installations sportives : les terrains de rugby, de tennis,

de foot gaélique, de hockey... le gymnase la salle de gym

L'ambiance est bonne

Les élèves et les enseignants ont de bons rapports

L'UNIFORME SCOLAIRE

La veste, la chemise, le pantalon

la cravate, le pull, les chaussures, la jupe

Je porte une chemise blanche

Je mets l'uniforme

C'est pratique car on ne choisit pas ses vêtements

Ce n'est pas confortable

J'aime mon uniforme

Il n'y a pas d'uniforme dans les écoles françaises

LES MATIÈRES

Je fais du français, des maths, de l'anglais

Je fais des arts ménagers, du dessin

J'étudie la comptabilité, l'économie

J'étudie la biologie, la chimie, les maths appliquées

Ma matière préférée, c'est la géographie car...

Je n'aime pas le dessin parce que...

J'ai un bon niveau en irlandais

Je suis fort(e) en maths

Je suis faible en histoire

J'ai de bonnes notes en anglais

C'est pratique, intéressant, logique, passionnant

C'est dur, difficile, ennuyeux, nul

Montage 3
Le lycée

LE RÈGLEMENT

Il faut arriver à l'heure

On doit faire ses devoirs

On n'a pas le droit de mâcher du chewing-gum

Il est interdit de fumer

Le règlement est assez juste

Certaines règles ne sont pas justes

Je suis d'accord avec la règle sur les cigarettes

On reçoit un avertissement dans
notre carnet

On risque d'aller en colle le vendredi
après les cours

On risque d'être expulsé

LA FAC

Je voudrais aller à la fac à...

J'aimerais faire des études de commerce,
de droit, de kiné, d'hôtellerie

Il me tarde d'être à la fac

J'aurai plus d'indépendance

J'étudierai les matières que j'aime

Mes amis de l'école me manqueront

LA JOURNÉE TYPIQUE

Je me réveille à....

Je me lève

Je me douche

Je prends mon petit déjeuner à...

Je vais à l'école en bus, en voiture, à pied

Mes parents m'emmènent à l'école

Je conduis pour aller à l'école

Le trajet prend dix minutes

Les cours commencent/finissent à...

La récréation est à...

Après les cours, on a sport

On va en salle d'étude

Je me couche à...

LE SYSTÈME DE POINTS

Il y a beaucoup de pression sur les élèves

On est surmené

On est débordé de travail

Je préférerais un contrôle continu

Le bac n'est pas très représentatif de notre travail

Tout dépend d'une semaine d'examens

J'ai besoin de quatre cents points

3.1B Systèmes scolaires

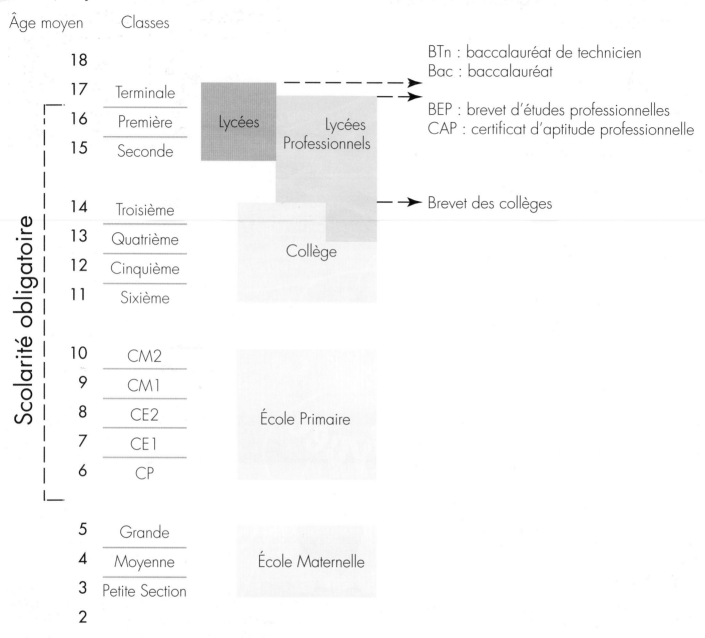

Âge moyen | Classes

18	
17	Terminale
16	Première
15	Seconde
14	Troisième
13	Quatrième
12	Cinquième
11	Sixième
10	CM2
9	CM1
8	CE2
7	CE1
6	CP
5	Grande
4	Moyenne
3	Petite Section
2	

Scolarité obligatoire

Lycées
Lycées Professionnels
Collège
École Primaire
École Maternelle

BTn : baccalauréat de technicien
Bac : baccalauréat

BEP : brevet d'études professionnelles
CAP : certificat d'aptitude professionnelle

Brevet des collèges

 ## 3.2 La description de l'école

Vocabulaire et expressions de base

Je vais au lycée à
I attend school in

C'est un lycée mixte, de garçons, de filles
C'est grand
Il y a six cent vingt élèves et soixante professeurs
L'équipement scolaire : les salles de classe, les laboratoires, l'atelier de dessin et de poterie, la salle d'informatique

Les installations sportives : les terrains de rugby, de tennis, de foot gaélique, de hockey… le gymnase, la salle de gym
L'ambiance est bonne
The atmosphere is good

Les élèves et les enseignants ont de bons rapports
Students and teachers have a good relationship

« L'éducation est une chose admirable. Mais il est bon de savoir que rien de ce qui mérite d'être su ne peut s'enseigner. »
Oscar Wilde

CD1, Track 20 **Les questions de notre examinateur à Eric**

Pouvez-vous me décrire votre lycée ?

Oui, bien sûr. Je vais à St Martin ; c'est situé dans le comté de Meath, à la campagne. C'est une école mixte avec environ six cents élèves et une quarantaine de profs.

Êtes-vous content d'aller dans votre lycée ?

Oui, c'est un bon lycée. L'équipement scolaire est bien : nous avons des salles de classe, des laboratoires, un atelier de dessin et de poterie, une salle d'informatique, une bibliothèque et des installations sportives, avec des terrains de rugby, de tennis et de foot.

Est-ce qu'il y a une bonne ambiance ?

Oui, j'ai beaucoup de copains et il y a de bons rapports entre les profs et les élèves.

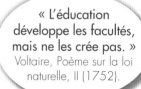

TU AS ÉTÉ GENTIL AVEC LA MAÎTRESSE ?

1973

LA MAÎTRESSE A ÉTÉ GENTILLE AVEC TOI ?

2013

« L'éducation développe les facultés, mais ne les crée pas. »
Voltaire, *Poème sur la loi naturelle*, II (1752).

3.3A Mon premier jour à l'école

1 C'est maman qui m'avait conduit à l'école. Nous étions une bonne vingtaine à tenir la main ou la jupe de nos mères, tous submergés par l'émotion. Les larmes commençaient à couler sur les joues de certains. Je ne me sentais pas très bien moi-même. Il y avait là un effet de dominos. Maman avait beau m'expliquer que j'étais un grand garçon maintenant, que c'était pour mon bien. Je me mis à pleurer et ma mère avec moi.

2 La cloche clocha et nous nous mîmes en rangs pour l'appel, nos visages toujours tournés vers la sortie de l'école pour essayer de voir une dernière fois nos mères et leurs visages familiers. À l'évidence, elles nous avaient abandonnés.

3 On nous fit entrer dans la classe, et c'est le cœur lourd que nous prîmes possession de nos pupitres. Mme Chatignoux était ma première maîtresse. Son mari était lui aussi instituteur, il avait eu mon frère comme élève.

4 Mme Chatignoux était très gentille et c'est avec beaucoup de douceur qu'elle nous expliqua que nous allions, tout au long de l'année, apprendre à lire et à écrire.

5 La première question qu'elle posa était de savoir s'il y avait des gauchers parmi nous. Personne. Je ne sais pas pourquoi, un réflexe peut-être, mais finalement ma main se leva. J'avais décidé de devenir gaucher pour être le seul. L'encrier était à droite. Lorsque je trempais la plume dedans avec ma main gauche, je tachais la page blanche. On avait commencé par apprendre le *a*, un rond avec la barre à droite, mais comment savoir où était la droite ?

6 Je peux dire que tous mes ennuis ont débuté à ce moment précis.
Confondant la droite et la gauche, je plaçais les barres à gauche lorsqu'elles devaient être à droite, et réciproquement. J'inventais toutes sortes de lettres. Mes *p* étaient des *q* et mes *b* des *d*. On arrivait à me lire toutefois, mais avec un miroir.

7 Lors des séances d'écriture, la maîtresse circulait parmi les rangées pour vérifier notre travail et nous aider. Lorsqu'elle s'arrêtait derrière moi, je me retournais toujours vers elle avec un vague sourire inquiet et interrogateur.
« C'est pas facile, hein ? » lui disais-je.

8 Mon écriture posait aussi beaucoup de problèmes à la maison, où l'on ne comprenait pas pourquoi j'étais devenu gaucher. Pour les chiffres, le problème était le même. Comment différencier le 6 du 9, le 3 du 8, le 1 du 7 ? Il n'y avait pas moyen. Mais j'étais heureux, tout le monde s'intéressait à moi.

Le Fils de l'Homme invisible, François Berléand

Glossaire

la larme : *tear*	l'encrier : *inkwell*
se sentir : *to feel*	tacher : *to stain*
avoir beau : *in vain*	l'ennui : *trouble*
pleurer : *to cry*	arriver à : *to succeed*
le rang : *row*	la rangée : *row of desks*
le pupitre : *desk*	le sourire : *smile*
la douceur : *sweetness*	l'écriture : *handwriting*
gaucher : *left-handed*	le moyen : *means*

Questions

Section 1

1 Trouvez une expression qui montre que le narrateur était inquiet ce jour-là.
2 Comment la mère a-t-elle essayé de consoler le garçon ?

Section 2

Trouvez la phrase qui signifie « Elles étaient parties sans nous ».

Section 3

Relevez
(a) une partie du corps
(b) un métier
(c) un adjectif possessif.

Section 4

Selon la maîtresse, quel est le but de cette année scolaire ?

Section 5

1 Pourquoi le garçon a-t-il dit qu'il était gaucher ?
2 Relevez un verbe à l'infinitif.

Section 6

Pourquoi le garçon a-t-il fait des erreurs ?

Section 7

Relevez l'expression qui montre pourquoi la maîtresse circulait dans la classe.

Section 8

1 Le garçon a aussi des problèmes
  (a) de calcul   ☐
  (b) de lecture   ☐
  (c) de santé.   ☐
2 Il est content. Pourquoi ?

- 'The narrator reacts to his first day at school in the way most children do, but then makes a strange decision.'

Do you agree? Refer to the text.

 3.3B

« Ma première journée à l'école »
(article réel ou imaginaire)
Utilisez le vocabulaire de l'extrait sous 3.3A.

 3.4 Le présent

Note: In English there are two common forms of the present tense. One can say either 'I watch' or 'I am watching'.

However, in French both 'I watch' and 'I am watching' translate as 'Je regarde'. The same applies for all verbs.

Example : *I am going* or *I go = Je vais*

I am listening to my French oral exercises on my iPod   J'écoute…

I am thinking of going to France for the summer   Je pense…

She is studying very hard this year   Elle étudie

We are revising for our Leaving Certificate mock exams   Nous révisons…

Also the present tense is used when translating sentences using '*I have been studying/working/listening …*'

Exemple : *I have been studying French for 6 years* = J'étudie le français depuis six ans.

I have been playing rugby for ten years   Je joue…

I have been speaking Irish for twelve years   Je parle…

I have been going to this school for seven years   Je vais…

Summary: *To form the present tense you take the infinitive (i.e. the –er, –ir, –re form of the verb). Then you remove the –er, –ir, –re and add the appropriate endings.*

> « L'éducation nous apprend les règles de la vie. L'expérience nous apprend les exceptions. »
> Mina Guillois (écrivain française), *À l'école du rire.*

1   **–er** verb endings
–e
–es
–e
–ons
–ez
–ent

2   **–ir** verb endings
–is –issons
–is –issez
–it –issent

3   **–re** verb endings
–s –ons
–s –ez
–ent

N.B. Make sure you know the present tense of common French verbs, particularly 'être', 'avoir', 'aller' and 'faire'.

Before you do the following exercises revise the lesson on the present tense of regular and irregular verbs on pp. 226–228.

1   Remplissez les blancs en conjuguant les verbes réguliers entre parenthèses; ensuite, traduisez les phrases ci-dessous.

  A   Nous (commencer) _____ les cours à neuf heures tous les jours.

  B   Je (finir) _____ ma journée à quatre heures moins le quart.

  C   Mes parents (parler) _____ le français couramment.

  D   Nous (passer) _____ nos examens blancs au mois de février.

  E   Mon frère et moi (arriver) _____ à l'école à 8h30 chaque matin.

  F   Est-ce que vous (rester) _____ en étude à l'école après les cours ?

  G   J'(espérer) _____ aller à la fac après mon bac.

  H   Je (réussir) _____ toujours mes examens d'anglais car j'(adorer) _____ cette matière.

> « Étudiez comme si vous deviez vivre toujours ; vivez comme si vous deviez mourir demain. »
> Saint Isidore de Séville

2   Remplissez les blancs en conjuguant les verbes réguliers et irréguliers entre parenthèses et traduisez les phrases ci-dessous.

  A   Cette année je (faire) _____ de la chimie et de la physique.

  B   Est-ce que vous (aller) _____ à l'école en bus ?

  C   Certains lycéens (prendre) _____ le bus le matin et (rentrer) _____ à la maison à pied.

  D   Cette année, je (être) _____ en première.

  E   À l'école nous (faire) _____ du sport de temps en temps après les cours.

  F   J' (avoir) _____ un emploi du temps chargé car je (passer) _____ le bac en juin.

  G   Après le bac, je (prévoir) _____ de faire des études d'anglais.

  H   Mon professeur d'histoire (venir) _____ à l'école en moto quand il (faire) _____ beau.

  I   Nous ne (manger) _____ pas à la cantine tous les jours.

  J   Ma sœur (se lever) _____ à sept heures pour aller à l'école.

CD1, Track 21 **3.5** Trois lycéens parlent du bac

Qu'ils soient bacheliers ou non, trois lycéens nous livrent leurs impressions sur les examens de cette année et sur la valeur du diplôme du bac.

A Questions: Répi

1 What age is Répi?
2 What was his 'big surprise'?
3 How does he describe himself as a student?
4 His score on SVT: actual score? expected score?
5 His score on history: usual score? score in the exam?

B Questions: Edna

1 What age is Edna?
2 In which 2 subjects was the exam easier?
3 How does she feel about her results?

4 She makes 2 comments about 'le bac' today. Give either.
5 How does she describe the level of knowledge needed and the syllabus for 'le bac'? (one adjective)

C Questions: Theo

1 What age is Theo?
2 How does he describe 'le bac' in his parents' time?
3 How many points did he need to get his 'bac'?
4 How many did he actually get?
5 How does he describe the revision programme for 'le bac'? (one adjective)

 3.6 Les matières

Vocabulaire et expressions de base

Je fais du français, des maths, de l'anglais
I do French…

Je fais des arts ménagers, du dessin
J'étudie la comptabilité, l'économie
J'étudie la biologie, la chimie, les maths appliquées
Ma matière préférée, c'est la géographie car…
My favourite subject is geography because…

Je n'aime pas le dessin parce que…

J'ai un bon niveau en irlandais
I've a good level in…

Je suis fort(e) en maths
I'm strong in…

Je suis faible en histoire
I'm weak at…

J'ai de bonnes notes en anglais
I get good marks in…

C'est concret, intéressant, logique, passionnant
C'est dur, difficile, ennuyeux, nul

 CD1, Track 22 **Les questions de notre examinateur**

Parlez-moi des matières que vous étudiez.

En tout, cette année, je fais huit matières. J'étudie l'anglais, les maths, l'irlandais, le français, la biologie, l'histoire, la chimie et la musique. Ça fait beaucoup !

Quelle est votre matière favorite ?

Ma matière préférée est l'histoire car ça m'intéresse. Je trouve que c'est passionnant d'apprendre ce qui s'est passé ; ma période préférée est la Seconde Guerre mondiale. En plus, la prof d'histoire est très sympa.

Est-ce qu'il y a des matières que vous aimez moins que d'autres ?

Oui, je ne suis pas très fort en maths, je trouve que c'est difficile à comprendre et le prof est très strict. J'ai souvent de mauvaises notes en maths.

3.7 Du mandarin pour nos enfants

1 Une langue rare, le chinois ? En France, plus de 40 000 élèves étudient les idéogrammes. « *Leur nombre est en hausse, de l'ordre de 25 % en un an* », constate Joël Bel Lassen, inspecteur général de chinois à l'Éducation nationale. Le Centre culturel de Chine à Paris (CCCP) a ouvert deux nouvelles classes. « *Sur nos 500 élèves, 72 sont âgés de 6 à 14 ans, répartis en quatre niveaux*, explique Constance Xiong, professeur au CCCP. *Et nous prévoyons de créer un cinquième niveau.* » Le chinois, la langue des futures élites ? Il y a près de dix ans déjà que l'École alsacienne a rendu la langue de Mao obligatoire en CE1. Depuis, nombreux sont les établissements à faire de même.

2 Et l'atelier « chinois » est loin de déplaire aux petits… « *Même si dans la plupart des cas, ce sont les parents qui sont à l'origine de la démarche, chacun y trouve son compte. Les enfants sont conscients que parler chinois sera plus tard un avantage considérable* », poursuit Constance Xiong.

Aux États-Unis, le chinois est déjà labélisé « langue stratégique ». Les *high achievers* (« gagneur ») en sont convaincus : il faut conditionner l'enfant dès le berceau. Une *nanny* a mis deux familles en compétition et réussi à se faire payer 70 000 dollars par an. En France, on pouvait lire sur le Net cette annonce : « *Recherchons nounou parlant anglais + chinois mandarin pour garder notre fille de 9 mois. Adresse : Paris 16ᵉ* »…

Le Point, Victoria Gairin

Glossaire

en hausse : *increasing*
répartir : *to divide*
prévoir : *to plan*
un atelier : *workshop*
trouver son compte : *to benefit*
le berceau : *cot*
réussir : *to succeed*
la nounou : *nanny*

> « De toutes les écoles que j'ai fréquentées, c'est l'école buissonnière qui m'a paru la meilleure. »
> Anatole France

Questions

Section 1

1 Relevez la phrase qui montre que le nombre d'élèves qui étudient le chinois augmente.
2 Combien d'élèves y a-t-il au CCCP ?
3 Trouvez le mot qui signifie « écoles, collèges et lycées ».

Section 2

1 Qui encourage les enfants à étudier le chinois ?
2 Pourquoi les enfants veulent-ils étudier le chinois ?
3 Expliquez comment la nanny a réussi à obtenir un gros salaire.
4 Selon les parents de la petite fille, quelles sont les langues les plus importantes à apprendre ?

Opinion/Reaction

• **« Pourquoi apprendre le français ? Tout le monde parle anglais ! »**

Êtes-vous d'accord ?

Vocabulaire

C'est vrai
Ce n'est pas vrai. 90 % de la population mondiale ne parle pas anglais.
Pour le plaisir

Pour les voyages
Pour les vacances
Pour l'emploi
Parce que j'aime la langue

3.8 Les règles

Vocabulaire et expressions de base

Il faut arriver à l'heure	**Certaines règles ne sont pas justes**
We have to arrive on time	**Je suis d'accord avec la règle sur les cigarettes**
On doit faire ses devoirs	*I agree with…*
We must do our homework	**On reçoit un avertissement dans notre carnet**
On n'a pas le droit de mâcher du chewing-gum	*We receive a warning in our planner*
We are not allowed to chew gum	**On risque d'aller en colle vendredi après les cours**
Il est interdit de fumer	*We might go on detention*
It is forbidden to smoke	**On risque d'être expulsé**
Le règlement est assez juste	*We might be externally suspended*
The rules are quite fair	

> « Il nous faut toujours apprendre pour apprendre enfin à mourir. »
> Marie Von Ebner-Eschenbach

 ### CD1, Track 23 Les questions de notre examinateur

Pouvez-vous me parler du règlement de votre école ?

Oui, par exemple, il faut arriver à l'heure en cours, faire ses devoirs, porter son uniforme correctement, ne pas jeter de papiers par terre. Comme dans toutes les écoles, il est interdit de fumer.

Si vous étiez le directeur de votre école, que changeriez-vous dans votre lycée ?

Certaines règles ne sont pas très justes pour les élèves de Terminale, car certains ont dix-huit ans donc c'est un peu embarrassant quand un prof nous corrige sur le maquillage ou le port de l'uniforme.

AUX ÉLÈVES DES ÉCOLES
IL EST DÉFENDU

1. DE PARLER BRETON ET DE CRACHER A TERRE ;

2. DE MOUILLER SES DOIGTS DANS SA BOUCHE
pour tourner les pages des livres et des cahiers ;

3. D'INTRODUIRE DANS SON OREILLE le bout
d'un porte-plume on d'un crayon ;

4. D'ESSUYER LES ARDOISES EN CRACHANT
DESSUS ou en y portant directement la langue ;

5. DE TENIR DANS SA BOUCHE les portes -
plumes, les crayons, les pièces de monnaie, etc. ;

Voulez-vous savoir maintenant pourquoi ces défences vous sont faites ?
Demandez-le à vos maîtres qui vous donneront les explications nécessaires.

Souvenez-vous enfin que vous ne devez pas seulement obéir vous-mêmes
à ces prescriptions, mais que vous avez encore le devoir de les faire
connaître à tout le monde.

 ## 3.9

Vocabulaire

Quelles sont les règles dans votre école ?

Positif :		Négatif :	
Il faut	– arriver à l'heure	Il ne faut pas	– fumer
On doit	– écouter en classe	On ne doit pas	– mâcher du chewing-gum
	– manger à la cantine		– utiliser son portable
	– faire ses devoirs		– sortir de l'école sans permission
	– respecter les profs		– parler en classe
	– porter l'uniforme		– manger dans les couloirs
	– avoir son matériel pour le cours		– porter trop de maquillage
			– avoir des piercings
			– avoir les cheveux teints
			– avoir les cheveux longs (pour les garçons)
			– porter la moustache ou la barbe

Maintenant écrivez un article sur les règles dans votre lycée.

3.10 L'uniforme scolaire

Vocabulaire et expressions de base

La veste, la chemise, le pantalon,
la cravate, le pull, les chaussures, la jupe
Je porte une chemise blanche
I wear…

Je mets l'uniforme
I put on…

C'est pratique car on ne choisit pas ses vêtements
It's convenient because we don't choose our clothes

Ce n'est pas confortable
J'aime mon uniforme
Il n'y a pas d'uniforme dans les écoles françaises

 CD1, Track 24 **Les questions de notre examinateur**

Parlez-moi de votre uniforme.

Je porte une veste bleue, un pull bleu marine avec une chemise blanche, un pantalon gris et on doit porter des chaussures noires. Les filles portent aussi une chemise blanche et une jupe rayée bleue et verte.

Que pensez-vous de votre uniforme ?

Ça ne me dérange pas ; je trouve que c'est pratique : on n'a pas besoin de choisir ses vêtements le matin. Quelquefois ce n'est pas très confortable, surtout l'été quand il fait chaud ou même l'hiver quand il fait très froid.

Est-ce que vous aimeriez un système comme en France où personne ne porte d'uniforme ?

Peut-être, car on a l'impression qu'on peut exprimer notre identité à travers les vêtements qu'on porte. On se sent moins insignifiant.

3.11 School life

 CD1, Track 25 **A**

« Une tête bien faite est mieux qu'une tête bien pleine. »
Montaigne

You will hear ten comments about school. In each case, write down, in English,
(a) what aspect of school is being spoken about;
(b) whether the person speaking is satisfied or dissatisfied.

1
2

 B

Here are the 10 statements from the recording at 3.11A. Can you remember how each one ends?

1 La journée est très longue –
2 Les professeurs nous font travailler,
3 Il y a trop
4 Je suis interne
5 Les repas à la cantine
6 Moi, je vais à une école mixte –
7 Les devoirs
8 Les installations sportives
9 On n'a qu'une heure d'EPS par semaine –
10 Il y a

et j'adore ça – sont excellentes – trop de violence à l'école – moi, j'aimerais en avoir un peu plus – j'aime bien la mixité – ne sont pas bons – me prennent trop de temps – on est très fatigué en rentrant à la maison – et on apprécie ça – d'élèves dans ma classe

3.12 Quiz

Reliez les profs et les matières :

M. Monet	l'espagnol
Mme Curie	l'EPS
M. Depardieu	l'histoire
Mme D'Arc	les travaux manuels
M. Zidane	la musique
Mme Austen	la chimie
M. Sartre	le dessin
M. Pascal	la géo
M. Lavoisier	la physique
Mme Dubois	le théâtre
M. Debussy	l'anglais
M. Cousteau	le français
M. Cervantès	les maths

3.13 Confession d'un islamiste français

1 « Je m'appelle Kabene Salah, j'ai 31 ans et je demeure à La Courneuve. Je n'ai pas de diplôme, je suis allé à l'école jusqu'en classe de quatrième. Au printemps dernier, je traînais avec des copains dans la cité sans aucun but, car nous étions tous sans emploi. Comme nous nous intéressions tous à l'islam, nous savions que dans certains pays, et notamment au Pakistan, des stages d'études coraniques étaient organisés. Personnellement, j'ai économisé pendant cinq mois et nous avons acheté quatre billets d'avion à destination du Pakistan dans une agence de voyages située près d'une mosquée. Nous en avons profité pour aller prier à la mosquée.

2 À Peshawar, nous nous sommes rendus dans une villa où nous avons pu constater la présence d'une dizaine de Frères musulmans qui nous ont demandé nos passeports. La journée se déroulait ainsi : nous nous levions à l'aube pour prier, ensuite nous lisions le Coran, puis nous avions des activités sportives. Au bout de quelques jours, les Frères nous ont dit que nous allions partir. Un matin, un véhicule 4×4 nous a emmenés en Afghanistan.

3 Nous sommes finalement arrivés dans une sorte de camp militaire situé dans les montagnes. Il n'y avait que des tentes. Je crois me souvenir que nous étions une trentaine dans ce camp, en plusieurs groupes composés de sept ou huit personnes. En ce qui concerne les instructeurs, je pense qu'ils étaient au moins au nombre de deux. Pour le maniement d'armes, nous étions par groupes de quatre ou cinq personnes. Il y avait des kalachnikovs, des pistolets automatiques, des mitrailleuses et des mortiers. Une fois, j'ai vu un garçon avec un lance-roquettes. Nous disposions de tenues pakistanaises qui comprenaient des tuniques à col Mao.

4 Je n'ai pas eu de formation sur les explosifs mais, après avoir lu le Coran le matin, nous faisions du sport, de la course d'endurance style commando. Nous apprenions également des techniques d'autodéfense. Nous sommes restés dans ce camp pendant un mois.

5 J'ai été atteint de dysenterie et, comme nous étions mal nourris — on nous donnait simplement du riz — nous avons décidé de repartir. Au bout d'un mois, un 4x4 est venu nous chercher pour nous reconduire à Peshawar, chez les Frères musulmans qui avaient nos passeports. Ils ont refusé de nous les rendre. Nous avons pris un bus en direction d'Islamabad.

6 Le voyage a duré environ sept heures et nous sommes allés à l'ambassade de France pour signaler le vol de nos passeports. Nous avons décidé de dire que nous nous les étions fait voler dans le bus. C'est ainsi que nous avons pu rentrer à La Courneuve. »

L'Express

Glossaire

traîner : *to hang about*	croire : *to believe*
le but : *aim*	plusieurs : *several*
un emploi : *a job*	le maniement : *drill*
le stage : *training*	la tenue : *outfit*
prier : *to pray*	rendre : *to give back*
se rendre : *to go*	durer : *to last*
se dérouler : *to happen*	voler : *to steal*
emmener : *to take*	

Questions

Section 1

1 Trouvez la phrase qui indique que Kabene n'a pas terminé ses études.

2 Pourquoi traînait-il dans les rues « sans aucun but » ?

3 Comment Kabene a-t-il pu acheter un billet d'avion ?

Section 2

1 Qu'est-ce que Kabene et ses copains ont donné aux Frères musulmans ?

2 Quelles étaient les trois activités quotidiennes de Kabene et ses amis ?

Section 3

Trouvez les mots qui indiquent :

(a) la situation du camp
(b) le nombre de stagiaires au camp
(c) les armes qu'on y trouvait
(d) les vêtements que portaient les stagiaires.

Section 4

Pour l'essentiel, la formation était de nature

(a) physique ☐

(b) intellectuelle ☐

(c) religieuse ☐

(d) spirituelle. ☐

Section 5

1 Trouvez l'expression qui nous montre que Kabene et ses camarades n'ont pas bien mangé.

2 Pourquoi n'ont-ils pas pris l'avion à Peshawar ?

Section 6

Relevez:

(a) un verbe au passé composé
(b) un verbe à l'infinitif
(c) un adjectif possessif.
(d) une préposition

3.14A La journée typique

Vocabulaire et expressions de base

Je me réveille à...
I wake up at...

Je me lève à...
I get up at...

Je me douche
I take a shower

Je prends mon petit déjeuner à...
I have my breakfast at...

Je vais à l'école en bus, en voiture, à pied...
I go to school by bus, by car, on foot...

Mes parents m'emmènent à l'école
My parents bring me to school

Je conduis pour aller à l'école
I drive to school

Le trajet prend dix minutes
The trip takes ten minutes

Les cours commencent/finissent à...
The classes start/finish at...

La récréation est à...
The break is at...

Après les cours, on a sport
After classes, we do sport

On va en salle d'étude
We go to study

Je me couche à...
I go to bed at...

CD1, Track 26 **Les questions de notre examinateur**

Parlez-moi de votre routine journalière, de votre journée typique.

Tous les matins, mon réveil sonne à six heures et je me lève à six heures et quart, excepté le week-end. Je me douche, je m'habille, je mets mon uniforme, je prends mon petit déjeuner à sept heures et je quitte la maison à huit heures. J'arrive à l'école à huit heures et demie.

« Comme je n'étudiais rien, j'apprenais beaucoup. »
Anatole France

À quelle heure avez-vous votre premier cours ?

Les cours commencent à neuf heures moins dix et finissent à quatre heures moins le quart. On a neuf cours par jour et deux récréations, la première à onze heures moins le quart et la deuxième à midi et demie pour le repas.

Que faites-vous après les cours ?

En général, je rentre chez moi, je fais mes devoirs, je dîne en famille. Certains élèves restent après les cours et vont à la salle d'étude jusqu'à huit heures ; d'autres élèves font du sport, cela dépend !

3.14B Écrire un rapport

Dans votre carnet de préparation orale, écrivez au présent un rapport sur une journée typique au lycée. Basez-le sur ces indications ou bien utilisez vos propres mots.

Vocabulaire

– quitter la maison à… (quelle heure ?)
– prendre le bus, le train, le vélo,
– commencer à… (quelle heure ?)
– les cours : durer jusqu'à… ?
– pendant la récré : manger, jouer au foot, etc.
– à midi : manger, sortir, jouer, rentrer

– les cours de l'après-midi : faire du, de la, de l', des…
– l'école : finir à… (quelle heure ?)
– après les cours : rentrer, faire du sport, faire les devoirs, prendre un Coca avec les copains/copines, retrouver les amis au café, prendre le bus pour rentrer.

CD1, Track 27 **3.15**

Absentéisme et retards au lycée en Suède

A. Écoutez et répondez en anglais aux questions qui suivent :

1 (a) What problem is this school principal having?
   (b) What solution has he come up with?
2 Why, according to him, is the problem getting worse?
3 How exactly will the system work?
4 What will happen if a student is late or absent?

B. Maintenant, lisez la réaction de Luc et celle de Monsieur Picot

« Super ! Génial ! Voilà enfin une approche qui fait preuve d'un peu d'imagination ! Et je sais que ça marcherait très bien dans mon lycée… ça résoudrait tout de suite le problème. » (Luc, élève de Terminale)

« Payer les élèves pour venir à l'école ? Mais vous rigolez ! Quelle idée ! Et après, je suppose qu'on va les payer pour faire leurs devoirs ? ! Ça alors !… » (Monsieur Picot, professeur de maths dans le lycée de Luc)

C. Exercice écrit/oral

(a) Et vous, êtes-vous plutôt d'accord avec Luc ou avec son prof ? Est-ce que ce système résoudrait le problème dans votre lycée ?

(b) Dressez une liste de raisons pour lesquelles on arrive en retard pour l'école.

9h métro 12h boulot 18h métro 20h dodo

le problème des retards	
le problème des absences/de l'absentéisme	
être absent :	*to be absent*
arriver en retard :	*to arrive late*
le proviseur/le directeur :	*the principal*
récompenser :	*to reward*
une récompense :	*a reward*

assidu :	*diligent, assiduous*
ponctuel :	*punctual*
un établissement :	*an educational establishment*
sécher un cours :	*to mitch class*
une prime :	*a bonus*
mensuel/mensuelle :	*monthly*

3.16 Le présent

Insert the correct verb from this list in the present tense:

aller
avoir
être
faire
manger
jouer
arriver
durer
bavarder
rentrer
porter
falloir.

1 Je _____ au foot après l'école.
2 Il _____ respecter les règles.
3 Le cours _____ 40 minutes.
4 À la récré, je _____ avec mes copains.
5 Je _____ à une école mixte.
6 Je _____ en Première.
7 Je _____ chez moi à 4 heures.
8 Je _____ du français depuis 5 ans.
9 Je _____ un uniforme.
10 J'_____ 9 cours par jour.
11 J'_____ à l'école à 8h30.
12 À midi, je _____ à la cantine.

3.17 L'ambiance à l'école (les copains, les profs, le directeur)

Il y a une bonne ambiance
There is a good atmosphere

Je me suis fait beaucoup d'amis en six ans
I made a lot of friends in six years

Tout le monde s'entend bien
Everybody gets on well

J'ai beaucoup d'amis
I have a lot of friends

Les profs sont compréhensifs
Teachers are understanding

Les profs nous considèrent comme des adultes
Teachers consider us as adults

L'école et l'ambiance me manqueront un peu
I will miss the school and the atmosphere a bit

CD1, Track 28 **Les questions de notre examinateur à Lucie**

Que pensez-vous de votre école ?

J'aime mon école, tout le monde s'entend bien, j'ai beaucoup de copines et je suis contente d'être dans cette école.

Parlez-moi de l'ambiance de votre école.

Il y a une ambiance très positive : les profs nous considèrent comme des adultes et les règles sont normales donc on se sent assez libres. Je crois que l'école me manquera un petit peu quand j'irai à la fac.

 **3.18**

Voici un extrait du journal intime de Zlata, qui habitait à Sarajevo pendant la guerre des Balkans. Cet extrait a été écrit juste avant le début de la guerre.

1 *Lundi 2 septembre 1991*

Derrière moi, un long été chaud, des journées de vacances sans penser à rien, et devant moi, une nouvelle année scolaire. Je passe en sixième. Je suis impatiente de revoir mes camarades de classe, de les retrouver, à l'école et en dehors de l'école. Je n'ai plus revu certaines depuis que la cloche a sonné à la fin de l'année. Je suis contente, on va pouvoir reparler de l'école et se raconter nos petits malheurs et nos grandes joies.

Mardi 10 septembre 1991

Une semaine passée à nous procurer les livres, les cahiers et les fournitures, à nous raconter nos vacances à la mer, à la montagne, à la campagne, à l'étranger. Nous sommes toutes parties quelque part, et nous en avons des choses à nous raconter.

2 *Jeudi 19 septembre 1991*

À l'école de musique, c'est aussi la rentrée. Deux fois par semaine, cours de piano et de solfège. Les cours de tennis ont repris aussi, je suis maintenant dans le groupe des grands. Le mercredi, cours d'anglais. Et le jeudi, chorale. Tout ça, c'est obligé. Et six heures de cours par jour, sauf le vendredi.

Vendredi 27 septembre 1991

Je suis rentrée de l'école passablement fatiguée. Une dure semaine. Demain, c'est samedi, et je vais pouvoir dormir autant que je veux. Vive le samedi !

Dimanche 6 octobre 1991

Je regarde le TOP-20 américain sur MTV.

Je me sens super bien car j'ai mangé une pizza « Quatre Saisons » avec du jambon, du fromage, du ketchup et des champignons. C'était succulent. Papa me l'avait achetée chez Galija (c'est la pizzeria du quartier).

J'ai passé tout le week-end à réviser. Je ne suis même pas descendue au parc jouer avec mes copines. Ces jours-ci, il fait beau, et le plus souvent on joue, on parle et on se balade. Bref, on s'amuse.

3 *Vendredi 11 octobre 1991*

Une journée fatigante, mais c'est un triomphe. Contrôle de maths : 5/5. Devoir écrit de serbo-croate : 5/5. Interrogation orale en biologie : 5/5. Je suis fatiguée, mais contente.

Un nouveau week-end devant moi. Nous partons à Crnotina (c'est notre propriété à une bonne dizaine de kilomètres d'ici : un grand verger avec, dedans, une maison vieille de cent cinquante ans – elle est classée monument historique et placée sous la protection de l'État. Papa et maman l'ont restaurée). Grand-père et grand-mère sont encore là-bas. Je suis impatiente de les voir, et aussi Vildana et Ati (c'est son chien), j'ai envie d'air pur et de nature sauvage. Ah, ce que je vais bien dormir avec tout ça ! ! !

Dimanche 13 octobre 1991

C'était formidable à Crnotina. Notre maison et la nature tout autour me paraissent toujours de plus en plus belles. On a cueilli des poires, des pommes, des noix, on a dessiné, et le soir on a fait des grillades. Grand-mère nous a fait un strudel aux pommes.

L'automne a déjà bien effacé l'été. Lentement mais sûrement, de son pinceau, il colorie la nature. Les feuilles jaunissent, rougissent, tombent. Les jours sont plus courts, il fait plus froid. L'automne, quelle belle saison !

Le journal de Zlata, Zlata Filipović

Glossaire

retrouver : *to meet*	le contrôle : *test*
le malheur : *misfortune*	le verger : *orchard*
quelque part : *somewhere*	avoir envie de : *to feel like*
sauf : *except*	cueillir : *to pick*
autant que : *as much as*	le pinceau : *paintbrush*
se balader : *to go for a stroll*	

Questions

Section 1

1 Trouvez une phrase qui montre que c'est la rentrée scolaire.

2 Citez deux phrases qui nous indiquent que Zlata est heureuse de reprendre l'école.

3 Trouvez l'expression qui signifie : dans un autre pays

Section 2

1 Trouvez :
   (a) un verbe au futur proche
   (b) un adjectif au féminin singulier
   (c) un verbe à l'infinitif.

2 Quelles sont les quatre activités de Zlata en dehors de l'école ?

3 Trouvez le mot qui signifie
   (a) recommencé
   (b) assez
   (c) promène.

Section 3

1 Citez une phrase qui montre que leur propriété est un bâtiment important.

2 Trouvez le mot qui signifie : terrain planté d'arbres fruitiers

3 Relevez le nom :
   (a) d'une science
   (b) d'une distance
   (c) d'un bâtiment
   (d) d'un animal
   (e) d'un fruit
   (f) d'une saison.

3.19 Le système de points

Vocabulaire et expressions de base

Il y a beaucoup de pression sur les élèves
There is a lot of pressure on the pupils

On est surmené
We are overworked

On est débordé de travail
We are overwhelmed with work

Je préférerais un contrôle continu
I'd prefer continuous assessment

Le bac n'est pas très représentatif de notre travail
The LC is not very representative of our work

Tout dépend d'une semaine d'examens
All depends on one week of exams

J'ai besoin de quatre cents points
I need four hundred points

« Il se mit à étudier comme un homme se serait mis à boire, pour oublier. »
Valéry Larbaud

CD1, Track 29 **Les questions de notre examinateur**

Que pensez-vous du système de points ?

C'est un système qui met beaucoup de pression sur les élèves car si on n'obtient pas les points nécessaires on ne peut pas faire les études qu'on a choisies.

Pensez-vous qu'il y a trop de pression sur les élèves de terminale ?

Oui, ce n'est pas très juste car tout dépend d'une semaine d'examens. Si on est malade durant les examens, c'est la panique ! Moi je préférerais plutôt une sorte de contrôle continu.

3.20 La fac

Vocabulaire et expressions de base

Je voudrais aller à la fac à…	kiné	J'aurai plus d'indépendance
I'd like to go to college in…	*physio*	*I will have more independence*
J'aimerais faire des études de commerce	d'hôtellerie	J'étudierai les matières que j'aime
business	*food and catering*	*I will study subjects that I like*
droit	Il me tarde d'être à la fac	Mes amis de l'école me manqueront
law	*I can't wait to be in college*	*I will miss my friends from school*

 CD1, Track 30 **Les questions de notre examinateur**

Que voulez-vous faire après le bac ?

Si j'obtiens les points qu'il me faut, je voudrais aller à la fac à Dublin à UCD. Je voudrais faire des études à Dublin comme mon frère. Il me tarde d'aller à la fac pour avoir plus d'indépendance, et surtout je n'étudierai que les matières qui me plaisent.

Quel métier aimeriez-vous faire après vos études ?

J'aimerais travailler avec des animaux, peut-être devenir vétérinaire ? Je ne suis pas encore certain de ce que je veux faire.

3.21 Mots croisés

8 Le _____, c'est les classes de seconde, de première et de terminale.

9 J'ai _____ de français à dix heures.

10 Tu _____ en quelle classe ?

11 Tu aimes l'anglais ? _____, beaucoup.

12 Mon prof de dessin est très _____, je l'aime beaucoup.

13 _____ fais combien de matières ?

14 Nous avons une _____ de onze heures à onze heures et quart.

15 Je viens à l'école en _____ .

16 C'est pas possible, j'ai raté mon _____ !

17 Après la troisième, on passe en _____ .

18 À la récré, on va dans la _____ de l'école.

19 Je _____ veux pas aller à l'université.

20 Tu trouves les _____ difficiles ?

21 Tu _____ des problèmes en français ?

22 Mon frère _____ lève à six heures et demie pour aller à l'école.

23 (Horizontalement) J'aime bien _____ sciences naturelles.

23 (Verticalement) J'ai sport _____ mercredi.

24 Mon _____ d'espagnol s'appelle Monsieur Laval.

25 Je _____ des progrès en histoire.

26 Le 'Leaving' français, c'est le _____.

27 Je suis vraiment nul _____ dessin.

28 _____ ont des cours d'une heure en France.

29 L'histoire-_____, c'est passionnant !

30 Il n'y a pas beaucoup d'élèves qui font du _____.

31 Les premières années du secondaire, c'est le _____.

1 (Horizontalement) Je déjeune à la _____.

1 (Verticalement) Il ne faut pas courir dans les _____ de l'école.

2 Je trouve cette matière _____ difficile.

3 En Irlande, en général, on ne va pas à l'_____ le samedi matin.

4 (Horizontalement) _____ professeur d'allemand est très sympa.

4 (Verticalement) _____ biologie, j'adore !

5 Je trouve que l'histoire _____ une matière intéressante.

6 Mon petit frère a neuf ans. Il va à l'école _____.

7 En terminale, il faut _____ des examens importants.

 ## 3.22 L'année de transition

J'ai fait mon année de transition
I did transition year

J'ai fait un stage en entreprise
I did work experience

Cela m'a fait grandir
It made me grow up

Je suis plus mature
I am more mature

On a fait des choses moins académiques
We did less academic things

On a joué dans une comédie musicale
We performed in a musical

On est allé en camping
We went camping

On a monté des mini-entreprises
We started mini companies

C'était une bonne expérience
It was a good experience

CD1, Track 31 **Les questions de notre examinateur**

Avez-vous fait une année de transition ?

Oui, c'est obligatoire dans notre école. Je pense que c'était une bonne expérience mais certains élèves n'ont pas aimé cette année et ils auraient préféré passer directement en cinquième année.

Pourquoi est-ce que vous avez tant aimé l'année de transition ?

Tout d'abord parce que ça permet de faire une pause durant l'école. On fait des choses différentes : on a fait un stage pendant deux semaines ; j'étais dans une maison de retraite où j'ai aidé les personnes âgées. C'était bien, ça m'a ouvert les yeux et ça m'a fait grandir. Maintenant je crois que je suis plus mature.

 CD1, Track 32 **3.23** **Scénario de test 1**

Questions

1 Why does he like his uniform?
2 Why does he think it can be uncomfortable?
3 What subject does he love and why?
4 Explain why he does not like mathematics.
5 What is he looking forward to and why?
6 Why is he sometimes dropped off at school later than usual?
7 At what time does he go to bed?

3 marks each (…/21)

 CD1, Track 33 **3.24** **Scénario de test 2**

Questions

1 How many pupils are there in Vincent's school?
2 How does he feel about being in a small school?
3 Mention one positive point he makes about his school.
4 Why is Vincent a bit sad leaving the school?
5 Why is he worried about the points he needs to achieve?
6 Give one reason why Vincent finds Irish more difficult than other subjects.

3 marks each (…/18)

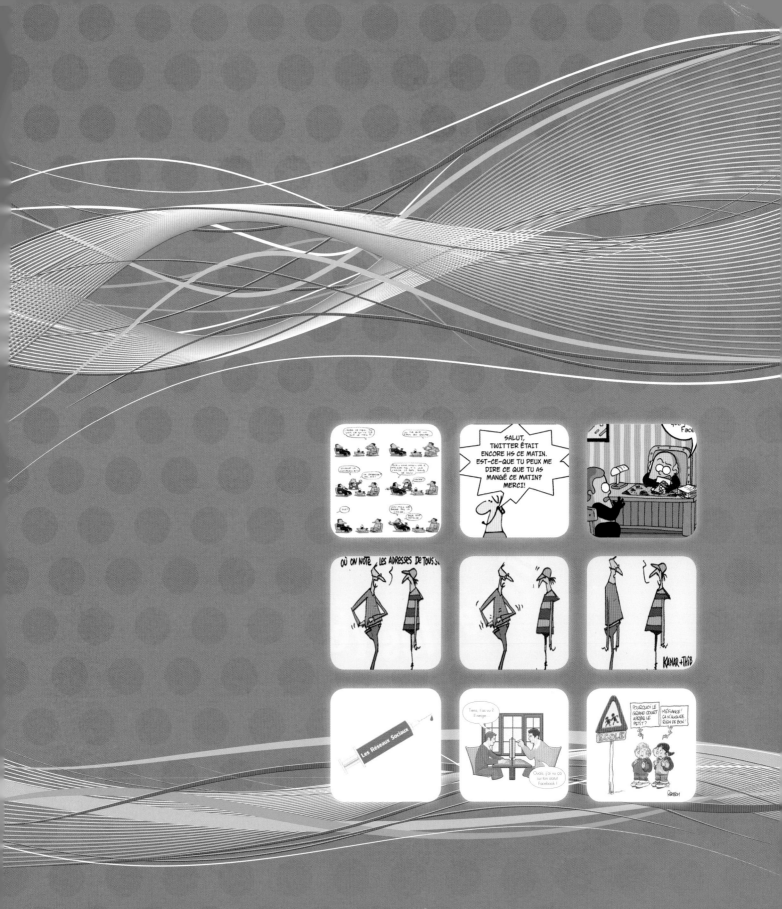

Montage 4 Les copains et les réseaux sociaux

Montage 4

Les copains et les réseaux sociaux

PARLER DE VOS COPAINS

J'ai quelques copains/copines

J'ai beaucoup de copains/copines

Je me suis fait des ami(e)s

Je me suis fait des ami(e)s quand j'ai changé d'école

J'ai perdu de vue des ami(e)s quand j'ai changé d'école

J'ai un(e) meilleur(e) ami(e) qui s'appelle...

Ma/Mon meilleur(e) ami(e) n'est pas dans mon école

On se connaît depuis dix ans

On se raconte tout

On se raconte tout

J'ai confiance en elle/lui

Il/Elle ne m'a jamais déçu(e)

Il/Elle ne m'a jamais laissé tomber

PARLER DE FACEBOOK

Je suis sur Facebook

J'ai un profil Facebook

Je suis accro à Facebook

Je passe beaucoup de temps sur Facebook

Je suis toujours connecté(e) avec mon portable

On voit ce que font les amis

On peut stocker des photos/des vidéos

J'importe des photos, de la musique

On peut envoyer des messages à ses amis

Je mets à jour mon statut

Je commente les photos de mes amis

On garde le contact avec des amis lointains

PARLER DES ACTIVITÉS AVEC VOS COPAINS

On se rencontre en ville, au village

On se retrouve au café

Je vais chez lui/elle ou il/elle vient chez moi

On va au cinéma le week-end

On va au café, on parle des ragots, des potins

On se promène au bord de la mer, en ville...

On fait du lèche-vitrines au centre commercial

On fait beaucoup de sport ensemble

On discute sur Facebook

On passe des heures au téléphone

On rigole bien ensemble

On a le même sens de l'humour

4.2 Verbes-clé pour l'Internet

Importer	Jouer	S'organiser	Mettre à jour
Télécharger	Bloguer	Communiquer	
Rencontrer	Chercher	S'informer	

 ## 4.3 Parler de vos copains

J'ai quelques copains/copines
I have a few male/female friends

J'ai beaucoup de copains/copines
I have a lot of friends

Je me suis fait des ami(e)s
I made friends

J'ai perdu de vue des ami(e)s quand j'ai changé d'école
I lost track of some friends when I changed school

J'ai un(e) meilleur(e) ami(e) qui s'appelle…
I have a best friend called…

Ma/mon meilleur(e) ami(e) n'est pas dans mon école
My best friend is not in my school

On se connaît depuis dix ans
We've known each other for ten years

On se raconte tout
We tell each other everything

J'ai confiance en elle/lui
I trust her/him

Il/elle ne m'a jamais déçu(e)
He/she has never disappointed me

> « C'est dans le besoin que l'on reconnaît ses vrai(e)s ami(e)s. »

CD1, Track 34 Les questions de notre examinateur à Claire

Parlez-moi de vos amis.

J'ai quelques amies à l'école, mais ma meilleure amie n'est pas dans mon école. Elle habite près de chez moi, et on se connaît depuis l'âge de six ans. On est très proches et on se raconte tout.

Comment s'appelle-t-elle ?

Elle s'appelle Shauna, elle a dix-sept ans comme moi, elle est grande, brune avec des yeux verts, je l'adore ! Elle est toujours là pour moi, elle ne m'a jamais laissée tomber !

 ## 4.4 Savoir dire non

Les traces que vous laissez sur Internet peuvent aussi être visibles par n'importe quel internaute qui « googlise » votre nom : parent, professeur, employeur… Ainsi, quelques photos compromettantes sur Flickr ou vidéos ridicules sur Dailymotion pourraient vous faire perdre un job ou un stage… Et, même supprimées, elles restent archivées par ces sites ! Alors, sentez-vous toujours observé, sans tomber dans la paranoïa. Utilisez un pseudo pour votre blog s'il est très intime, et n'écrivez jamais votre véritable nom. Enfin, sur Facebook, vérifiez que votre profil n'est pas accessible aux amis d'amis et ne copinez pas avec n'importe qui. Pouvoir se retrouver dans l'intimité sur un réseau mondial, c'est aussi savoir dire non aux demandes d'inconnus.

Les Clés du Monde, Amélie Castan

n'importe quel : *any*
un internaute : *internet user*
perdre : *to lose*
un stage : *a work placement*
même : *even*
supprimer : *to delete*
se sentir : *to feel*
vérifier : *to check*
copiner : *to make friends*
n'importe qui : *(just) anyone*
se retrouver : *to meet*
un inconnu : *stranger*

▽

Questions

1 Trouvez le mot qui veut dire : personne qui surfe sur Internet.

2 Qui peut trouver vos traces sur Internet ?

3 Si vous mettez des vidéos ridicules sur Flickr, vous risquez
   (a) de trouver du travail ☐
   (b) de perdre votre travail ☐
   (c) de perdre vos photos ☐
   (d) de perdre vos vidéos. ☐

4 Relevez l'expression qui signifie « sans trop vous inquiéter ».

5 Trouvez des mots qui sont le contraire de : pseudo.

6 Trouvez l'expression qui signifie : « Faites attention quand vous vous faites des amis ».

 CD1, Track 35 **4.5**

You will now hear four people talking about their friends. Listen carefully and fill in the details.

First speaker
Friend's name: Pierre
1 Description:
2 Hair:
3 Eyes:
4 Personality (two details):
   (i)
   (ii)

Third speaker
Friend's name: Jacques
1 Comment on his hair:
2 Eyes:
3 Personality (two details):
   (i)
   (ii)
4 What problem does the speaker have with Jacques? ....

Second speaker
Friend's name: Catherine
1 Description:
2 Hair:
3 Eyes:
4 Height:
5 Age:
6 Personality (one detail):
7 Where is she from?
8 What does her father do?

Fourth speaker
1 Comment on herself (one detail):
2 Favourite pastime and why:
3 What her teachers say about her (two details):
   (i)
   (ii)

4.6 Poéme à mon frère blanc

Cher frère blanc, *e chère soeur blanche*
Quand je suis né, j'étais noir. *e né e noire*
Quand j'ai grandi, j'étais noir. *noire*
Quand je vais au soleil, je suis noir. *noire*
Quand j'ai froid, je suis noir. *noire*
Quand j'ai peur, je suis noir. *noire*
Quand je suis malade, je suis noir… *noire*

femme blanche
Tandis que toi, homme blanc,
Quand tu es né, tu étais rose. *né e*
Quand tu as grandi, tu étais blanc. *blanche*
Quand tu vas au soleil, tu es rouge.
Quand tu as froid, tu es bleu. *bleue*
Quand tu as peur, tu es vert. *verte*
Quand tu es malade, tu es jaune.
Et après cela, tu oses m'appeler
« homme de couleur » !
femme

Léopold Sédar Senghor

Questions

1 Trouvez les mots français :

dear: *Cher* I grew up: *j'ai grandi* I'm ill: *je suis malade*
I was born: *Je suis né* I'm cold: *j'ai froid*
I was: *j'étais* I'm scared: *j'ai peur*

2 Now write the poem from a female point of view: « Chère soeur blanche, ».

 4.7A Parler des activités avec vos copains

Vocabulaire et expressions de base

On se rencontre en ville, au village
We meet in town, in the village

On se retrouve au café
We meet at the café

Je vais chez lui/elle ou il/elle vient chez moi
I go to his/her place or he/she comes to mine

On va au cinéma le week-end
We go to the cinema at the weekend

On va au café, on parle des ragots, des potins
We go to a café, we gossip

On se promène au bord de la mer, en ville…
We go for walks at the seaside, in town…

On fait du lèche-vitrines au centre commercial
We go window-shopping at the shopping centre

On fait beaucoup de sport ensemble
We do a lot of sport together

On discute sur Facebook
We chat on Facebook

On passe des heures au téléphone
We spend hours on the phone

On rigole bien ensemble
We have a good laugh together

On a le même sens de l'humour
We have the same sense of humour

 CD1, Track 36 **La question de notre examinateur à Lucie**

Est-ce que vous avez le temps de voir vos amies cette année ?

Oui, je vois mes amies le week-end. On se retrouve en ville et on fait du lèche-vitrines, on va au cinéma. On aime passer des heures à discuter dans les cafés, on se raconte tous les potins ! Certains week-ends, je vais chez elles et on passe le week-end ensemble, on regarde des DVD et on se promène. J'ai de la chance d'avoir plusieurs très bonnes amies comme ça.

« Le sort fait les parents, le choix fait les amis. »

 **4.7B**

Et vous ? Que faites-vous avec vos amis/amies ?

Revise exam guidelines and tips on written production p. viii

Un petit conseil

You can use the 'nous' person of the verb – e.g. nous écoutons de la musique – or use 'on', always followed by the 3rd person singular – on écoute de la musique (we listen to music), on joue aux cartes (we play cards).

Vocabulaire

On écoute	On joue	On organise (des fêtes)
On bavarde	On va	On part (en vacances ensemble)
On se confie (des secrets)	On sort	On s'envoie (des textos)
On regarde	On fait (du shopping)	

 4.8

Lou has changed school, and is finding it hard to make friends. One day she is invited to a birthday party.

Revise exam guidelines and tips on reading comprehensions p. vii

1 Un jour, juste après la rentrée, elles m'ont invitée à leur anniversaire, j'ai dit merci en regardant mes pieds, j'ai confirmé que je viendrais. J'ai réfléchi pendant une semaine à ce que j'allais mettre, j'avais tout prévu, je m'étais entraînée sur la radio pour danser, j'avais acheté un cadeau pour chacune, et puis le soir est venu. J'ai enfilé mon plus beau jean et le tee-shirt que j'avais acheté chez Pimkie, mes grandes bottes, ma veste noire, je m'étais lavé les cheveux le matin, dans le miroir j'ai observé mon reflet. J'étais toute petite : j'avais des petites jambes, des petites mains, des petits yeux, des petits bras, j'étais une toute petite chose qui ne ressemblait à rien. Je me suis imaginée en train de danser dans le salon, chez Léa Germain, au milieu des autres, j'ai reposé le sac avec les cadeaux, j'ai enlevé ma veste, j'ai allumé la télé.

2 Ma mère était assise sur le canapé, elle m'a regardée faire, j'ai bien vu qu'elle cherchait quelque chose à dire, par exemple si elle avait dit tu es très jolie, ou seulement tu es toute mignonne, je crois que j'aurais trouvé la force de sortir, d'appuyer sur le bouton de l'ascenseur et tout. Mais ma mère est restée dans son silence et j'avais envie de pleurer.

3 Le lundi, je suis allée m'excuser de ne pas être venue, j'ai inventé un prétexte familial, Axelle m'a dit que j'avais raté la fête de l'année, j'ai baissé les yeux. Depuis ce jour, Léa Germain et Axelle Vernoux ne m'ont plus jamais adressé la parole.

No et moi, Delphine de Vigan

Glossaire

réfléchir : *to think*	mignon : *cute*
mettre : *to put on*	la force : *strength*
prévoir : *to plan*	appuyer : *to press*
s'entraîner : *to practise*	pleurer : *to cry*
enfiler : *to slip on*	rater : *to miss*
la botte : *boot*	baisser : *to lower*
en train de : *in the act of*	depuis : *since*
reposer : *to put down*	adresser la parole : *to say a word*
enlever : *to take off*	

Questions

Section 1

1 Relevez l'expression qui nous montre que Lou est timide.
2 À quoi a-t-elle pensé pendant une semaine ?
3 Pourquoi a-t-elle écouté la radio ?
4 Nommez quatre vêtements dans cette section.
5 Insert the correct form of 'petit' before these words and explain why each is spelled this way:
(a) J'étais toute _____ .
(b) des _____ jambes
(c) des _____ mains
(d) des _____ yeux
(e) des _____ bras
(f) une toute _____ chose.

6 Retrouvez une phrase qui indique que Lou a décidé de ne pas aller à la fête d'anniversaire.

Section 2

1 Lou serait allée à la fête si sa mère

(a) avait regardé la télé ☐

(b) lui avait parlé ☐

(c) était restée dans son silence ☐

(d) lui avait fait un compliment. ☐

2 Citez la phrase qui montre que Lou est triste.

• **What do we learn about Lou's character in this extract?**

Refer to the text in your answer.

Section 3

1 Relevez l'expression qui nous montre que la fête était super bien.

2 Depuis ce lundi-là, les « amies » de Lou

(a) étaient très amicales ☐

(b) ne lui ont pas parlé ☐

(c) étaient de vraies copines ☐

(d) ont raté la fête. ☐

> « Un ami c'est celui qui vous laisse entière liberté d'être vous-même. »

> Revise exam guidelines and tips on oral preparation p. vii

 4.9A Parler de Facebook

Vocabulaire et expressions de base

Je suis sur Facebook *I am on Facebook*	**On peut stocker des photos/des vidéos** *You can store photos/videos*
J'ai un profil Facebook *I have a Facebook profile*	**J'importe des photos, de la musique** *I upload photos, music*
Je suis accro à Facebook *I am addicted to Facebook*	**On peut envoyer des messages à ses amis** *You can send messages to your friends*
Je passe beaucoup de temps sur Facebook *I spend a lot of time on Facebook*	**Je mets à jour mon statut** *I update my profile*
Avec mon portable je suis toujours connecté(e) *I am always connected with my mobile*	**Je commente les photos de mes amis** *I comment on my friends' photos*
On voit ce que font les amis *You see what your friends are doing*	**On garde le contact avec des amis lointains** *You keep in touch with distant friends*

 CD1, Track 37 **Les questions de notre examinateur à Frank**

Est-ce que vous utilisez Facebook ?

Oui, comme la plupart des gens, j'ai un profil Facebook. Je suis un peu accro ; je passe au moins une heure chaque jour à regarder ce que font mes amis, les photos, les vidéos, les commentaires... je mets à jour mon statut.

Quels sont, selon vous, les avantages d'avoir un profil Facebook ?

On peut rester en contact avec ses amis, s'envoyer des messages et écrire des commentaires. On peut aussi se faire de nouveaux amis. Je stocke mes photos de vacances ou des sorties avec les copains, c'est vraiment pratique !

Je me sens si seule avec mes 732 amis !

> « Les hommes n'ont plus le temps de rien connaître. Ils achètent des choses toutes faites chez les marchands. Mais comme il n'existe point de marchands d'amis, les hommes n'ont plus d'amis. »
> Antoine de Saint-Exupéry, Le Petit Prince

✎ 4.9B Mon réseau social

Et vous ? Vous avez votre page sur un réseau social ? Écrivez un article.

J'ai ma page sur Facebook

J'adore ça !

Écrire – j'écris

Communiquer – je communique

Parler – je parle

Bavarder – je bavarde

Partager – je partage

Échanger – j'échange

Envoyer – j'envoie

Ou bien :

Non, je n'ai pas de page sur Facebook.

Je déteste ça !

C'est bête/nul/une perte de temps.

4.10 Les copains d'abord

4.11 L'actu technologies

Réseaux sociaux

Une fausse intimité

Facebook, MySpace, Skyrock… les plates-formes d'échanges sur Internet connaissent un franc succès. Souriez, vous êtes profilé !

1 Fin 2010, le célèbre journal américain Time élisait comme personnalité de l'année… « vous », chaque internaute de la planète. Depuis, les réseaux sociaux n'ont cessé de faire parler d'eux. Mais que sont ces sites exactement ? Des platesformes d'échange d'informations, de photos, de vidéos, de liens, etc. entre amis, contacts professionnels ou personnes qui partagent les mêmes centres d'intérêt. En France, les plus fréquentés sont Skyrock, site de blogs et d'échanges, MySpace, célèbre pour son espace musical, et Copains d'avant, le rendez-vous des anciens élèves. Mais le site qui a véritablement créé l'événement en 2008, c'est Facebook.

2 Que font les amis ?
Venu des États-Unis, où il a été conçu par un étudiant de 20 ans, Mark Zuckerberg, Facebook a connu un tel succès auprès des anglophones depuis quatre ans qu'il est traduit dans une vingtaine de langues. Cette plate-forme a innové en informant chaque membre de ce que ses amis font.
Exemples : « Alexandre a écrit sur le mur de Manon », « Morgane a ajouté des photos dans son album », « Antoine a rejoint le groupe "Pour ceux nés dans les années 80". Bref, chaque membre est pisté, mais ce qu'il fait n'est accessible qu'à ses amis.
Les Clés du Monde, Amélie Castan

élire : *to vote*
un internaute : *internet user*
le lien : *link*
partager : *to share*
un ancien élève : *past pupil*
concevoir : *to conceive*
tel : *such*
un anglophone : *English speaker*
traduire : *to translate*
ajouter : *to add*
ceux : *those*
pister : *to track*
ne… que : *only*

« Soyez heureux : il n'y a plus d'amis dès qu'on est malheureux. »
Euripide

Questions

Section 1

1 À qui se réfère le pronom « vous » ?
2 Donnez 3 exemples de ce qu'on échange sur les réseaux sociaux.
3 Relevez l'expression qui signifie « les plus populaires ».

Section 2

1 Quel est le pays d'origine de Facebook ?
2 Retrouvez la phrase qui montre le résultat du succès de Facebook.
3 Trouvez un verbe au présent.
4 Citez la phrase qui indique que l'accès à l'information sur Facebook est limité.

POUR LA NOËL, J'AI REÇU UN PETIT CARNET QU'ON MET DANS SA POCHE ARRIÈRE ET OÙ ON NOTE LES ADRESSES DE TOUS SES AMIS !

UN FESSE-BOOK, QUOI !

KANAR + THIB

 ## 4.12 L'accord des adjectifs

Avant de faire cet exercice, familiarisez-vous avec les règles sur le genre des adjectifs (p. 224).

Quelle est la forme correcte de l'adjectif entre parenthèses ?

1 Notre grand-mère (maternel/<u>maternelle</u>) est très (vieille/vieux/vieil). Elle a 92 ans.
2 Mon oncle Pierre, c'est un (beau/<u>bel</u>/belle) homme.
3 Papa a acheté une voiture (neuf/<u>neuve</u>) – la (nouvel/nouveau/<u>nouvelle</u>) Peugeot.
4 La Maison (Blanc/<u>Blanche</u>), c'est la résidence du président (américaine/<u>américain</u>).
5 Selon moi, elle n'est pas très (<u>gentille</u>/gentil) – je la trouve égoïste.
6 Ta copine a payé 100 € cette jupe (bleu/<u>bleue</u>) ? Elle est (fol/fou/<u>folle</u>) !

7 Pierre, c'est une personne (discret/<u>discrète</u>) et assez (<u>réservée</u>/réservé).
8 Notre (petit/<u>petite</u>) sœur est vraiment très (<u>active</u>/actif) – elle court tout le temps.

Donnez la forme correcte de chaque adjectif :

9 Mon copain Kévin est <u>sportif</u> (sportif), mais ma copine Magali est <u>paresseuse</u> (paresseux).
10 Mes amis sont très <u>fidèles</u> (fidèle).
11 Je n'aime pas Twitter – je trouve ce réseau <u>dangereux</u> (dangereux).
12 J'adore les réseaux <u>sociaux</u> (social).
   sociaux

> « L'amitié se finit parfois en amour mais rarement l'amour en amitié. »

🎧 CD1, Track 38 **4.13** Une bouteille à la mer

Une incroyable histoire d'amour s'est nouée entre Christian, un sapeur pompier français d'un village près de Marseille, et Brenda, une Américaine qui travaille dans la mode à Los Angeles, grâce à une bouteille à la mer…

Questions

1 Fill in the blanks in the message Christian found in the bottle:

« Si vous _____ cette lettre, soyez _____ de répondre. Je voyage très _____ en mer et _____ à Los Angeles. Parlez-moi de vous. _____ , Brenda Houston »

2 What was the first thing Christian did after finding the bottle?

3 Where was Brenda when she threw the bottle into the sea? (two details)

4 Christian's is the only reply Brenda has received. How many bottles did she throw in?

(a) 8 ☐
(b) 18 ☐
(c) 10 ☐
(d) 6 ☐

5 For how long did they write to each other before they met in person?

6 What decided Christian to cross the Atlantic to see Brenda?

7 Listen carefully for the following phrases in the passive:

(a) He was met
(b) The couple were interviewed.

8 Christian sums up what has happened. Complete the sentence by adding the adjectives:

« C'est à la fois le rêve _____ , un _____ conte de fées et une _____ histoire d'amour. »

9 Un peu d'imagination…

(a) Quel message écririez-vous si vous alliez jeter une bouteille à la mer loin de chez vous ?

(b) Un réalisateur américain aimerait adapter cette histoire pour le grand écran. Imaginez le titre de ce film.

 4.14 Les inconvénients de Facebook

Vocabulaire et expressions de base

Il faut faire attention aux photos qu'on publie
You need to be careful about the photos you put up

On évite d'accepter les personnes qu'on ne connaît pas
Avoid accepting people you do not know

C'est impossible de retirer les photos
It is impossible to withdraw pictures

Il peut y avoir du harcèlement
There can be some bullying

On risque d'être intimidé
You can be intimidated

On peut voir des photos compromettantes
People can see compromising photos

C'est très difficile de supprimer un profil Facebook
It is very difficult to get rid of a Facebook profile

Le « taggage » et la reconnaissance faciale
Tagging and facial recognition

Les employeurs peuvent regarder les profils
Employers can look at profiles

Un petit conseil

À propos du piratage des données : Facebook déclare : « Nous ne garantissons pas que Facebook soit sûr et sécurisé. »

CD1, Track 39 **La question de notre examinateur à Sophie**

Êtes-vous consciente des dangers liés à Facebook ?

Oui, à la maison et aussi à l'école, les parents et les profs nous disent tout le temps de faire attention aux photos qu'on met sur le mur ; aussi, d'éviter les personnes qu'on ne connaît pas. Il faut se comporter comme dans la vie réelle, ce n'est pas parce qu'on est derrière un ordinateur qu'on est protégé ! Quelquefois, il y a des cas de harcèlement, des personnes qui publient des photos compromettantes, c'est dégoûtant !

 CD1, Track 40 **4.15**

Deux parents parlent de l'utilisation des réseaux sociaux par leurs enfants

Revise exam guidelines and tips on listening comprehensions p. x

Questions

Section 1

1. For Jocelyne, Social Networking sites are used by adolescents for two main reasons. What are they?
2. Philippe says young people think these sites are like what?
3. According to Jocelyne, what do many adolescents regret doing?

Section 2

1. Name two dangers of social networking sites that are mentioned.

2. What does Jocelyne talk regularly to her children about?

Section 3

1. What does Jocelyne think is the most important thing for parents to do?
2. Her children would like to do their homework while on Facebook. What is the rule in the family now?
3. The children don't like the rule. What is her attitude?

4.16

(Zlata is at her country house with family and friends)

Nous sommes à la Jahorina. Jaca a chauffé la maison, il y a du feu dans la cheminée. Zoka prépare des spécialités, comme à son habitude, et papa discute politique avec Boža (un ami et collègue de papa). Maman et Jasna interviennent dans la discussion, et nous, les enfants – Branko, Svjetlana, Nenad, Mirela, Anela, Oga et moi – on réfléchit à ce qu'on va faire : se promener, aller jouer, regarder un film à la télé ou se lancer dans une partie de Scrabble. Cette fois, on va jouer. À chaque fois, ça donne lieu à des plaisanteries et des jeux de mots que nous sommes les seuls à comprendre. Le temps est froid mais superbe. Que je suis heureuse, que je me sens bien ! Les bonnes choses que l'on nous donne à boire et à manger à la Jahorina, cette ambiance entre nous.

Et le soir, le moment le plus agréable – Oga et moi allons nous coucher les premières, et on bavarde longtemps, longtemps avant de s'endormir. On parle, on forge des plans, on se confie l'une à l'autre. Ce soir, on a parlé de MTV et des nouveaux clips.

Le journal de Zlata, Zlata Filipović

Glossaire

chauffer : *to heat*	la partie : *game*
le feu : *fire*	la plaisanterie : *joke*
la cheminée : *fireplace*	le jeu de mots : *pun*
une habitude : *habit*	s'endormir : *to go to*
réfléchir : *to think*	*sleep*

Questions

1 Comment sait-on qu'il faisait froid à la Jahorina ?
2 Qui fait la cuisine ?
3 Trouvez trois verbes à l'infinitif.
4 Relevez le mot qui signifie « blagues ».
5 Explain why 'heureuse' and 'bonnes' are spelled as they are.
6 Donnez un exemple de ce que font Zlata et Oga avant de s'endormir.

7 Trouvez le contraire de ces mots :

sans
un ennemi
les adultes
chaud
malheureuse
mal
le matin
le moins
nous lever
les dernières
après
se réveiller
vieux.

 CD1, Track 41 **4.17A** Les amis

Questions

1 Where do this boy's friends Seán and Cormac go to school? (…/3)
2 How long has he known Sam for? (…/3)
3 How did he meet Seán and Cormac? (…/3)
4 Why does he get on with Seán and Cormac? (one point) (…/3)
5 Where do he and his girlfriend go at the weekend? (…/3)
6 When does he prefer to spend time with his friends rather than with Amy? (…/3)(…/18)

 CD1, Track 42 **4.17B** Facebook

Questions

1 What advantage is mentioned? (…/3)
2 What does she say about her Facebook profile? (…/3)
3 Name one thing she does to stay safe on Facebook. (…/3)
4 What does she say about her private life? (…/3)
5 What place does Facebook occupy in her life? (…/3)
6 What does she say about people who spend hours on Facebook?… (…/3)(…/18)

SALUT, TWITTER ÉTAIT ENCORE HS CE MATIN. EST-CE-QUE TU PEUX ME DIRE CE QUE TU AS MANGÉ CE MATIN? MERCI!

geek and poke

CA C'EST UN VRAI SUIVEUR

(* HS = hors-service: *out of service*)

4.18 Les blogs sont leur royaume

Revise exam guidelines and tips on reading comprehensions p. vii

On y parle de soi, de ses coups de cœur ou de gueule. Les weblogs, ces journaux intimes interactifs qui envahissent la Toile, ont conquis les adolescents. Un sociologue s'est penché sur le phénomène. Il dévoile les premiers résultats de son étude.

1 Ils déroutent les adultes par leur langage codé et phonétique. Et les pages de leurs carnets, gorgées d'anecdotes personnelles, de commentaires et de photos d'anonymes, rebutent tout visiteur qui n'appartient pas à leur « tribu ». *« Voici lé foto dune soiré Gniaaal c t vrément troo troo bien, mercie ma chacha ! »*

2 « Ils », ce sont les jeunes blogueurs, âgés de 12 à 25 ans, ils représentent aujourd'hui 90 % des utilisateurs des weblogs ou blogs, ces journaux interactifs et très faciles d'accès qui révolutionnent la sphère Internet. Désormais indispensables pour tout internaute à la page, les blogs ont séduit massivement les adolescents, adeptes des « chats » et autres forums de discussion sur le web.

3 Le succès du blog s'explique d'abord par sa très grande accessibilité. *« À la différence d'un site web classique, pas besoin d'être calé en informatique, ni de maîtriser le langage HTML »*, explique Anita, 15 ans, de Montpellier. En quelques clics, chacun peut créer le sien, y ajouter les textes, photos, musiques et vidéos de son choix.

Pour eux, bloguer c'est avant tout prolonger les conversations de l'école et renforcer des liens qui existent déjà dans la réalité.

4 Les ados s'enthousiasment pour les blogs car, selon le chercheur, ce média leur permet d'affirmer leur identité. *« Un blog, c'est comme une fenêtre de ta maison que tu décides d'ouvrir au regard des autres, de manière anonyme ou non »*, explique Marine, 16 ans. *« Tu y racontes ta vie, tes réflexions, tes goûts vestimentaires, tout ce qui te passe par la tête… C'est un vrai moyen de communication et d'expression. »*

5 D'autres, plus rares, abordent des sujets forts qui les touchent. Nadia a créé le sien pour ne pas oublier Arnaud, son ami âgé de 15 ans comme elle, renversé le 8 juin dernier par un bus : *« Je suis pas ici pour faire de la pub mais pour dédier ce blog à un petit ange. Il est rester [sic] cinq jours dans le coma alors ke [sic] tout le monde priais [sic] mais le miracle ne sait [s'est] jms [jamais] produit… repose en paix, arnaud… »*

Le Journal du Dimanche,
Aurélie Sobocinski

Glossaire

dérouter : *to confuse*
gorger : *to pack*
rebuter : *to exclude*
appartenir : *to belong*
la tribu : *tribe*
désormais : *henceforth*
séduire : *to attract*
pas besoin : *no need*
calé : *skilled*
le sien : *his/hers*
ajouter : *to add*
le lien : *link*
car : *because*
selon : *according to*
raconter : *to tell*
le goût : *taste*
vestimentaire : *(in) clothes*
aborder : *to deal with*
oublier : *to forget*
renverser : *to knock down*
la pub : *advertising*
un ange : *angel*
prier : *to pray*
en paix : *in peace*

Questions

Section 1

1 Nommez deux choses qu'on trouve dans les blogs.
2 Écrivez le message en bon français :
« Voici les photos… »

Section 2

1 Relevez un avantage des blogs.
2 Trouvez le mot qui signifie « personne qui utilise le Net ».

3 Relevez deux adverbes.

Section 3

1 Qu'est-ce qui explique le succès du blog ?
2 Que peut-on ajouter à son blog ? (quatre choses)
3 Relevez trois verbes à l'infinitif.

Section 4

1 Trouvez la comparaison que fait Marine.
2 Citez les mots qui veulent dire :
« ce que tu aimes porter ».

▼

Section 5

1 Relevez deux détails qu'on apprend sur Arnaud.
2 Quel accident Arnaud a-t-il eu ?

3 Arnaud
  (a) est toujours dans le coma. ☐
  (b) est mort. ☐
  (c) est né le 8 juin. ☐
  (d) est le frère de Nadia. ☐

• 'It's clear from this article that young people use blogs for a variety of reasons.'

Do you agree? Refer to the text in your answer.

4.19A Le Journal intime (Writing diary entries)

1 **Layout:**
Lundi 13 juin
Cher journal

2 **What happened?**
J'étais malade/Je suis
tombé(e) malade
Je me suis disputé avec…
Je me suis cassé…
J'ai gagné…
On va déménager
Mes parents m'ont interdit
de…
Mon prof m'a interdit de…
Le directeur a dit que…
Je vais bientôt quitter le
lycée
J'ai la possibilité de passer
un an…
J'ai rencontré un beau
garçon/une belle fille…

3 **Your reaction: 1**
Je suis…
ravi/e : *delighted*
content/e : *glad*
heureux/heureuse : *happy*
fâché/e : *angry*
furieux/furieuse
déçu/e : *disappointed*
triste : *sad*
bouleversé/e :
upset
malade : *ill*
soulagé/e : *relieved*
résigné/e
surpris/e
déprimé/e : *depressed*

4 **Your reaction: 2**
Quelle surprise !
Quelle déception !
Quel bonheur !
Quel malheur !
Quelle journée !
Quelle soirée !
Ce n'est pas juste !
C'est pas vrai !
Ce n'est pas facile !
C'est super !
C'est drôle !
C'est affreux !

5 **End:**
À demain
Bonne nuit

« Les bons
comptes font les
bons amis. »

4.19B Extrait de journal intime

Create three sections in your copy to represent three pages in a diary. Make entries in the diary following these guidelines:

Vocabulaire

se disputer avec : *to have a row with*
téléphoner/appeler : *to phone/to call*
se sentir : *to feel*
fâché(e) : *angry*
j'en ai marre : *I'm fed up*
ça va très bien : *things are great*

Monday 15th
Had a row with girl/boyfriend (name) – he/she didn't phone last night.
Tuesday 16th
Saw girl/boyfriend at school today. Didn't talk all day. Feel angry and fed up tonight.
Wednesday 17th
Decided it was stupid to continue this. Saw him/her in the canteen at lunchtime. Big reconciliation! Things are great again!

4.20

A

L'addiction aux médias numériques sera-t-elle bientôt considérée comme un problème au même titre que l'addiction à la drogue ou à l'alcool ? Qu'en pensez-vous ?

B

Donnez votre réaction au dessin à gauche. Les gens passent de plus en plus de temps dans le monde virtuel de « la Toile » et de moins en moins de temps dans le monde réel. Qu'en pensez-vous ?

C

Depuis l'apparition des réseaux sociaux, les statistiques nous montrent une forte progression des agressions chez les jeunes, et notamment chez les collégiens et les lycéens. Donnez votre réaction.

Test Yourself
eTest.ie

Montage 5 Le sport

5.1

PARLER DE SPORT

Je fais du sport
Je suis sportif
Je ne suis pas très sportif/sportive
Je n'aime pas faire des efforts physiques
Je déteste le sport
J'aime le sport à la télé !
Je cours/Je marche
J'aime les sports d'équipe
Je joue au foot/au rugby/au hockey
Je joue au hurling/au camogie
Je fais de l'athlétisme/
de l'équitation/du cyclisme

Je fais de la natation/de l'escrime/
de la musculation
Je fais du yoga/du surf/de la voile/du ski
Je fais de la course à pied
Je fais de sport avec ma mère
Je vais à la salle de sport
Je fais du volley/du tennis/du golf
Je fais du sport à l'école après les cours
Je suis membre d'un club de tennis
Je m'entraîne tous les jours
Je dispute des matchs le week-end

Montage 5
Le sport

LES INCONVÉNIENTS DU SPORT

Le sport me prend beaucoup de temps
J'ai dû arrêter de jouer au foot à
cause de mon bac
Trop faire de sport n'est pas bon pour la santé
Si on force trop on risque de se blesser
Il faut faire attention de ne pas se blesser
Je me suis blessé(e) le mois dernier
Je me suis cassé le bras/la jambe...
Je me suis fracturé l'épaule
Je me suis fait une entorse
Après le sport, je suis trop fatigué(e)
pour étudier
L'image du sport est parfois salie par la tricherie
Il y a du dopage dans le monde du sport
L'argent a un rôle trop important dans le sport
La célébrité gâche souvent l'image du sport

LES BIENFAITS DU SPORT

Je fais du sport car ça me plaît
Le sport, c'est la santé
J'aime l'effort physique
Faire du sport me permet de rester en bonne santé
Faire du sport est bon pour le cœur
Le sport m'a permis de me lancer des défis
J'ai rencontré mes meilleurs amis grâce au sport
Je me suis fait beaucoup de copains grâce au sport
Le sport renforce l'esprit de camaraderie
Une demi-heure de sport par jour est nécessaire
Le sport me permet d'oublier le stress des examens
Sans le sport, je ne pourrais pas me relaxer
Le sport me donne de l'énergie, c'est revitalisant
On se vide l'esprit, on est plus serein
C'est bon pour la ligne, on perd du poids

PARLER DE SON SPORT PRÉFÉRÉ

Mon sport préféré est le rugby/le tennis...
Je joue au hockey tous les jours
On s'entraîne quatre fois par semaine
On dispute des matchs le mercredi et le samedi
J'aime le rugby parce que c'est physique et tactique
J'aime le tennis parce que c'est rapide et précis
Pour jouer au foot, il faut être vif et habile
Pour jouer au hockey, il faut savoir bien viser !
Pour faire du golf, il faut être calme et concentré(e)
Pour faire de la course à pied, il faut être endurant
Ce que j'aime en escrime, c'est la précision
Mon équipe de rugby/foot préférée, c'est...
Le sportif/la sportive que j'admire le plus est...

5.2 Parler de sport

Vocabulaire et expressions de base

Je fais du sport *I do sports*	**J'aime les sports d'équipe** *I like team sports*	**Je fais de la course à pied** *I run*
Je suis sportif/sportive *I am sporty*	**Je joue au foot/au rugby/au hockey** *I play soccer/rugby/hockey*	**Je vais à la salle de sport avec ma mère** *I go to the gym with my mother*
Je ne suis pas très sportif/sportive *I am not really sporty*	**Je joue au hurling/au camogie** *I play hurling/camogie*	**Je fais du volley/du tennis/du golf** *I play volleyball/tennis/golf*
Je n'aime pas faire des efforts physiques *I don't like physical effort*	**Je fais de l'athlétisme/de l'équitation/du cyclisme** *I do athletics/horseriding/cycling*	**Je fais du sport à l'école après les cours** *I do sport in school after class*
Je déteste le sport *I hate sport*	**Je fais de la natation/de l'escrime/de la musculation** *I do swimming/fencing/weights*	**Je suis membre d'un club de tennis** *I am a member of a tennis club*
J'aime le sport à la télé ! *I like sport on TV*	**Je fais du yoga/du surf/de la voile/du ski** *I do yoga/surfing/sailing/skiing*	**Je m'entraîne tous les jours** *I train every day*
Je cours/je marche *I run/I walk*		**Je dispute des matchs le week-end** *I play matches at the weekend*

 CD1, Track 43 **Les questions de notre examinateur à Paul**

Êtes-vous plutôt sportif ?

Oui, je fais du sport ; j'adore le sport ! Je joue au foot et je fais de la course à pied tous les jours.

Est-ce que vous jouez au tennis pour votre école ?

Oui, je joue à l'école et je suis aussi membre du club de foot près de chez moi. Je m'entraîne tous les mercredis et jeudis ; en général on dispute des matchs tous les week-ends.

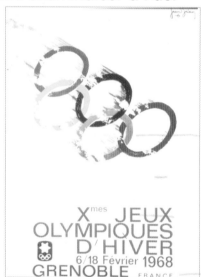

ÉDITÉ PAR LE CHOCOLAT PUPIER

SKI

5.3 Le nouveau stade

Il y a 20 ans, le nouveau stade municipal a ouvert ses portes aux habitants de la région.
Ils étaient venus.
Ils étaient venus comme à une partie de campagne, en famille, avec des provisions pour déjeuner sur l'herbe. C'était un dimanche de mai. Il faisait très chaud. Tout le monde était de bonne humeur. « Voici enfin l'ouverture du nouveau stade! » Le responsable du stade a fait une visite guidée.

– Voici les vestiaires, voici les douches, voilà les sautoirs. De ce côté, les tennis ; là-bas, deux petits terrains pour les enfants, les mamans. Nous avons de grands ballons qui sentent bon, des balles, des cordes à sauter. Un jeu de boules pour les grands-pères. Toute la journée pour s'amuser, courir, se rouler dans l'herbe.
Et toute la vie pour profiter de cet endroit magique !

Le Stade, Eva d'Oran

Questions

Trouvez dans ce petit texte le(s) mot(s)/l'expression qui signifie(nt) :

- endroit où l'on fait du sport
- manger le repas de midi
- content
- finalement
- salle où l'on se change
- lieu où l'on se lave
- les gosses
- la pétanque
- ce lieu

CD1, Track 44 **5.4** Quiz

Use the clues given to identify the 10 sports in question.

1 _____   6 _____
2 _____   7 _____
3 _____   8 _____
4 _____   9 _____
5 _____   10 _____

5.5 Parler de son sport préféré

Vocabulaire et expressions de base

Mon sport préféré est le rugby/
le tennis/le foot gaëlique
*My favourite sport is rugby/tennis/
gaelic football*

Je joue au hockey tous les jours
I play hockey every day

On s'entraîne quatre fois
par semaine
We train four times a week

On dispute des matchs le mercredi
et le samedi
*We play matches on Wednesday
and Saturday*

J'aime le rugby parce que c'est
physique et tactique
*I like rugby because it is physical
and tactical*

J'aime le tennis parce que c'est
rapide et précis
*I like tennis because it is fast
and precise*

Pour jouer au foot, il faut être vif
et habile
*To play soccer you need to be fast
and skilful*

Pour jouer au hockey, il faut savoir
bien viser !
*To play hockey you need a
good aim!*

Pour faire du golf il faut être calme
et concentré
*To play golf you need to be calm
and focused*

Pour faire de la course à pied, il
faut être endurant
To run you need to be tough

Ce que j'aime au rugby c'est le
côté stratégique
What I like in rugby is the strategy

Ce que j'aime en escrime, c'est la
précision
What I like in fencing is precision

Mon équipe de rugby/foot
préférée c'est…
My favourite rugby/soccer team is…

Le sportif/la sportive que j'admire
le plus est…
*The sportsman/woman that I admire
the most is…*

> Revise
> exam guidelines
> and tips on oral
> preparation p. vii

CD1, Track 45 **Les questions de notre examinateur à Luc**

*Parmi les sports que vous pratiquez, est-ce que vous préférez les sports d'équipe
ou individuels ?*

Je crois que je préfère les sports individuels parce qu'on est responsable du résultat !
Pour bien faire du golf il faut rester très concentré et avoir un tempérament assez calme.
Ce que j'aime dans le golf, c'est la précision.

> Mon sport
> favori : la sieste

Est-ce que vous avez un sportif favori ?

Oui, en golf le sportif que j'admire le plus est Rory McIlroy. Il est vraiment incroyable. J'aimerais le voir jouer un jour !

5.6A De, d', du, de la, de l', des

Of/from/of the/from the/some/any

- La maison de ma tante (*The house of my aunt/My aunt's house*)
- Le copain du garçon (*The boy's friend*). Masculine singular noun.
- La copine de la fille (*The girl's friend*). Feminine singular noun.

- La voiture de l'homme (*The man's car*). Masculine or feminine/singular noun beginning with a vowel or silent 'h'.
- Les jouets des enfants (*The children's toys*). All plural nouns.
- Also: Donnez-moi du pain (*some bread*)
  Vous avez de la confiture (*any jam?*)
  Je viens de Cork (*from Cork*).

5.6B

Remplissez les blancs avec **de**, **du**, **de la**, **de l'** ou **des**. Puis traduisez chaque phrase :

(a) Ma fille fait _____ ballet.

(b) J'adore les arts martiaux : je fais _____ karaté depuis cinq ans.

(c) Quand maman était jeune, elle pratiquait beaucoup _____ sports. Elle faisait _____ équitation, _____ natation, et elle jouait aussi au tennis.

(d) En hiver, on fait _____ ski.

(e) En été, je fais _____ planche à voile.

(f) Ils font _____ canoë-kayak en Ardèche.

(g) Tu as fait _____ saut à l'élastique ? Moi, je ne ferais jamais ça !

(h) Il joue au rugby et il fait _____ athlétisme.

5.7 Le 400 mètres (1)

1 « Messieurs, à vos marques. » Mon cœur bat à grands coups. Je me rapproche de cette ligne de départ. Je sautille pour sentir une dernière fois la puissance, la souplesse de mes muscles, puis, tandis que le stade s'emplit peu à peu d'un silence croissant, je cherche ma position de départ. « Prêts ! » La voix du starter a retenti. Dans le stade, on n'entend plus un bruit, l'air est si chaud qu'on ne voit pas le soleil. Pourtant, le dos horizontal, le corps bien en équilibre sur les mains, penché en avant, je sens un léger souffle. Je vais prendre une grande inspiration pour être prêt quand retentira le coup de pistolet.

2 Nous sommes partis. Je ne puis dire que j'ai été surpris, car mes jambes, mes bras se sont détendus sans perdre une fraction de seconde. Je perçois les encouragements des tribunes à droite : « Vas-y, Robert », « Allez, Ska », « Allez, PUC ». J'allonge ma foulée, rythme ma respiration, expire fortement et reprends la cadence : deux temps, deux foulées pour inspirer, deux pour expirer. Je tire sur mes bras. Mais c'est épatant, pas fatigué du tout, bien en souffle. J'accélère encore pour sortir en pleine vitesse du virage, cet instant crucial du 400. Normalement je dois être en tête, je suis devant Robert Paul, je dois donc être le premier et entrer en tête dans la ligne droite.

À vos marques, Raymond Boisset

Glossaire

le cœur : *heart*
sautiller : *to hop*
sentir : *to feel*
la puissance : *power*
s'emplir : *to fill*
retentir : *to ring out*
pencher : *to lean*
le souffle : *breath (of wind)*
se détendre : *to relax*
percevoir : *to perceive*
la tribune : *stand*
la foulée : *stride*
épatant : *great*
le virage : *bend*
en tête : *ahead*

Le sport est un dépassement de soi. Le sport est une école de vie.

Questions

Section 1

1 Dans cet extrait, il s'agit
   (a) d'athlétisme ☐
   (b) de natation ☐
   (c) de patinage ☐
   (d) d'équitation. ☐

2 Relevez la phrase qui nous montre que le coureur est un peu inquiet.

3 Quelle phrase nous montre que les spectateurs arrêtent de parler ?

4 Trouvez les noms de quatre parties du corps.

Section 2

1 Trouvez un verbe pronominal au passé composé.

2 Qu'est-ce que le coureur a entendu ?

3 Trouvez le verbe qui est le contraire de « inspirer ».

4 Qu'est-ce qui a réjoui le coureur ?

5 Trouvez un verbe à l'infinitif.

> Le sport va chercher la peur pour la dominer, la fatigue pour en triompher, la difficulté pour la vaincre.

5.8 Les bienfaits du sport

Vocabulaire et expressions de base

Je fais du sport car ça me plaît
I do sport because I like it

Le sport, c'est la santé
'Sport means health'

J'aime l'effort physique
I like physical effort

Faire du sport me permet de rester en bonne santé
Doing sport allows me to stay in good health

Faire du sport est bon pour le cœur
Doing sport is good for your heart

Le sport m'a permis de me lancer des défis
Doing sport allows me to set myself challenges

J'ai rencontré mes meilleurs amis grâce au sport
I met my best friends thanks to sport

Je me suis fait beaucoup de copains grâce au sport
I've made a lot of friends through sport

Le sport renforce l'esprit de camaraderie
Sport reinforces friendship

Une demi-heure de sport par jour est nécessaire
Half an hour of sport is necessary per day

Le sport me permet d'oublier le stress des examens
Sport allows me to forget the stress of the exams

Sans le sport, je ne pourrais pas me relaxer
Without sport I would not be able to relax

Le sport me donne de l'énergie, c'est revitalisant
Sport gives me energy, it is revitalising

On se vide l'esprit, on est plus serein
You empty your mind, you are calmer

C'est bon pour la ligne, on perd du poids
It is good for your figure, you lose weight

 CD1, Track 46 **Les questions de notre examinateur à Marie**

Est-ce que vous pensez que le sport a beaucoup d'avantages ?

Oui, tout à fait, sans le sport je ne pourrais pas me relaxer. Le sport me permet d'oublier, pendant un moment, le stress des examens et me donne de l'énergie !

Est-ce qu'il existe d'autres avantages liés au sport ?

Oui, par exemple, faire du sport permet de rester en bonne santé mais aussi on fait de nouvelles rencontres. Grâce au sport je me suis fait beaucoup d'amis. Aussi, pour moi le sport m'aide à garder la ligne donc c'est vraiment important !

5.9 Lettre au journal *The Irish Times*, novembre 2009

Madam,

My English is too poor to be able to write an entire letter in English, so I continue in French.

Je voudrais simplement vous dire que des centaines de milliers de Français ont honte aujourd'hui d'une équipe qui prétend porter leur drapeau.

La tricherie, l'hypocrisie, la malhonnêteté ne sont pas les valeurs que nos parents nous ont enseignées. Cette année, au mois de mai, j'ai fait pendant 12 jours le tour de votre beau pays, et partout j'ai été merveilleusement accueilli. Tous les Irlandais que j'ai pu rencontrer étaient toujours très attentifs à la manière dont nous étions reçus, et me demandaient, à chaque con-versation, *Are Irish people friendly with you?* Je regrette profondément qu'ils puissent aujourd'hui croire que notre pays soutient quelques voyous trop cher payés pour n'être même pas capables d'honorer le sport qu'ils prétendent représenter.

Vous êtes certainement terriblement frustrés, mais croyez bien qu'il est encore plus difficile pour nous de supporter la honte que cette équipe a déversée sur nous.

Vous pouvez, si vous le souhaitez, publier ce commentaire.

Avec mes meilleurs sentiments

Didier Schmidt
Paris

 Opinion/Reaction

« Tout le monde triche en sport ! » Êtes-vous d'accord ?

> Évitez soigneusement de faire du sport : il y a des gens qui sont payés pour ça.

 5.10 Le 400 mètres (2)

> Revise exam guidelines and tips on reading comprehensions p. vii

1 Oh ! Ce n'est pas possible ! Avant même d'entrer dans la ligne droite, là, à gauche, dans le deuxième couloir, voici que Ska est apparu. Non, il ne faut pas qu'il entre le premier dans la ligne droite, il ne le faut pas !

2 Il faut que je gagne, je peux gagner. Ska est toujours là à ma gauche, ses grands bras semblant venir à chaque pas toucher le sol. Plus que cinquante mètres. Je sens qu'aujourd'hui je tiendrai mon 400. Je l'ai dans les jambes, dans le cœur et dans les poumons.

3 Sur un nouvel effort, j'essaie de me lancer en avant. Je me rends compte que ma vitesse a bien diminué depuis la ligne droite du départ et que, insensiblement, Ska semble décoller. Plus que vingt mètres, plus que dix mètres. Oui, plus de doute ! Mes jambes commencent à s'alourdir, mais qu'importe ! Je suis en tête et le fil blanc est là, à quelques foulées. Je sens mon cœur battre et retentir dans ma poitrine, non pas de fatigue, mais sous le coup de l'émotion devant l'arrivée, la victoire si proche. J'ai besoin de respirer. J'ouvre la bouche toute grande, toute grande. Gagné, j'ai gagné !

Record de France du 400 mètres

À vos marques, Raymond Boisset

Glossaire

le couloir : *lane*
apparaître : *to appear*
sembler : *to seem*
le pas : *step*
le poumon : *lung*
se rendre compte : *to realise*
décoller : *to take off*
s'alourdir : *to get heavy*
le fil : *tape*
proche : *close*

Questions

Section 1

1 Qu'est-ce qui a surpris le coureur ?
2 Trouvez l'expression qui montre sa détermination.

Section 2

1 Relevez les noms de trois parties du corps.
2 Citez la phrase qui montre la certitude du coureur qu'il va gagner.

Section 3

1 Trouvez la phrase qui montre qu'il court moins vite maintenant.
2 Il a un problème physique vers la fin de la course. Lequel ?
3 Son cœur bat plus fort parce que (qu')
   (a) il est fatigué ☐
   (b) il sait qu'il va gagner ☐
   (c) il va perdre ☐
   (d) Ska l'a battu. ☐

Opinion/Reaction

• « **Pour moi, le sport est très important.** »

(Elodie, 16 ans)

Et vous ? Écrivez un article sur l'importance du sport dans votre vie.

Vocabulaire

Pour vous aider
- me détendre
- me faire des amis
- ma santé
- le plaisir de suivre mon équipe préférée
- apprendre à coopérer
- accepter les déceptions

5.11 De, du, de l', de la, des
(voir la page 68)

Remplissez les blancs avec **de**, **du**, **de la**, **de l'** ou **des**. Puis traduisez chaque phrase :

(a) Ils font _____ ski nautique et ils adorent ça.
(b) On pourrait faire _____ tir à l'arc.
(c) Je fais un peu _____ footing le week-end.
(d) Vous faites _____ danse classique ?
(e) Personnellement, je ne fais pas _____ sport.
(f) Ils font _____ sports d'hiver, et en été ils font _____ sports nautiques.
(g) Je n'aime pas les sports d'équipe, mais je fais _____ natation et un peu _____ golf de temps en temps.
(h) Maman a commencé à faire _____ judo.

CD1, Track 47 5.12 Ten people talk about the sports they play

1 What are the two advantages of football as a sport?
2 According to this person, what is the problem with tennis in France? What example is given to illustrate this problem?
3 What two sports are mentioned?
4 What's good about swimming in France?
5 What does this person think of wrestling as a sport?
6 Where does this girl usually go canoeing?
7 What is said about rugby?
8 What is this girl's favourite sport? What is the advantage, for her, of being a member of a club?
9 What is this girl's favourite sport? When does she do it? What about the rest of the year?
10 What sport does this boy like? What general comment does he make about France and sport?

5.13A Les sports

1 Racontez-nous votre histoire… Cissé. Un agent du nom de William Davisseau m'a repéré lors d'un tournoi de quartier en Côte d'Ivoire et m'a dit qu'il était recruteur du PSG. Il prenait 60 % des frais à sa charge, les 40 % restants étaient pour ma famille, ça correspondait à 3 000 € environ. Mes parents ont dû s'endetter et vendre des terrains.

2 Avez-vous fait l'essai promis au PSG ? Non. Une fois arrivé en France, cet agent m'a logé dans un hôtel. Malheureusement, je me suis blessé au genou gauche. Le lendemain, il m'a amené à Bercy et m'a laissé sur un banc. Il est parti et m'a dit qu'il reviendrait. Il n'est jamais revenu.

3 Et depuis, avez-vous eu de ses nouvelles ? Aucune. Il m'avait laissé un papier avec son adresse et son numéro de téléphone. Ne le voyant pas revenir, j'ai demandé un téléphone à une dame dans la rue pour l'appeler. Le numéro et l'adresse n'existaient pas.

4 Désormais, que faites-vous ? Après avoir dormi dans des caves, des trains ou dehors, j'ai été accueilli par une dame qui m'a trouvé dans sa cage d'escalier. J'ai fait un essai à Auxerre récemment. J'attends une réponse, mais j'ai toujours mal au genou. Je veux faire carrière. Je ne peux pas rentrer en Côte d'Ivoire faute d'argent. Je demande un soutien, celui de l'aide à l'enfance par exemple.

Aujourd'hui en France,
Arnaud Hermant

Glossaire

repérer : *to spot*
les frais : *expenses*
s'endetter : *to get into debt*
un essai : *trial/try*
le lendemain : *the next day*
amener : *to bring*
le banc : *bench*
aucun : *no/none*
désormais : *henceforth/since*
dehors : *outside*
accueillir : *to welcome/take in*
la carrière : *career*
faute de : *for lack of*
le soutien : *support*

Questions

Section 1

1 Que faisait Cissé quand le « recruteur » l'a repéré ?
2 Qu'ont fait ses parents pour se procurer l'argent nécessaire ?

Section 2

1 En arrivant en France, où Cissé a-t-il habité ?
2 Qu'est-ce qui lui est arrivé ?
3 Citez la phrase qui montre que l'agent a disparu.

Section 3

1 Relevez un verbe à l'infinitif.
2 Comment Cissé a-t-il essayé de contacter l'agent ?
3 Quelle a été sa grande déception ?

Section 4

1 Trouvez les noms de deux endroits où Cissé a dormi.
2 Relevez un adverbe.
3 Pourquoi Cissé ne peut-il pas rentrer en Côte d'Ivoire ?

• **'Cissé has had a bad time since leaving the Ivory Coast.'**

Do you agree? Refer to the text in your answer.

5.13B La malchance du sportif

Votre équipe va jouer dans la finale de la Coupe ce week-end. Mais le jeudi avant le match, vous vous êtes blessé(e) au genou. Qu'est-ce que vous notez dans votre journal intime ?

C'est pas (ce n'est pas) vrai !	Ce n'est pas croyable !	Je voulais vraiment jouer !
Ce n'est pas possible !	Je suis très déçu(e) !	
Quelle malchance !	Qu'est-ce que je vais faire ?	

 ## 5.14 Les inconvénients du sport

Vocabulaire et expressions de base

Le sport me prend beaucoup de temps
Sport takes a lot of my time

J'ai dû arrêter de jouer au foot à cause de mon bac
I had to stop playing soccer because of my Leaving Cert

Trop faire de sport n'est pas bon pour la santé
Too much sport is not good for your health

Si on force trop, on risque de se blesser
If you overdo it you may injure yourself

Il faut faire attention de ne pas se blesser
You have to be careful not to hurt yourself

Je me suis blessé(e) le mois dernier
I injured myself last month

Je me suis cassé le bras/la jambe…
I broke an arm/a leg…

Je me suis fracturé l'épaule
I fractured my shoulder

Je me suis fait une entorse à la cheville
I sprained my ankle

Après le sport, je suis trop fatigué(e) pour étudier
After sport, I am too tired to study

L'image du sport est parfois salie par la tricherie
The image of sport is sometimes marred by cheating

Il y a du dopage en sport
There is some drug-taking in sport

L'argent a un rôle trop important dans le sport
Money has too important a role in sport

CD1, Track 48 Les questions de notre examinateur à Marie

Pensez-vous qu'il existe des inconvénients à la pratique d'un sport ?

On pourrait dire que le sport prend du temps, surtout durant l'année du bac. Par exemple cette année, j'ai dû arrêter à cause des examens. Il y a aussi le risque de la blessure : je me suis blessée l'année dernière, je me suis cassé la jambe et je ne pouvais rien faire pendant un mois ! C'est ça, les inconvénients du sport !

Êtes-vous consciente des dangers du dopage chez les jeunes sportifs ?

Oui, je suis contre le dopage et c'est dommage de voir tous les scandales dans les médias. L'école a organisé des conférences-débats sur le dopage et nos profs de sport nous parlent souvent des dangers liés au dopage.

LE TOUR DE FRANCE ENCOURAGE LE TRI DES DÉCHETS

🎧 CD1, Track 49 **5.15A** La pratique du sport (1)

Questions (.../18)

1 What reason does he give for running? (.../3)
2 How many years has he been playing for his school team? (.../3)
3 Why did he stop playing for his club? (.../3)
4 How long does he usually train for? (.../3)
5 What does he say about his coach? (.../3)
6 Why, according to him, should you play sport? (.../3)

Revise exam guidelines and tips on listening comprehensions p. x

🎧 CD1, Track 50 **5.15B** La pratique du sport (2)

Questions (.../18)

1 What two qualities does he mention? (.../3)
2 What does he say about his team? (.../3)
3 What do they learn by playing a team sport? (.../3)
4 Name one thing he says about his favourite player. (.../3)
5 What does he say about the media in the world of football? (.../3)
6 What does he say about the salaries? (.../3)

5.16 Les femmes, plus sportives qu'hier

1 Une chose est sûre : le sport féminin s'est considérablement développé depuis trois décennies. Ainsi, alors que les Françaises n'étaient que 9 % à pratiquer des activités physiques et sportives en 1968, elles sont 48 % aujourd'hui. Selon une enquête pilotée par le ministère de la Jeunesse et des Sports (MJS), 79 % des pratiquantes disent « *faire du sport* » plus ou moins régulièrement, contre 25 % en 1967.

2 La réussite de certaines sportives françaises a beaucoup aidé. Quelques stars, telles l'athlète Marie-José Pérec, la joueuse de tennis Amélie Mauresmo ou l'escrimeuse Laura Flessel, par exemple. Si bien que médias, publicitaires et équipementiers ont commencé à s'intéresser au sport féminin.

3 Mais si un certain rééquilibrage homme-femme semble être la tendance, le sport ne se décline pas partout au féminin aussi. Et c'est bien là le problème : certains sports sont fermement associés aux stéréotypes de la masculinité, comme le montrent les résultats de l'enquête du MJS.

4 Certes, il existe des disciplines parfaitement mixtes – natation, ski, volley-ball, etc. – mais elles sont rares. Nombreux sont les sports encore étiquetés « masculins » (rugby, football, sports mécaniques, par exemple), ou « féminins » (danse, gymnastique ou patinage).

5 La disparité homme-femme se reflète surtout au niveau professionnel. Les Françaises ne représentent qu'un tiers des sportifs de haut niveau. Leur accès aux formations et métiers du sport reste insuffisant et elles sont presque totalement absentes des postes à responsabilité dans ce milieu.

Le Monde

Glossaire

selon : *according to*
une enquête : *survey*
la réussite : *success*
une escrimeuse : *female fencer*
l'équipementier : *sports company*
certes : *certainly*
nombreux : *numerous*
étiqueter : *to label*
le patinage : *ice-skating*
le niveau : *level*
le tiers : *third*
la formation : *training*
le métier : *profession*
le poste : *job*

Questions

Section 1

1 Relevez les mots qui signifient « 30 ans ».
2 Qu'est-ce qui montre que le nombre de femmes pratiquant un sport a beaucoup augmenté ?
3 Trouvez un verbe au présent, à la 3ᵉ personne du pluriel.

Quand un homme désire tuer un tigre, il appelle cela du sport ; quand un tigre désire le tuer, il appelle cela de la férocité.

Section 2

1 Citez l'expression qui explique, en partie, pourquoi plus de Françaises font du sport.

2 Reliez ces mots ou expressions avec les trois sports dont on parle dans cette section :

en garde

courir

frapper la balle

touché

la raquette

Section 3

1 Dans le sport, reliez ces mots ou expressions selon cet article.

(a) il y a un équilibre parfait entre hommes et femmes.

(b) hommes et femmes font les mêmes sports.

(c) certains sports sont considérés comme « féminins ».

(d) certains sports sont considérés comme « masculins ».

✒ Opinion/Reaction

**Et vous ? Croyez-vous que certains sports sont « masculins » ?
et d'autres « féminins » ?**

2 Relevez deux formes du mot « de » et expliquez leur usage.

Section 4

1 Quelles sont les 3 catégories de sports mentionnées dans cette section ?

2 À quel sport dont on parle ici associez-vous les mots et expressions suivants ?

piscine

le tournoi des 6 nations

la Coupe du Monde

les montagnes

la Formule 1

la patinoire

Section 5

1 Retrouvez la phrase qui indique que les Françaises sont une minorité dans le sport professionel.

2 Relevez un adjectif au féminin pluriel.

> Le sport ne fait pas vivre plus vieux mais fait vivre plus jeune.

Pour vous aider: le vocabulaire de l'opinion et de la réaction	Je trouve que…	parce que
Personnellement	Je crois que…	Je suis d'accord avec…
	Je pense que…	surtout
	À mon avis…	Je ne suis pas d'accord avec…

Vocabulaire

Montage 6 Les loisirs

6.1

LA LECTURE

Durant mon temps libre, j'aime lire
La lecture est mon loisir préféré
Dès que j'ai une minute, je lis
Quand j'ai le temps je lis un livre
À mes heures perdues je fais de la lecture
J'aime les romans, les nouvelles, les magazines
J'aime les magazines de mode, d'art, de sciences
Je lis des romans d'amour, de science-fiction
Je lis des romans d'action, d'aventure, de guerre
J'aime les romans policiers, les biographies
La lecture m'aide à me relaxer
La lecture m'fait oublier la réalité
Lire un livre me fait oublier dans un autre monde
Quand je lis, je m'évade dans un autre monde
Le dernier livre que j'ai lu, c'était...
Cela parle de...

J'aimerais lire plus, mais je n'ai pas assez de temps

LA TÉLÉ ET LE CINÉMA

Je passe des heures à regarder la télé chaque semaine
J'aime regarder les documentaires sur la nature
Je regarde les programmes de divertissement
J'adore les émissions de cuisine
Je ne rate jamais ma série télévisée préférée
Regarder la télé me change les idées
Quand je suis devant la télé, j'oublie le stress du bac
Pour me divertir, je regarde la télé, après mes devoirs
Durant mon temps libre, je regarde des films à la télé
Le samedi pour me détendre, je vais au cinéma
J'aime aller au cinéma voir des films comiques...
...des films d'action, d'aventure, romantiques
Le dernier film que j'ai vu c'était..
Mon acteur/actrice préféré(e) c'est...

Montage 6
Les loisirs

L'INTERNET ET LE PORTABLE

Dès que j'ai un moment de libre je
vais sur Internet
Je passe des heures sur Facebook
Je vais sur les sites de mes groupes préférés
Je regarde les dernières vidéos sur YouTube
J'utilise Skype pour appeler mes amis
Je télécharge des albums sur iTunes
J'envoie des emails à mes amis
Je texte mes copains/copines
J'envoie des Twitts, des textos
Je mets des photos sur Facebook
Je joue au poker sur Internet

LA MUSIQUE

Durant mon temps libre, je fais de la musique
Je joue de plusieurs instruments
Je joue du piano, de la guitare, de la flûte
Je joue de la batterie, du saxo, de la basse
Je joue du violon, de la trompette, de la harpe
Cela fait cinq ans que je joue du piano
J'apprends la guitare dans une école de musique
Je fais une heure de trompette par jour
Je fais partie d'un groupe avec des amis
On répète tous les samedis dans mon garage
On a donné deux concerts à l'école
La musique c'est thérapeutique
Quand je fais de la musique, j'oublie tout !

ACTIVITÉS DIVERSES

Le week-end, je rencontre mes amis et on sort
Le dimanche, je vais voir un match de rugby
Le samedi soir, je vais en boîte
avec mes ami(e)s
On organise des soirées à la maison
Je vais voir des concerts à l'O2
Je vais au musée ou à des expositions d'art
Je rends visite à mes grands-parents
Je vais faire du shopping avec mes amis
Je vais à la salle de musculation
J'apprends à conduire
Je prends des leçons de conduite
Je passe du temps avec mon petit copain
Je vais au restaurant avec ma petite copine
J'invite mes amis et on joue aux jeux vidéos
Je fais du théâtre, de la danse, du yoga

6.2 La télé et le cinéma

Revise exam guidelines and tips on oral preparation p. vii

Vocabulaire et expressions de base

Je passe des heures à regarder la télé chaque semaine *I spend hours watching TV each week*	**Regarder la télé me change les idées** *Watching TV takes my mind off things*	**Le samedi, pour me détendre, je vais au cinéma** *On Saturday to unwind I go to the cinema*
J'aime regarder les documentaires sur la nature *I like to watch nature documentaries*	**Quand je suis devant la télé j'oublie le stress du bac** *When I am front of the TV I forget about exam stress*	**J'aime aller au cinéma voir des films comiques…** *I like to go to the movies to see comedies…*
Je regarde les programmes de divertissement *I watch entertainment programmes*	**Pour me divertir, je regarde la télé après mes devoirs** *To entertain myself I watch TV after my homework*	**… des films d'action, d'aventure, romantiques** *… action, adventure, romantic movies*
J'adore les émissions de cuisine *I love cookery programmes*	**Durant mon temps libre, je regarde des films à la télé** *During my free time I watch movies on TV*	**Le dernier film que j'ai vu c'était…** *The last movie I saw was…*
Je ne rate jamais ma série télévisée préférée *I never miss my favourite TV series*		**Mon acteur/actrice préféré(e) c'est…** *My favourite actor/actress is…*

🎧 CD1, Track 51 **Les questions de notre examinateur à Marie**

Que faites-vous lorsque vous avez du temps libre ?

Dès que j'ai fini mes devoirs et que je peux me relaxer, je regarde mes programmes préférés à la télévision.

Par exemple, j'adore regarder les programmes de divertissement comme « American Idol », ça me relaxe.

Passez-vous beaucoup de temps devant la télévision ?

Je ne sais pas exactement, peut-être une heure par jour ? Je ne passe pas tout mon temps libre devant la télé, je fais aussi du sport, je rencontre mes amis et le week-end, je vais parfois au cinéma.

📗 6.3A Les grands événements

1 Miette a lancé l'idée de faire, de mémoire, juste comme ça, pour voir, l'inventaire des grands événements du monde qui ont marqué nos quinze premières années respectives.

2 Pour Miette, c'était de 1946 jusqu'au début des années soixante. Entre la construction du mur de Berlin, Brigitte Bardot toute nue au cinéma, la télévision en noir et blanc à la maison, le couronnement de la reine Élisabeth II, le mariage de Grace Kelly et du prince Rainier,

la rupture du barrage de Malpasset (elle était en week-end près de Fréjus quand c'est arrivé), le lancement du paquebot **France**, et celui, après la chienne Laïka, du premier homme dans l'espace, Kennedy président, Elvis Presley, les Beatles, le transistor… J'ai finalement choisi le premier homme dans l'espace parce qu'elle m'a raconté que c'est de là qu'on est partis pour faire, plus tard, sur la Lune, « un petit pas pour l'homme, un grand pas pour l'humanité ». Ça, je l'ai vu et entendu chaque fois qu'on a suivi un docu sur

le sujet. Et cette phrase-là, elle me plaît bien.

Aliça Dona, *Mamie a eu quinze ans*

Glossaire

l'événement : *event*
nu : *naked*
la reine : *queen*
le barrage : *dam*
le paquebot : *cruise ship*
l'espace : *space*
le pas : *step*
elle me plaît : *I like it*

Questions

Section 1

1 Trouvez un verbe au passé composé.
2 Relevez deux verbes à l'infinitif.

Section 2

1 En quelle année Miette est-elle née ?
2 Les premières télés étaient en _____
_____.
3 Citez un événement tragique.
4 Relevez trois adverbes.

5 'Docu', c'est un documentaire. Écrivez les mots dont voici les abréviations :
Bac
Restau
Prof
Ciné
D'acc
Dico
Direc
Labo.

> « Mon passe-temps favori, c'est laisser passer le temps, du temps, prendre son temps, perdre son temps, vivre à contretemps. »
> Françoise Sagan

 ## 6.3B

Faites une liste des grands événements historiques qui ont marqué votre vie jusqu'à présent.

6.4 L'Internet et le portable

Vocabulaire et expressions de base

Dès que j'ai un moment de libre, je vais sur Internet *As soon as I have a free moment I go on the Internet*	**J'envoie des emails à mes amis** *I send emails to my friends*
Je passe des heures sur Facebook *I spend hours on Facebook*	**Je texte mes copains/mes copines** *I text my friends*
Je vais sur les sites de mes groupes préférés *I go on my favourite bands' websites*	**J'envoie des Twitts, des textos** *I send tweets, texts*
Je regarde les dernières vidéos sur YouTube *I watch the latest videos on YouTube*	**Je mets des photos sur Facebook** *I put photos on Facebook*
J'utilise Skype pour appeler mes amis *I use Skype to call my friends*	**Je joue au poker sur Internet** *I play poker on the Net*
Je télécharge des albums sur iTunes *I download albums on iTunes*	

> Lire et être curieux, c'est la même chose.

CD1, Track 52 **Les questions de notre examinateur à Paul**

Que faites-vous en général lorsque vous avez un moment de libre ?

Comme tout le monde je passe beaucoup de temps sur Internet, sur mon portable, et à la maison sur mon ordinateur. En premier je regarde toujours mon Facebook pour voir ce que mes amis ont posté. Je vais aussi sur les sites de mes groupes préférés, je regarde des vidéos sur YouTube.'

Combien d'heures passez-vous sur Internet par jour ?

C'est très difficile à dire car on ne réalise pas le temps qu'on passe... j'ai l'impression de passer ma vie sur Internet !

6.5

Dites/écrivez ce que vous faites/avez fait/allez faire.

> La société de masse ne veut pas la culture mais les loisirs.

Exemple : *surfer sur YouTube*

		Tous les jours	Le week-end dernier	Le week-end prochain
1	Surfer	Je surfe…	J'ai surfé…	Je vais surfer…
2	Jouer			
3	Regarder			
4	Écouter			
5	Aller			
6	Faire			
7	Sortir			
8	Visiter			
9	Lire			
10	Se promener			

6.6 Jim Morrison – L'ange damné du rock

En 1991, le film d'Oliver Stone *The Doors* faisait revivre avec Val Kilmer la brève épopée de l'un des dieux du rock, Jim Morrison, chanteur du groupe The Doors, le seul qui rivalisa en popularité aux États-Unis avec les Beatles et les Rolling Stones. Jim Morrison était mort vingt ans plus tôt, à Paris, à l'âge de 27 ans…

Une éducation rigide

Tout commence mal pour James Douglas Morrison, né en Floride le 8 décembre 1943, car l'atmosphère familiale ne lui convient pas. Son père, officier de marine, est autoritaire et d'une rigidité redoutable. Étrange garçon que ce Jim qui, tout jeune, pensait être habité par l'âme d'un Indien Pueblo mort devant lui dans un accident de voiture…

Welcome to L.A.

À 18 ans, Jim Morrison découvre l'alcool et le théâtre, où il joue pour la première fois. Abandonnant sa famille et la Floride, il va à Los Angeles suivre les cours de cinéma de la prestigieuse université UCLA à Los Angeles. Le voici bientôt installé à Venice Beach, paradis des hippies et des artistes. Jim découvre sa voie : la poésie. Il sera un nouveau Rimbaud, un nouveau Kerouac.

L'origine des Doors

Malheureusement, l'inspiration de Jim passe par l'alcool, le LSD et les autres drogues. Avec des musiciens rencontrés à Venice, il monte un groupe, The Doors, un nom inspiré de l'expression du poète William Blake : « les portes de la perception ». Les poèmes de Jim, mis en musique, donnent une forme très originale de rock. La présence du chanteur sur scène est incroyable : sa beauté, ses provocations permanentes font des

Doors le groupe le plus populaire des USA dès 1967.

Glossaire

l'épopée : *epic*
plus tôt : *earlier*
convenir : *to suit*
redoutable : *dreadful*
l'âme : *soul*
le cours : *class*
la voie : *way*
sur scène : *on stage*
tomber amoureux : *to fall in love*
le bout : *end*
partager : *to share*
condamner : *to convict*
interdit : *forbidden*
le tube : *'hit'*
s'enchaîner : *to follow one another*
briser : *to smash*
le recueil : *collection*
le fait : *fact*
l'écriture : *writing*
apporter : *to take/bring*
subit : *sudden*
enterrer : *to bury*
faiblir : *to weaken*

Des amours multiples

En 1965, Jim est tombé amoureux de Pamela Courson qui restera jusqu'au bout sa compagne. Difficile de partager la vie d'un garçon hanté par la violence, l'alcool et la drogue… Alors que le succès des Doors augmente, Jim se montre si provocateur qu'il est condamné plusieurs fois et que les Doors sont interdits de scène dans de nombreux États des USA !

Arrêter la machine

'Light my fire', 'The end', 'Morrison Hotel' : les tubes s'enchaînent, les Doors sont sans arrêt numéro 1 des hit-parades, mais Jim n'en peut plus. Il n'a qu'une idée en tête : briser son image de pop star et se consacrer uniquement à sa véritable passion, la poésie. Il a publié deux recueils d'une grande beauté mais dont le succès est limité. Sans doute la conduite suicidaire de Jim Morrison s'explique-t-elle par le fait qu'il ne veut plus se produire en concert. Le 12 décembre 1970, il annonce qu'il vient de chanter pour la dernière fois.

La légende à Paris

En mars 1971, il est venu se réfugier à Paris avec Pamela. Ils habitent à l'Hôtel des Beaux-Arts, puis dans un appartement du Marais. Peut-être Jim est-il enfin heureux : il va pouvoir se consacrer à l'écriture. Mais il a apporté les démons avec lui. Le cocktail alcool-drogue le détruit et sa mort subite, le 3 juillet 1971, est vraisemblablement due à une overdose. Après Jimi Hendrix et Janis Joplin, Jim Morrison est la troisième victime de cette course à l'autodestruction. Enterré à Paris, au Père-Lachaise, il devient un culte qui ne faiblira jamais. La vie ne lui aura donné que vingt-sept ans pour forger sa légende…

Robert de Laroche

Activité

Remplissez les blancs pour raconter l'histoire de Jim Morrison :

- Il est _____ en Floride.
- Son père travaillait comme _____.
- Le père était très _____.
- Jim pensait être habité par _____ qui est mort dans un _____.
- À 18 ans, il commence à _____ de l'alcool.
- Il quitte sa _____ et va à Los Angeles.
- À Los Angeles, il découvre _____.
- Mais il _____ beaucoup d'alcool et il prend des _____.
- Il monte un groupe qui s'appelle _____.
- Il transforme ses poèmes en _____.
- Jim a une présence extraordinaire _____.
- Il sera avec Pamela pour le reste _____.
- C'est un garçon difficile : il est allé plusieurs fois en _____.
- Les Doors connaissent beaucoup de _____.
- Mais la passion de Jim, c'est _____.
- Et en 1970, il _____ le groupe.
- Avec Pamela, il va _____.
- Mais il continue à _____.
- En 1971, il est _____.
- Il est enterré au _____.

« Le cinéma, c'est du théâtre en conserve. »
Louis Jouvet

6.7 La musique

Durant mon temps libre, je fais de la musique
During my free time I play music

Je joue de plusieurs instruments
I play several instruments

Je joue du piano, de la guitare, de la flûte
I play piano, guitar, flute

Je joue de la batterie, du saxo, de la basse
I play drums, sax, bass

Je joue du violon, de la trompette, de la harpe
I play violin, trumpet, harp

Cela fait cinq ans que je joue du piano
I have been playing piano for five years

J'apprends la guitare dans une école de musique
I'm learning how to play guitar in a music school

Je fais une heure de trompette par jour
I play trumpet for one hour a day

Je fais partie d'un groupe avec des amis
I am in a band with some friends

On répète tous les samedis dans mon garage
We rehearse every Saturday in my garage

On a donné deux concerts à l'école
We played 2 gigs in school

La musique c'est thérapeutique
Music is therapeutic

Quand je fais de la musique, j'oublie tout !
When I play music I forget everything!

 CD1, Track 53 **Les questions de notre examinateur à Lucie**

Quel est votre passe-temps préféré ?

> Je fais beaucoup de sport mais je dois dire que j'adore la musique, je joue de la guitare dans un groupe de rock.

Cela fait combien de temps que vous jouez de la guitare ?

> Je joue de la guitare depuis l'âge de dix ans donc ça fait sept ans maintenant !

Est-ce que vous apprenez dans une école ?

> Oui, j'ai commencé à apprendre la guitare dans une école de musique à côté de chez moi. Maintenant je joue dans un groupe de rock mais je passe aussi des examens chaque année !

 ## 6.8A La sœur de John Lennon

> Revise exam guidelines and tips on reading comprehensions p. vii

1 John Lennon avait une sœur cachée. Elle s'appelle Ingrid Pedersen et aujourd'hui, elle habite avec son compagnon, John Austin, en France. John adore les Beatles. Comme pour des millions de fans, sa jeunesse s'est terminée le jour où Lennon, le chanteur du groupe, a été assassiné à l'entrée de son immeuble new-yorkais. Ce jour de décembre 1980, Ingrid Pedersen a, elle, perdu un frère. Frère et sœur ne se seront donc jamais rencontrés, malgré l'armée de détectives privés engagée par l'icône de la pop music pour retrouver sa sœur perdue, née Victoria-Elizabeth Lennon.

2 1945. Liverpool sort de la guerre et John Lennon a 4 ans. Son marin de père est loin. Julia, sa mère, se retrouve enceinte d'un autre. Pour éviter le scandale, Victoria-Elizabeth est très vite confiée à un couple du voisinage qui ne peut pas avoir d'enfants. Les Pedersen l'adoptent, changent son nom, font modifier son état civil et surtout, ne parlent jamais du passé. Ingrid Pedersen passe les onze premières années de sa vie à Liverpool, à quelques kilomètres de sa mère et de son frère. Elle l'ignore, se croit fille unique. Mais le silence peut

cacher : *to hide*
le compagnon : *partner*
la jeunesse : *youth*
malgré : *despite*
la guerre : *war*
le marin : *sailor*
loin : *far away*
enceinte : *pregnant*
le voisinage : *neighbourhood*
l'état civil : *birth details*
assourdissant : *deafening*
renouer avec : *to reconnect with*
détruire : *to destroy*
se taire : *to keep silent*

être assourdissant et l'on n'arrive jamais à cacher quelque chose aux enfants : « Je sentais qu'il y avait un secret très lourd autour de moi. »

3 En 1966, elle a 21 ans et veut se marier. Il lui faut un acte de naissance. Bien obligée, sa mère adoptive lui parle alors de l'adoption et révèle le nom de son frère. Elles n'en reparleront jamais. « C'est comme s'il y avait eu un pacte tacite entre nous. Nous n'avons plus jamais abordé le sujet », dit-elle aujourd'hui.

La Beatlemania fait alors des ravages. Ingrid découvre qu'elle est la demi-sœur du plus charismatique des « Quatre de Liverpool ». Il lui suffirait d'aller le voir, de se présenter pour renouer avec ses origines. Alors, sa vie serait transformée. Mais il y a ce silence, terrible, imposé par sa mère. « Je pensais que ça la détruirait, alors j'ai continué à me taire, à n'en parler à personne. Mais je me disais qu'un jour, lui et moi, nous nous retrouverions. »

4 Mais la rencontre n'a jamais eu lieu, et Lennon est mort, assassiné en 1980. « Mon histoire n'a rien de glamour. Ce n'est pas celle de la sœur perdue d'une rock star, mais celle d'une petite fille abandonnée qui a attendu toute sa vie de rencontrer un frère mort trop jeune », dit Ingrid Pedersen. « Sauf que ce frère était John Lennon. »

Journal du Dimanche

Questions

Section 1
1 Qu'est-ce qui est arrivé à John Lennon en 1980 ?
2 Relevez la phrase qui montre que Lennon a fait un gros effort pour retrouver sa sœur.

Section 2
1 En quelle année John Lennon est-il né ?
2 Pourquoi Julia Lennon a-t-elle confié sa fille à un autre couple ?
3 Nommez une chose que les Pedersen ont faite.
4 Retrouvez l'expression qui indique qu'Ingrid habitait près de chez John.

Section 3
1 Pourquoi Ingrid avait-elle besoin d'un acte de naissance ?
2 Relevez une phrase qui montre qu'Ingrid et sa mère adoptive n'ont parlé qu'une seule fois de son adoption.
3 Pourquoi Ingrid n'a-t-elle pas parlé de sa vraie famille ?

Section 4
1 Trouvez un verbe au passé composé.
2 Trouvez un participe passé utilisé comme adjectif.

• **'Ingrid's life was, in many ways, very sad.'**

Do you agree? Refer to the text in your answer.

> Je trouve que la télévision est très favorable à la culture. Chaque fois que quelqu'un l'allume chez moi, je vais dans la pièce à côté et je lis.

 **6.8B**

'John Austin adore les Beatles.' Et vous ? Est-ce qu'il y a une personne/ un groupe que vous admirez beaucoup ? Écrivez un article à ce sujet.

• Comment s'appelle-t-il/elle ?
• Que fait-il/elle ?
• Pourquoi l'admirez-vous ?

CD1, Track 54 **6.9 Les passe-temps**

Write down the 10 pastimes mentioned.

6.10A Le passé composé

This is the past tense in French. It means both 'what I did', 'what happened' and 'what I have done', 'what has happened'!

It has 2 parts (hence 'composé'):
- the auxiliary verb (always the Present of either '**avoir**' or '**être**')
- and the past participle
  - –**er** verbs: j'ai joué (–**er** > –**é**)
  - –**ir** verbs: j'ai fini (–**ir** > –**i**)
  - –**re** verbs: j'ai vendu (–**re** > –**u**)

For the rules on irregular past participles and on when to use '**avoir**' or '**être**', see p.234.

 ## 6.10B

You've done this exercise as a listening comprehension earlier. Now try it as a *passé composé* exercise. (Voir la page 83.)

Join the person and the verb in brackets in the *passé composé* :

1 [Je, lire] _____ trois livres en l'espace de deux jours.
2 [On, aller] _____ au théâtre samedi soir.
3 [Elle, ne pas faire] _____ ses devoirs ; [elle, passer] _____ la soirée à surfer sur Internet.
4 Mes parents aiment beaucoup voyager ; l'été dernier, [ils, faire] _____ une croisière en Méditerranée.
5 [Il, faire] _____ du VTT en Écosse.
6 Ma grand-mère tricote ; [elle, tricoter] _____ _____ un pull extra pour ma sœur pour Noël.
7 Ma passion, c'est la photographie. [Je, prendre] _____ beaucoup de photos de mon petit neveu, Pierre.
8 [Ma sœur, faire] _____ son gâteau d'anniversaire elle-même. Elle adore cuisiner.
9 [Mon petit frère, gagner] _____ le concours d'échecs de son école à l'âge de 9 ans !
10 Chez nous, le week-end dernier, [on, jouer] _____ aux cartes.

6.11 La lecture

Durant mon temps libre, j'aime lire
During my free time I like to read

La lecture est mon loisir préféré
Reading is my favourite pastime

Dès que j'ai une minute, je lis
As soon as I have a free minute I read

Quand j'ai le temps, je lis un livre
When I have time I read a book

À mes heures perdues, je fais de la lecture
In my free time I do some reading

J'aime les romans, les nouvelles, les magazines
I like novels, short stories, magazines

J'aime les magazines de mode, d'art, de sciences
I like fashion, art, science magazines

Je lis des romans d'amour, de science-fiction
I read romantic, science-fiction novels

Je lis des romans d'action, d'aventures, de guerre
I read action, adventure, war novels

J'aime les romans policiers, les biographies
I like detective novels, biographies

La lecture m'aide à me relaxer
Reading helps me to relax

Lire un livre me fait oublier la réalité
Reading makes me forget the real world

Quand je lis, je m'évade dans un autre monde
When I read I escape to another world

Le dernier livre que j'ai lu, c'était...
The last book that I read was...

Cela parle de...
It is about...

J'aimerais lire plus, mais je n'ai pas assez de temps
I would like to read more but I don't have time

 CD1, Track 55 **Les questions de notre examinateur à Luc**

Parlez-moi de vos passe-temps. Quand j'ai le temps je prends mon livre et je lis.
J'adore la lecture, je passe une heure par jour à lire. Je lis soit chez moi, soit
dans le train ou dans le bus sur mon iPad.

Quelle sorte de livres lisez-vous ?

Je préfère les romans de littérature, ça me passionne. Lire me fait oublier
la réalité, le stress des examens. Par exemple en ce moment, je lis un livre de
Paul Auster.'

6.12A « J'ai toujours envie de toucher mon portable »

Cyrielle, 14 ans, accro à son téléphone depuis quatre ans

1 Sur l'un de ses bulletins scolaires, elle a eu comme appréciation : « Passe son temps au téléphone ! » À 14 ans, Cyrielle, élève au collège Honoré-de-Balzac à Paris qui va redoubler sa 4ᵉ, est, depuis le CM 2, une accro du portable. « J'y pense toute la journée, j'ai toujours envie de le toucher. Il est allumé en permanence. Les seules fois où il s'éteint, c'est quand il n'y a plus du tout de batterie. Pendant les vacances, je vais pouvoir rester en contact avec mes copines », applaudit l'adolescente en Converse et jupette en jean. Même en plein cours, son téléphone n'est jamais en mode off. Elle enfreint ainsi le règlement intérieur. « Il m'arrive de répondre en classe à des appels sans me faire cramer par les profs. Je mets discrètement les écouteurs. À une époque, j'avais même téléchargé une sonnerie avec des sons super-aigus que seuls les jeunes de moins de 30 ans peuvent percevoir », explique-t-elle.

« Ça revient cher, les SMS à mon petit copain »

2 dans les mains, elle a deux portables. Le sien, avec lequel elle peut surfer sans compter sur Internet et en particulier chatter sur MSN où elle a rencontré « un mec récemment » et celui de sa copine, Lillia. « Je le lui ai emprunté parce qu'elle a un abonnement avec SMS illimités », souligne-t-elle, l'œil rivé sur son appareil Samsung « vachement mieux que le modèle Prada de LG ». « Les SMS, c'est trop bien. Quand on ne souhaite pas dire les choses en face à une personne, c'est la solution idéale pour faire passer un message », juge Lillia.

3 Cyrielle n'a pas la moindre idée du coût de son forfait mensuel. « J'en sais rien, c'est ma mère qui paie ! » Sa voisine, Nataly, est au courant de l'addition. « J'ai un forfait à 30 € mais je le dépasse à tous les coups. Le mois dernier, la note s'est élevée à 83 €, c'est ma grande sœur qui a mis la main au porte-monnaie. Ça revient cher, les envois de SMS à mon petit copain… »

Aujourd'hui en France

Glossaire

accro à : *addicted to*
redoubler : *to repeat*
allumer : *to turn on*
éteindre : *to turn off*
enfreindre : *to infringe*
cramer : *to catch*
télécharger : *to download*
aigu : *high-pitched*
percevoir : *to detect*
le mec : *guy*
emprunter : *to borrow*
l'abonnement : *subscription*
rivé : *riveted*
souhaiter : *to wish*
le moindre : *the least*
le forfait : *package*
la note : *bill*
le porte-monnaie : *purse*

Questions

Section 1

1 Le bulletin scolaire de Cyrielle était
  (a) positif ☐
  (b) neutre ☐
  (c) négatif ☐
  (d) très bon ☐

2 Relevez une phrase qui prouve que Cyrielle est accro à son portable.

3 Que fait-elle qui est contre le règlement du collège ?

4 Trouvez l'expression qui signifie 'à un certain moment dans le passé'.

Section 2

1 Trouvez une action de Cyrielle qui pourrait être dangereuse.
2 Selon Lillia, quel est l'avantage des SMS ?

Section 3

1 Citez la phrase qui indique que Cyrielle ne sait pas combien coûte son portable par mois.
2 Qui est venu en aide à Nataly ?
3 Relevez un adjectif possessif.

• **'Cyrielle has a serious problem with her mobile phone usage.'**

Give some examples from the text.

> Un livre a toujours deux auteurs : celui qui l'écrit et celui qui le lit.

 **6.12B**

« Moi, je serais incapable de vivre sans mon smart phone. » (Maryse, 17 ans)
Et vous ? Vous aimez beaucoup votre portable ?

> Revise exam guidelines and tips on written production p. viii

Vocabulaire

Pour vous aider :

surfer sur Internet
prendre des photos
téléphoner à ses copains

acheter des applications
télécharger
regarder des films
écouter de la musique

stocker des images
Qui paie pour votre portable ?
Est-ce que l'usage du portable est permis dans votre école ?

 6.13 Activités diverses

Vocabulaire et expressions de base

Le week-end, je rencontre mes amis et on sort
At the weekend I meet my friends and we go out

Le dimanche, je vais voir un match de rugby
On Sundays I go and watch a rugby match

Le samedi soir, je vais en boîte avec mes ami(e)s
On Saturday night I go to a club with my friends

On organise des soirées à la maison
We organise parties in the house

Je vais voir des concerts à l'O2
I go to see concerts in the O2

Je vais au musée ou à des expositions d'art
I go to the museum or to art exhibitions

Je rends visite à mes grands-parents
I visit my grandparents

Je vais faire du shopping avec mes amis
I go shopping with my friends

Je vais à la gym, à la salle de musculation
I go to the gym, to the weights room

J'apprends à conduire
I learn how to drive

Je prends des leçons de conduite
I'm taking driving lessons

Je passe du temps avec mon petit copain
I spend some time with my boyfriend

Je vais au restaurant avec ma petite copine
I go to the restaurant with my girlfriend

J'invite mes amis et on joue aux jeux vidéos
I invite my friends around and we play video games

Je fais du théâtre, de la danse, du yoga
I do drama, dancing, yoga

> La télé : c'est la vision carrée d'un monde qui ne tourne pas rond.

🎧 CD1, Track 56 **Les questions de notre examinateur à Sarah**

Que faites-vous pendant votre temps libre ?

Cette année je dois passer mon permis de conduire donc je prends des leçons de conduite pendant les week-ends et le soir en semaine.

D'habitude, comment occupez-vous votre temps ?

Je rencontre mes amis le week-end et on va en ville faire du shopping ou au cinéma. Un week-end par mois ma famille et moi allons rendre visite à mes grands-parents qui habitent près de Galway. J'aime bien aller les voir car ça change de Dublin.

🎧 CD1, Track 57 **6.14** **Encore des passe-temps**

Write down the 10 pastimes mentioned.

📗 **6.15**

You've done this exercise as a listening comprehension earlier. Now try it as a passé composé exercise. (Voir l'exercice 6.14.)

Join the person and the verb in brackets in the *passé composé* :

1 [Mon oncle, créer] _____ un jardin extraordinaire – tu devrais le voir !

2 J'adore chanter. [Ma chorale, gagner] _____ _____ un concours récemment.

3 Mon petit copain est membre d'un ciné-club. [Il, aller voir] _____ une dizaine de films de tous les pays du monde le mois dernier.

4 [Ma mère, peindre] _____ une nature morte.

5 Pendant dix ans, [je, collectionner] _____ _____ des affiches de théâtre. Puis [je, vendre] _____ ma collection.

6 [Elle, restaurer] _____ un ancien fauteuil.

7 Sa passion, c'est la mode ; l'année dernière, [elle, acheter] _____ quinze paires de chaussures.

8 [Mon grand-père, terminer] _____ _____ le sudoku difficile en sept minutes.

9 [Je, offrir] _____ un livre qui contient 500 mots croisés à Maman.

10 [Ma mère, faire] _____ un stage de poterie.

> J'adore la télévision. En fermant les yeux, c'est presque aussi bien que la radio.

🎧 CD1, Track 58 **6.16A** **La danse classique**

Questions (…/18)

1 What quality do you need to do ballet? (…/3)

2 How much time does she spend dancing per week? (…/3)

3 What does she say about becoming a professional dancer? (…/3)

4 What are the two things she does to relax at the week-end? (…/3)

5 What is her best way to unwind? (…/3)

6 Does she usually go out on Saturday nights? Why? (…/3)

CD1, Track 59 **6.16B** Que faites-vous de vos loisirs ?

Questions (…/18)

1 What does this boy say about free time? (…/3)
2 Write down his two favourite pastimes. (…/3)
3 What kind of music does he like? (…/3)

4 What does he say about his dad? (…/3)
5 Does he play an instrument? (…/3)
6 What does he say about music concerts? (…/3)

 6.17 Hit-parades

1 J'ai appris que Miette, comme moi, ne croit pas trop à l'astrologie, sauf quand ça l'arrange. Alors, comme moi, elle ne peut pas s'empêcher de jeter un œil sur son horoscope chaque semaine. Pour elle, c'est dans *Femme actuelle* ou *Gala*, pour moi c'est dans *Girls* ou *Jeune et Jolie*.
Moi, je suis Poissons. Miette est Lion.

2 Autre chose qu'on a en commun toutes les deux, c'est le romantisme. On s'en est rendu compte en parlant cinéma. C'est peut-être parce que ma mère a accouché sur la musique du *Grand Bleu* de Luc Besson ? Du coup, j'ai mis des dauphins en peluche un peu partout dans ma chambre. À part le dessus-de-lit qui fait penser au film, c'est plutôt des posters et des photos d'artistes au mur. Normal, quoi !

3 Le film qui a le plus marqué Miette a toujours été *West Side Story*.
Pour moi, je crois que, même plus tard, ça restera *Titanic*, surtout à cause de Leonardo DiCaprio. On a vu chacune nos films préférés plusieurs fois et chaque fois on a pleuré, même en connaissant la suite et la fin.
Pour Miette, le plus beau moment de son film, c'est quand Maria chante, à la fin, agenouillée dans sa robe rouge, en tenant dans ses bras Tony qui va mourir. Il faudra que je voie ça un jour, quand même !

Mamie a eu 15 ans, Aliça Dona

Glossaire

sauf : *except*
arranger : *to suit*
s'empêcher : *to prevent oneself*
se rendre compte : *to realise*
accoucher : *to give birth*
le dauphin : *dolphin*
le dessus-de-lit : *bedspread*
surtout : *especially*
agenouillé : *kneeling*

Questions

Section 1

1 Relevez les mots qui veulent dire « regarder rapidement ».
2 Quel est votre signe du zodiaque ? Je suis _____ .

Section 2

1 À quelle occasion les deux femmes ont-elles découvert qu'elles s'intéressaient au romantisme ?

2 Pourquoi a-t-elle mis des dauphins dans sa chambre ?
3 Trouvez un verbe au participe présent.

Section 3

1 Relevez les mots qui indiquent la réaction des deux femmes devant leurs films préférés.
2 Trouvez les mots qui signifient 'le meilleur'.
3 Relevez les mots qui montrent que, dans le film, Tony s'approche de la fin de sa vie.

Lire est le seul moyen de vivre plusieurs fois.

CD1, Track 60 **6.18** Comment faites-vous pour vous oxygéner ?

Three people talk about where they go to relax.

A. Camille Lelardoux

1 Age:
2 Job/Employment status:
3 For how long does she go to Cabourg?
4 With whom does she go?
5 With whom does she stay?
6 Which time of year is stressful in her job?
7 What's the main advantage of staying where she does?

B. Michel Martin

1 Age:
2 Job/Employment status:
3 Name one thing he does to relax.
4 Name one thing he did recently.
5 How does he get around in Paris?
6 How does he describe Paris?

C. Fatima Dachid

1 Age:
2 Job/Employment status:
3 With whom does she go to stay?
4 How much does she earn?
5 What's the advantage of going where she goes?
6 What does she say about getting up in the morning?

Montage 7 Les transports

7.1 LES MOYENS DE TRANSPORT

Je vais à l'école en bus, en voiture, en train
Je vais en ville à pied, en vélo, en mobylette
Je vais chez mon copain en skateboard, en trottinette
Pour aller en ville, je me déplace en tram ou en métro
Pour rentrer chez moi après la disco je prends un taxi
Je prends l'avion pour aller à Paris
Je vais en Normandie en bateau
Je prends le bus, l'avion, le train, le bateau
Mes parents m'amènent à l'école en voiture
Ma sœur passe me chercher en moto à Malahide
Mes amis m'ont déposé en voiture devant la gare
L'aéroport, le port, la gare routière
Les poids lourds, les camions, les camionnettes
Quand j'étais en France, j'ai pris le TGV
Quand j'irai à Paris, je prendrai le métro, le RER

LES AVANTAGES DES TRANSPORTS PUBLICS

Les transports publics causent moins de pollution
C'est moins cher que d'avoir une voiture
Ça prend moins de temps qu'en voiture
En général, les bus et les trains sont ponctuels
C'est moins stressant que de conduire
On peut lire ou écouter de la musique
On peut utiliser son téléphone
On peut sortir, s'amuser et laisser sa voiture en ville
On n'a pas besoin de chercher une place pour se garer
Il y a moins de risques d'accidents
Le train est 34 fois plus sûr que la voiture
C'est accessible aux personnes handicapées
C'est gratuit pour les plus de 65 ans !
Il y a des tarifs réduits pour les jeunes
J'adore prendre le train pendant les heures creuses

LES CONTRAINTES DES TRANSPORTS

J'ai horreur des transports publics en Irlande
Le bus n'est jamais à l'heure !
On passe des heures à attendre à l'arrêt de bus
Les trains prennent une éternité pour aller à Wexford
Les tickets de bus et les billets de train sont chers
Le train n'est jamais propre
Je déteste prendre le bus pendant les heures de pointe
On est serrés comme des sardines
Ça sent mauvais
Je déteste prendre le train la nuit à cause de l'insécurité
Les taxis coûtent une fortune !
On est toujours coincé dans les embouteillages
Je suis souvent en retard à cause des bouchons
La circulation en ville est souvent congestionnée
Il y a toujours des travaux sur les routes
En France, les grèves bloquent souvent les transports

Montage 7 Les transports

LE PERMIS DE CONDUIRE

Cette année je prends des leçons de conduite
Je vais à l'auto-école dans mon quartier
On est obligé de faire 20 heures de leçons
Je fais de la conduite supervisée avec mon père
On doit conduire avec quelqu'un qui a le permis
J'ai réussi mon examen du code de la route
Je vais passer mon permis de conduire en avril
J'espère que je vais réussir
J'espère que je ne vais pas rater mon permis !
J'ai le permis depuis trois mois
J'ai eu mon permis la semaine dernière
Je n'ai pas peur de conduire et je fais attention
Il faut faire attention aux radars !
Je déteste doubler et me garer
Quand on a une voiture, il faut payer l'essence !
Je ne fais jamais le plein d'essence, c'est trop cher !
Mes parents paient mon assurance
Je dois toujours aller chercher mes copains/copines
Le permis de conduire m'a rendu(e) indépendant(e)
Pour aller en ville, je prends le bus ou le train
Les parkings sont trop chers

LES ACCIDENTS DE LA ROUTE

Chaque année, il y a des accidents sur les routes
En général les accidents ont lui le week-end
La plupart du temps qui sont impliqués ce sont des jeunes
Ils ne respectent pas les limitations de vitesse
C'est souvent à cause de l'alcool ou de la drogue
L'alcool au volant est strictement interdit
On ne doit jamais boire avant de conduire
L'alcool au volant est très mal perçu par la société
Il est interdit de conduire sous l'influence de drogues
Il ne faut jamais répondre au téléphone en conduisant
Il faut toujours attacher sa ceinture
Il faut regarder dans ses rétroviseurs
On ne doit pas se maquiller en conduisant
On ne doit pas faire attention aux piétons, aux cyclistes
Il faut faire attention aux piétons, aux cyclistes
Il faut faire attention et faire une pause
Si on est fatigué, on doit s'arrêter et faire une pause
Quand on sort il vaut mieux prendre un taxi ou le bus

7.2 Les moyens de transport

Je vais à l'école en bus, en voiture, en train
I go to school by bus, by car, by train

Je vais en ville à pied, en vélo, en mobylette
I go to town on foot, by bike, on a moped

Je vais chez mon copain en skateboard, en trottinette
I go to my friend's on a skateboard, on a scooter

Pour aller en ville, je me déplace en tram ou en métro
To go to town I take the tram, the metro

Pour rentrer chez moi après la disco je prends un taxi
To go home after the disco I take a taxi

Je prends l'avion pour aller à Paris
I take the plane to go to Paris

Je vais en Normandie en bateau
I go to Normandy by boat

Je prends le bus, l'avion, le train, le bateau
I take the bus, the plane, the train, the boat

Mes parents m'amènent à l'école en voiture
My parents bring me to school by car

Ma sœur passe me chercher en moto à Malahide
My sister picks me up in Malahide on her motorbike

Mes amis m'ont déposé en voiture devant la gare
My friends dropped me off at the train station

L'aéroport, le port, la gare routière
The airport, the harbour, the bus station

Les poids lourds, les camions, les camionnettes
Articulated lorries, trucks, vans

Quand j'étais en France, j'ai pris le TGV
When I was in France, I took the TGV

Quand j'irai à Paris, je prendrai le métro, le RER
When I go to Paris, I will take the metro, the RER

 CD1, Track 61 **La question de notre examinateur à Luc**

Comment venez-vous à l'école ?

Le matin mes parents m'amènent à l'école en voiture.

Le soir après l'étude, soit ma mère passe me chercher, si elle est disponible, soit je prends le bus de ville. Quelquefois, l'été quand il fait beau, je rentre à pied ; ça me prend une heure et demie, mais c'est bon pour la santé !

 ## 7.3

Les moyens de transport – Comment se déplacer			
la voiture	– en voiture	le taxi	– en taxi
l'auto	– en auto	le car	– en car
l'avion	– en avion	l'autobus	– en autobus
le vélo	– en vélo/à vélo	le train	– en train/par le train
la moto	– en moto	le TGV	– en TGV/par le TGV
la mob(ylette)	– en mob(ylette)	le camion	– en camion
le bateau	– en bateau/par bateau	la camionnette	– en camionnette
le ferry	– en ferry	la navette	– en navette/par la navette
le tramway	– en tramway	le poids lourd	– en poids lourd
		– Et n'oubliez pas …	– à pied

> « Un bel avion est un avion qui vole bien. »
> Marcel Dassault

7.4 La police ramasse de tout sur l'autoroute

1 Vélos, planches à voile, sous-vêtements, chaussures, les patrouilleurs ramassent de tout sur l'autoroute. Au hit-parade des objets perdus ou jetés par les automobilistes, il y a les valises tombées des galeries, mais aussi des détecteurs de radar dont les propriétaires se débarrassent à la vue des gendarmes. En détenir un coûte 700 € d'amende.

2 Autre classique : l'oubli de voyageurs. Le car de touristes repart alors qu'il reste un membre du groupe aux toilettes. La dispute conjugale qui dégénère. Monsieur laisse Madame sur le parking. Enfin, les gendarmes de l'A7 ont déjà vu un bébé installé dans un landau accroché… sur une galerie.

3 Un patrouilleur se rappelle également avoir vu récemment à un péage un homme qui venait de faire plus de cent kilomètres assis sur un attelage entre une voiture et une caravane. L'imprudent avait voulu traverser rapidement un parking et plutôt que de contourner la caravane, il avait enjambé l'attelage au moment même où le conducteur démarrait sans se rendre compte qu'il emportait avec lui ce passager clandestin.

Glossaire

ramasser : *to pick up*
jeter : *to throw away*
la galerie : *roof rack*
se débarrasser de : *to get rid of*
détenir : *to possess*
l'oubli : *forgetting*
laisser : *to leave*
le landau : *pram*
accrocher : *to attach*
le péage : *toll area*
l'attelage : *tow-bar*
contourner : *to go round*
enjamber : *to step over*
démarrer : *to start (a car)*
se rendre compte : *to realise*
emporter : *to carry away, to take along*

Questions

Section 1

1 Nommez trois choses que les policiers trouvent sur l'autoroute.
2 Pourquoi les conducteurs jettent-ils les détecteurs de radar ?

Section 2

1 Relevez les mots qui veut dire : « querelle entre mari et femme ».
2 Qu'est-ce qui est étonnant dans ce que les gendarmes ont vu sur l'A7 ?

Section 3

1 Trouvez le mot ou l'expression qui signifient :
se souvient
aussi
une auto
vite
à l'instant
l'automobiliste
caché.
2 Trouvez trois adverbes qui se terminent en -**ment**.

 ### 7.5 Le permis de conduire

Vocabulaire et expressions de base

Cette année, je prends des leçons de conduite
This year I'm taking driving lessons

Je vais à l'auto-école dans mon quartier
I go to the driving-school in my neighbourhood

On est obligé de faire 20 heures de leçons
You have to take 20 hours of lessons

Je fais de la conduite supervisée avec mon père
I do supervised driving with my dad

On doit conduire avec quelqu'un qui a le permis
You must drive with someone who has a licence

J'ai réussi mon examen du code de la route
I passed my theory test

Je vais passer mon permis de conduire en avril
I am going to sit my driving test in April

J'espère que je vais réussir
I hope I am going to get it

Revise exam guidelines and tips on oral preparation p. vii

J'espère que je ne vais par rater mon permis !	**Il faut toujours faire attention aux radars !**	**Je dois toujours aller chercher mes copains/copines**
I hope I am not going to fail my driving test	*You always have to watch out for speed cameras*	*I always have to pick up my friends*
J'ai le permis depuis trois mois	**Je déteste doubler et me garer**	**Le permis de conduire m'a rendu(e) indépendant(e)**
I have had my driving licence for 3 months	*I hate overtaking and parking*	*The driving licence made me independent*
J'ai eu mon permis la semaine dernière	**Quand on a une voiture, il faut payer l'essence !**	**Quand je vais en ville, je prends le bus ou le train**
I got my licence last week	*When you have a car, you must pay for petrol!*	*When I go into town, I take the bus or the train*
Je n'ai pas peur de conduire et je suis prudent	**Je ne fais jamais le plein d'essence, c'est trop cher !**	**Les parkings sont trop chers**
I am not afraid to drive and I am careful	*I never fill the tank, it's too expensive!*	*Car parks are too expensive*
	Mes parents paient mon assurance	
	My parents pay for my insurance	

🎧 CD1, Track 62 **Les questions de notre examinateur à Sarah**

Est-ce que vous avez votre permis de conduire ?

Oui, je l'ai passé il y deux mois et je l'ai eu !! Je suis vraiment hyper contente ! Ça n'a pas été facile : j'ai dû passer mon code, faire vingt heures de leçons de conduite... La première fois que j'ai passé mon permis, je l'ai raté. C'était déprimant !

Est-ce que vous trouvez que conduire est difficile ?

Non, pas vraiment ; il faut faire attention aux autres. Le plus dur, c'est de payer pour faire le plein d'essence, et je dois toujours aller chercher mes amies...

> « Quand on allume une cigarette sur un quai de métro ou en attendant un bus, il arrive. »
> Loi de Murphy

✒ **7.6 Les panneaux de signalisation**

Reliez les panneaux (1 à 12) et leur signification (A à L)

 1
 2
 3
 4
 5
 6

 7
 8
 9
 10
 11
 12

A Virage dangereux à gauche
B Passage pour piétons
C Passage d'animaux domestiques
D Interdit de tourner à gauche

E Passage à niveau (non gardé)
F Auberge de jeunesse
G Travaux
H Piste obligatoire pour cyclistes
I Attention école

J Route glissante
K Sens interdit
L Interdit aux cyclistes

🎧 CD1, Track 63 **7.7** Avez-vous peur en avion ?

Listen to these four people talking about the fear of flying.

A. Stéphane Corvaia

1 Age _____ Job _____
2 Is he afraid of flying?
3 What does he say about planes?
4 Complete 'You're a hundred times more at risk of …'.
5 How does he know about the training of airline staff?

B. Arsène Mendes

1 Age _____ Job _____
2 He's a bit scared when his _____ flies alone.
3 What is he more afraid of?
4 What does he say about aircraft maintenance?
5 What was his impression of a plane he flew on in Africa?

C. Gwen Mohmoussi

1 Age _____ Job _____
2 At what stage is she afraid?
3 What might be affecting her attitude?
4 What part of the flight does she fear most?
5 What (pointless) action does she take during this part of the flight?

D. Nacera Youcefi

1 Age _____ Job _____
2 Is she afraid of flying?
3 To what does she pay particular attention?
4 What did she once do while flying in a storm?

📖 **7.8** Les adverbes – 1

(voir la page 225)

Dans cet exercice, il s'agit de remplir les blancs avec un adverbe de la liste suivante :

> horriblement   complètement   lentement   évidemment   absolument   régulièrement
> souvent   ensemble   vite   tellement

1 Le tramway était _____ bondé ce matin. C'était horrible !
2 J'ai envie d'acheter une petite voiture électrique. Ça va moins vite, _____, mais c'est _____ pratique en ville !
3 Mon petit frère souffre du mal de mer. Chaque fois qu'on prend le bateau pour aller en Irlande, il est _____ malade.
4 Nos grands-parents partent chaque année en camping-car. Ils aiment ça parce qu'ils sont _____ indépendants.

5 Ma copine Juline et moi, on va à l'école à pied _____. On marche _____ quand on a cours de maths à 8 heures, et plus _____ le jour où on a EPS !
6 Mon moyen de transport préféré, c'est l'avion. On le prend _____ pour aller à Londres cette année, car mon frère fait une année Erasmus là-bas.
7 Mon bureau n'est qu'à trois kilomètres de chez moi, donc j'y vais _____ à pied.

✏️ **7.9**

Revise exam guidelines and tips on written production p.viii

You and your sports club are going to France for a week of competition. Write an e-mail to M. le directeur, Club Omnisports de Lyon, who is organising everything, in which you
– tell him you'll arrive on Sunday, 5 June.
– ask him to arrange accommodation in the local 'Auberge de Jeunesse' for 20 people from 5 to 11 June.
– ask him to hire a coach for the week
– ask him to send you dates and times for all the matches
– say you speak French very well, and you'll be the interpreter for the group.

Vocabulaire

Pour vous aider
– Est-ce que vous pourriez… ? (Could you … ?)
– l'hébergement : (accommodation)
– Pourriez-vous réserver (book)
      louer (hire)
      m'envoyer (send me)
– L'interprète

7.10 Après la Deuxième Guerre mondiale, en 1945, les Français manquaient de tout…

D'abord, il manque ce qu'il faudrait pour satisfaire les besoins de l'existence des Français. Douze cents calories par jour, c'est tout ce que les rations officielles accordent à l'alimentation de chacun. Quant à se procurer les compléments indispensables, on ne peut y parvenir qu'en allant au marché noir, ce qui est ruineux et démoralisant. Comme il n'y a pas de laine, pas de coton et pas de cuir, beaucoup s'habillent de vêtements élimés et vont sur des semelles de bois. Dans les villes, pas de chauffage ! Car le peu de charbon qui sort des mines est réservé aux armées, aux chemins de fer, aux centrales, aux industries de base, aux hôpitaux. Rien n'en arrive jusqu'aux particuliers. Or, il se trouve que cet hiver-là est l'un des plus rudes qu'on ait connus. À la maison, à l'atelier, au bureau, à l'école, tout le monde grelotte. Sauf une heure de temps en temps, le gaz n'a pas de pression, l'électricité est coupée. Comme les trains sont rares, que les cars ont disparu, que l'essence est introuvable, les citadins prolongent leur journée de travail par des heures de marche ou, au mieux, de bicyclette, tandis que les campagnards ne quittent pas les villages. La reprise de la vie normale est entravée par l'absence de quatre millions de jeunes hommes : mobilisés, prisonniers, déportés, requis en Allemagne, et par le déracinement d'un quart de la population : sinistrés ou réfugiés qui campent dans des ruines ou des baraques.

Mémoires, Charles de Gaulle

Glossaire

d'abord : *firstly*
le besoin : *need*
quant à : *as regards*
parvenir : *to succeed*
la laine : *wool*
le cuir : *leather*
élimé : *worn*
la semelle : *sole*
le charbon : *coal*
la centrale : *power station*
rude : *harsh*
l'atelier : *workshop*
grelotter : *to shiver*
le citadin : *city dweller*
entraver : *to hinder*
requis : *detained*
le déracinement : *uprooting*
le sinistré : *victim (of a serious event)*
la baraque : *shack*

Questions

1 L'auteur implique que 1 200 calories par jour :
   (a) ce n'est pas assez ☐
   (b) c'est beaucoup ☐
   (c) c'est trop ☐
   (d) c'est suffisant. ☐

2 Citez les deux adjectifs qui décrivent l'utilisation du marché noir.

3 Pourquoi les Français s'habillaient-ils si mal ?

4 Dans les villes, il faisait
   (a) chaud ☐
   (b) froid ☐
   (c) beau ☐
   (d) doux. ☐

5 Relevez l'expression qui montre que cet hiver-là, il a fait très mauvais.

6 Comment les citadins sont-ils allés à leur travail et rentrés chez eux ? (deux réponses)

7 Pourquoi les campagnards ne pouvaient-ils pas quitter leur village ?

8 Donnez deux raisons pour lesquelles beaucoup de jeunes hommes étaient encore absents après la guerre.

9 Trouvez les noms des deux endroits où habitaient les réfugiés.

10 Relevez un verbe à l'infinitif.

« Moi, je veux bien soutenir les écologistes, mais à une condition : que les petits oiseaux ne chient plus sur ma voiture… »
Laurent Ruquier

7.11 Les avantages des transports publics

Les transports publics causent moins de pollution
Public transport causes less pollution

C'est moins cher que d'avoir une voiture
It's less dear than owning a car

Ça prend moins de temps qu'en voiture
It takes less time than driving

En général, les bus et les trains sont ponctuels
Generally, buses and trains are on time

C'est moins stressant que de conduire
It's less stressful than driving

On peut lire ou écouter de la musique
You can read or listen to music

On peut utiliser son téléphone
You can use your phone

On peut sortir, s'amuser et laisser sa voiture en ville
You can go out, enjoy yourself and leave your car in town

On n'a pas besoin de chercher une place pour se garer
You don't need to look for a parking space

Il y a moins de risques d'accidents
There are fewer risks of accidents

Le train est 34 fois plus sûr que la voiture !
Taking the train is 34 times safer than taking the car!

C'est accessible aux personnes handicapées
It's accessible to handicapped people

C'est gratuit pour les plus de 65 ans !
It's free for the over 65s!

Il y a des tarifs rédruits pour les jeunes
There are special fares for young people

J'adore prendre le train pendant les heures creuses
I love taking the train at off-peak hours

🎧 CD1, Track 64 **Les questions de notre examinateur à Mark**

Comment vous déplacez-vous au quotidien ?

Comme je n'ai pas encore mon permis de conduire, en général je me déplace en bus ou en train. Ça ne me dérange pas. Au contraire, j'ai l'impression d'être plus écologique ! En plus, le train et le bus sont plus rapides que les voitures. Pour moi il n'y a que des avantages !

Pourriez-vous me décrire ces avantages ?

Tout d'abord, c'est beaucoup moins stressant que de conduire : on peut lire, écouter de la musique, répondre au téléphone ; il y a aussi moins de risque d'accidents !

✏️ 7.12 Le bruit

Écrivez vos idées, après avoir lu le petit article suivant sur le bruit.

Nous finissons par le subir en silence tant il fait partie de notre vie quotidienne. Pourtant, nous sommes 40 % à déclarer être gênés par le bruit lorsque nous sommes à la maison. Principaux accusés : les moyens de transport, cités par 55 % des Français, avec les automobiles, les deux-roues motorisés et les poids lourds. Deuxième responsable montré du doigt : les voisins (27 %). Au travail, l'ambiance n'est guère plus calme…

Deux millions de personnes se trouvent exposées à des bruits supérieurs à 85 décibels, soit nettement au-dessus du niveau du confort acoustique, situé à moins de 50 dB. À cette échelle, le bruit, jugé dangereux pour l'oreille, peut entraîner des accidents.

Échelle des bruits

- 180 dB Fusée au décollage

- 140 dB Seuil de la douleur
- 130 dB Avion au décollage

- 110 dB Train
- 100 dB Sirène
- 90 dB Marteau-piqueur
- 80 dB Métro
- 79 dB Orchestre

- 50 dB Automobile
- 30 dB Conversation
- 20 dB Murmures
- 0 dB Seuil d'audibilité

▼

Pour vous aider :

– Est-ce qu'on a le même problème autour des aéroports d'Irlande ?
– Avez-vous des « zones de bruit » près de chez vous ?
– Quels sont les bruits désagréables de notre société industrialisée ? (la circulation ? les usines ?)
– Faites une liste de cinq bruits/sons que vous aimez et de cinq que vous détestez (la musique ? quelqu'un qui croque un bonbon ?)

 7.13 Une personne sur deux téléphone au volant

Les gendarmes ont procédé, lundi, à une opération visant à réprimer l'usage du téléphone au volant. Le point de départ de ces contrôles est une étude qui révèle la banalisation de la pratique.

1 L'usage du téléphone portable au volant a été constaté sur 10 % des accidents corporels qui ont eu lieu en France en 2010. Cela équivaut concrètement à 7 200 cas répertoriés dans une étude commandée par le comité interministériel et confiée à plusieurs experts nationaux et européens.

2 **Une pratique banalisée.** Cette étude, rendue publique le 6 mai dernier, est le point de départ d'une opération de contrôles visant à réprimer l'usage du portable au volant. Elle a eu lieu lundi, sur la promenade du Tivoli. Elle impliquait une dizaine de gendarmes sous le commandement du capitaine Vidal.

3 Olivier Tainturier, sous-préfet de l'arrondissement, était présent auprès des militaires. « *Étonné* » par les résultats de l'enquête, il parlait de la « *banalisation de l'utilisation du téléphone portable au volant, autant de la part d'un jeune que d'une* mère de famille… Cela concerne un conducteur sur deux* ». Un acte selon lui devenu banal mais non moins « *dangereux* ».

4 Les études démontrent que l'acte conduit à une perte de vigilance, à la réduction du champ de vision, le conducteur freine plus tard, plus fort, etc. Les risques sont multipliés par trois. Et les conclusions sont les mêmes pour les personnes utilisant la formule mains libres.

5 L'amende pour utilisation du téléphone au volant va passer de la 2e à la 4e classe, de 35 à 135 euros, entraînant la suppression non plus de 2, mais de 3 points. Concernant le kit mains libres, dont l'utilisation est légale, le sous-préfet explique que si une personne a un accident en téléphonant au volant, elle peut être poursuivie en justice. Pour l'envoi de SMS, enfin, la répression peut être encore plus importante. L'infraction est passible de 1 500 euros d'amende et d'un retrait de 4 points sur le permis de conduire.

L'Indépendant

Glossaire

au volant : *at the wheel*
plusieurs : *several*
banalisé : *commonplace*
le contrôle : *check*
viser : *to aim*
réprimer : *to crack down on*
le sous-préfet : *deputy manager*
étonné : *surprised*
autant : *as much*
le champ : *field*
freiner : *to brake*
mains libres : *hands-free*
l'amende : *fine*
entraîner : *to lead to*
poursuivre (en justice) : *to pursue, prosecute*
l'envoi : *sending*
l'infraction : *offence*
passible de : *liable to*
le retrait : *deduction*

Questions

Section 1
1 Qu'est-ce qui a causé 10 % des accidents corporels en 2010 ?
2 Trouvez un adverbe.

Section 2
1 Relevez l'expression qui nous montre le but des contrôles.
2 Retrouvez les mots qui veulent dire « environ 10 ».

Section 3
1 Relevez le mot qui montre la réaction de M. Tainturier face aux résultats de l'enquête.
2 Quels mots nous indiquent que toutes sortes de personnes utilisent le portable au volant ?

Section 4
1 Trouvez deux conséquences de l'usage du portable au volant.

2 Quand un conducteur utilise le kit mains libres :
   (a) il n'y a pas de problème ☐
   (b) les risques diminuent ☐
   (c) les risques augmentent ☐
   (d) les risques sont pareils. ☐

Section 5

1 Quelles sont les 2 punitions pour l'utilisation du portable au volant ?

2 Qu'est-ce qui pourrait arriver à un conducteur utilisant le kit mains libres en cas d'accident ?

• **'The French government seems to be determined to crack down on the use of mobiles while driving.'**

Do you agree?
Refer to the text in your answer.

7.14 Les contraintes des transports

Vocabulaire et expressions de base

J'ai horreur des transports publics en Irlande *I hate public transport in Ireland*	Ça sent mauvais *It smells bad*
Le bus n'est jamais à l'heure ! *Buses are never on time*	Je déteste prendre le train la nuit à cause de l'insécurité *I hate taking the train at night because it's unsafe*
On passe des heures à attendre à l'arrêt de bus *You spend hours waiting at the bus stop*	Les taxis coûtent une fortune ! *Taxis cost a fortune!*
Les trains prennent une éternité pour aller à Wexford *Trains take forever to get to Wexford*	On est toujours coincé dans les embouteillages *We are always stuck in traffic jams*
Les tickets de bus et les billets de train sont chers *Bus and train tickets are expensive*	Je suis souvent en retard à cause des bouchons *I am often late because of bottlenecks*
Le train n'est jamais propre *Trains are never clean*	La circulation en ville est souvent congestionnée *Traffic in town is often congested*
Je déteste prendre le bus pendant les heures de pointe *I hate taking the bus at rush hour*	Il y a toujours des travaux sur les routes *There are always roadworks*
On est serrés comme des sardines *You're squashed like sardines*	En France, les grèves bloquent souvent les transports *In France, strikes often stop transport*

🎧 CD1, Track 65 **Les questions de notre examinateur à Lucie**

Est-ce que vous prenez les transports publics ?

Oui, je suis obligée : Je n'ai pas encore mon permis de conduire, donc en général je me déplace en bus ou en train. Je déteste prendre le bus. Il faut passer des heures à attendre, souvent sous la pluie, et ils ne sont jamais à l'heure.

Les transports publics sont tout de même bien utiles !

Oui, je suis d'accord, mais les trains, par exemple, sont trop lents. Pour aller à Galway, ça me prend trois heures car le train s'arrête à toutes les gares ! En plus, ça sent mauvais et durant les heures de pointe on est serrés comme des sardines. Il me tarde d'avoir une voiture !

7.15 Les adverbes – 2
(voir la page 225)

Dans cet exercice, il s'agit de remplir les blancs avec un adverbe de la liste suivante :

habituellement bientôt facilement vraiment directement trop tellement debout tranquillement personnellement

1 J'aime prendre le train matin et soir. Je peux lire mon livre ou mon journal _____ au lieu d'être dans des bouchons interminables.

2 Ma mère va au travail en tramway – ça va _____ à son bureau en centre-ville, alors c'est très pratique.

3 Prendre le bus le soir, c'est _____ pénible – je fais tout le trajet _____.

4 _____, je préfère les transports en commun, parce que les parkings en ville coûtent _____ cher – _____, c'est 12 € la journée.

5 J'en ai marre des transports en commun, alors je vais _____ acheter une voiture.

6 Papa aime aller en ville en moto, car il peut très _____ se garer dans le centre.

7 Je me déplace en vélo quand il ne fait pas mauvais – c'est _____ plus agréable !

7.16 Lou à la gare

Revise exam guidelines and tips on reading comprehensions p. vii

1 La gare d'Austerlitz, j'y vais souvent, le mardi ou le vendredi, quand je finis les cours plus tôt. J'y vais pour regarder les trains qui partent, à cause de l'émotion, c'est un truc que j'aime bien, voir l'émotion des gens, c'est pour ça que je ne rate jamais les matchs de foot à la télévision, j'adore quand ils s'embrassent après les buts, ils courent avec les bras en l'air, et puis aussi *Qui veut gagner des millions ?* il faut voir les filles quand elles donnent la bonne réponse, elles mettent leurs mains devant leur bouche, renversent la tête en arrière, poussent des cris et tout, avec des grosses larmes dans leurs yeux. Dans les gares, c'est autre chose, l'émotion se devine dans les regards, les gestes, les mouvements, il y a les amoureux qui se quittent, les mamies qui repartent, les dames avec des grands manteaux. J'observe ces gens qui s'en vont, on ne sait pas où, ni pourquoi, ni pour combien de temps, ils se disent au revoir à travers la vitre, d'un petit signe.

2 Quand on a de la chance, on assiste à de vraies séparations, je veux dire qu'on sent bien que cela va durer longtemps, alors là l'émotion est très dense, c'est comme s'ils étaient seuls, sans personne autour. C'est pareil pour les trains à l'arrivée, je m'installe au début du quai, j'observe les gens qui attendent, leur visage tendu, impatient, leurs yeux qui cherchent, et soudain ce sourire à leurs lèvres, leur bras levé, leur main qui s'agite, alors ils s'avancent, ils s'étreignent, c'est ce que je préfère, entre tout, ces effusions.

3 Bref, voilà pourquoi je me trouvais gare d'Austerlitz. J'attendais l'arrivée du train de 16 h 44, en provenance de Clermont-Ferrand, c'est mon préféré parce qu'il y a toute sorte de gens, des jeunes, des vieux, des bien habillés, des gros, des maigres.

No et moi, Delphine de Vigan

Glossaire

plus tôt : *earlier*
le truc : *thing*
rater : *to miss*
s'embrasser : *to kiss*
le but : *goal*
renverser : *to throw back*
pousser un cri : *to give a shout*
la larme : *tear*
deviner : *to guess*
s'en aller : *to go away*
la vitre : *window*
sentir : *to feel*
pareil : *the same*
tendu : *tense*
le sourire : *smile*
s'étreindre : *to hug each other*

Questions

Section 1

1 Pour Lou, à l'école, qu'est-ce qui est différent le mardi et le vendredi ?

2 Pourquoi va-t-elle à la gare ?

3 À quelle occasion les joueurs de foot s'embrassent-ils ?

4 Et à quelle occasion les filles dans *Qui veut gagner des millions ?* Montrent-elles leur joie ?

5 Nommez les 3 catégories de gens que l'auteur mentionne.

Section 2

1 Relevez quatre adverbes.
2 Trouvez des mots qui montrent l'émotion des gens qui attendent les trains.
3 Pourquoi ces gens ont-ils soudain le sourire aux lèvres ?

Section 3

1 Relevez les mots qui signifient « qui vient de ».
2 Nommez les cinq catégories de personnes que l'auteur mentionne.

7.17 Les accidents de la route

Vocabulaire et expressions de base

Chaque année, il y a des accidents sur les routes
Every year there are road accidents

En général, les accidents ont lui le week-end
Generally accidents happen at the week-end

La plupart du temp, ce sont des jeunes qui sont impliqués
Most of the time they involve young people

Ils ne respectent pas les limitations de vitesse
They don't respect speed limits

C'est souvent à cause de l'alcool ou de la drogue
It's often because of alcohol or drugs

L'alcool au volant est strictement interdit
Drinking and driving is strictly forbidden

On ne doit jamais boire avant de conduire
You must never drink and drive

L'alcool au volant est très mal perçu par la société
Drinking and driving is very frowned upon by society

Il est interdit de conduire sous l'influence de drogues
It's prohibited to drive under the influence of drugs

Il ne faut jamais répondre au téléphone en conduisant
You must never answer your phone while driving

Il faut toujours attacher sa ceinture
You must always fasten your seatbelt

Il faut regarder dans ses rétroviseurs
You must check your rear-view mirror

On ne doit pas se maquiller en conduisant
You must not put on make up while driving

Il faut faire attention aux piétons, aux cyclistes
You need to be careful of pedestrians, cyclists

Si on est fatigué, on doit s'arrêter et faire une pause
If you are tired you must stop and take a break

Quand on sort, il vaut mieux prendre un taxi ou le bus
When you go out it's better to take a taxi or the bus

CD1, Track 66 Les questions de notre examinateur à Luc

Est-ce que vous êtes conscient des dangers de la route ?

Oui, je fais très attention quand je conduis car chaque année il y a beaucoup d'accidents sur la route, et très souvent ce sont des jeunes comme moi.

Quelles sont selon vous les choses à éviter quand on conduit ?

Tout d'abord il ne faut jamais boire et conduire. L'alcool au volant est très mal perçu par la société. Conduire sous l'influence de drogues est aussi interdit. Le reste fait partie du code de la route, ne pas répondre au téléphone, attacher sa ceinture...

CD1, Track 67 **7.18**

A. 10 conseils pour une route tranquille

1 Faites réviser votre voiture avant de partir (huile, freins, pneus, eau…).

2 Garantissez-vous une bonne visibilité dans vos rétroviseurs.

3 Ne roulez pas trop vite et respectez en toutes circonstances les limitations de vitesse.

4 Ne prenez pas le volant après un repas accompagné de vin.

5 Attachez vos ceintures de sécurité et celles de vos enfants.

6 Ne roulez pas en pleine chaleur.

7 Arrêtez-vous dès que vous sentez la fatigue vous envahir.

8 Ne vous énervez pas au volant.

9 Ne laissez jamais un enfant ou un animal dans une voiture au soleil.

10 Faites des étapes : il est conseillé de s'arrêter toutes les deux heures.

Pour en savoir plus

Sites Internet: www.securite-routiere.equipment.gouv.fr et www.preventionroutiere.asso.fr

---

B. Choisissez dans la liste ci-dessus les conseils concernés dans chacun des cinq constats que vous allez entendre.

7.19 Deux fois moins de morts sur les routes en dix ans

Source : ONISR Photo – Le Figaro

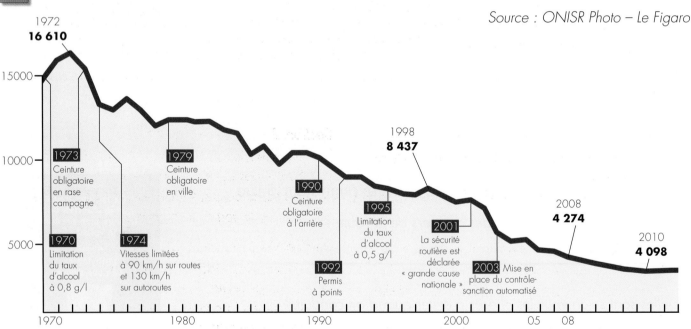

AVANT 2005, ON COMPTABILISE LES TUÉS JUSQU'À 6 JOURS APRÈS L'ACCIDENT. À PARTIR DE 2005, ON PASSE À 30 JOURS.

1 Pour la septième année consécutive, la mortalité routière a diminué en 2012.

Même si la route continue à briser encore trop de vies, les bons résultats se poursuivent. Pour la septième année consécutive, le nombre de tués continue à baisser : 4 030 contre 4 051 en 2011.

2 Pour que ce bilan positif puisse marquer les esprits, les responsables de la Sécurité routière au gouvernement ont eu la bonne idée de le comparer aux chiffres d'il y a une trentaine d'années. Chaque année, plus de 10 000 tragédies mortelles endeuillaient des milliers de familles. 1972 fut la plus terrible : 16 610 tués, soit l'équivalent de la population de Mazamet (Midi-Pyrénées) qui, à l'époque, s'était couchée dans les

Sécurité routière

rues pendant quinze minutes pour dire non à cette folie meurtrière. Un geste symbolique qui avait été un électrochoc dans l'opinion publique. Autre bonne idée : quarante ans plus tard, les habitants de cette ville vont se mobiliser, mais cette fois pour célébrer les 12 000 vies sauvées depuis six ans. Le 30 juin prochain, ils allumeront autant de petites lumières à travers la ville.

3 Ces chiffres encourageants sont liés au plus grand respect des règles sur la route. Tout d'abord, la baisse des vitesses moyennes – passant de 81,5 km/h à 80,6 km/h – a permis de sauver 210 vies. Également, le port de la ceinture est quasiment respecté à 100 %. Toutefois, ce réflexe n'est pas encore totalement acquis pour les passagers à l'arrière ; l'absence de ceinture reste à l'origine de 400 morts. *« En dix ans, le risque de périr sur la route a été pratiquement divisé par deux. La France se classe au onzième rang en Europe »*, rappelle Jean Chapelon, responsable de la sécurité routière.

L'alcool, première cause

4 Pour que le pays rejoigne les bons élèves, comme Malte, les Pays-Bas, la Norvège ou encore le Royaume-Uni, l'effort doit se poursuivre. Premier objectif : combattre la conduite sous l'emprise de l'alcool. Première cause de mortalité en France depuis 2006, elle est à l'origine de 878 accidents mortels. Les jeunes sont particulièrement concernés par cette infraction puisque 24 % des conducteurs impliqués dans un accident mortel avec un taux d'alcool positif ont entre 18 et 24 ans. D'ailleurs, indiquons que cette tranche d'âge est particulièrement vulnérable : les 18-24 ans représentent 22,6 % des tués contre 21,7 % l'année précédente. D'autres comportements doivent être combattus comme, le portable tenu en main, qui a entraîné 7 % d'accidents corporels, ou encore le non-respect des distances de sécurité.

Le Figaro

Glossaire

briser : *to shatter*
baisser : *to decrease*
le bilan : *outcome*
le chiffre : *figure*
endeuiller : *to plunge into mourning*
meurtrier : *murderous*
allumer : *to light*
lier : *to link*
le port : *the wearing*
quasiment : *almost*
à l'arrière : *in the back-seat*
périr : *to perish*
le rang : *rank*
l'emprise : *influence*
le taux : *rate*
tuer : *to kill*
le comportement : *behaviour*
entraîner : *to result in*

Questions

Section 1

1 Trouvez l'expression qui signifie « les morts sur la route ».
2 Quelle est la bonne nouvelle dans cette section ?

Section 2

1 Trouvez les mots qui veulent dire « environ 30 ».
2 Qu'est-ce qui s'est passé en 1972 ?
3 Pourquoi la population de Mazamet s'est-elle couchée dans les rues ?
4 Retrouver l'expression qui montre la réaction à ce geste.
5 Pour quelle raison les habitants vont-ils se mobiliser ?

Section 3

1 Nommez deux mesures qui ont contribué à la baisse dans la mortalité routière.
2 Qu'est-ce qui cause 400 morts par an ?
3 Trouvez le verbe qui signifie « mourir ».

Section 4

1 Pourquoi considère-t-on que Malte etc. sont de 'bons élèves' ?
2 Quelle est la première cause de la mortalité routière en France ?
3 Nommez deux autres comportements au volant qui doivent être combattus.

• **'Road safety has certainly improved in France over the past decades.'**

Do you agree? Refer to the text in your answer.

7.20 Sondage

« Vous est-il arrivé au moins une fois au cours de votre vie de... ? » (en %, par ordre décroissant) :

	Ensemble	Hommes	Femmes
Être hospitalisé	63	61	64
Aller dans un pays d'Europe	56	63	50
Prendre l'avion	55	56	53
Faire du ski	50	53	47
Manger un hamburger dans un fast-food	48	53	43
Vous servir d'un ordinateur	46	49	43
Avoir un accident de voiture	42	54	31
Avoir un coup de foudre en amour	41	46	37
Faire un régime pour maigrir	38	25	50
Consulter un médecin pratiquant une médecine non-traditionnelle	38	30	45
Manger du caviar	35	39	32
Vivre hors de votre région d'origine pendant au moins 6 mois	34	37	32
Participer à une manifestation dans la rue	32	43	21
Rester fâché avec quelqu'un de votre famille pendant au moins un an	32	33	31
Vous arrêter de fumer	32	40	23
Hériter d'une somme d'argent ou d'un bien	31	27	34
Prendre des médicaments pour dormir	30	24	38
Aller dans un pays d'Afrique	24	31	18
Apprendre à jouer d'un instrument de musique	24	23	25
Gagner à un jeu national (Loto, PMU...)	21	25	18
Vous faire cambrioler	21	26	15
Écrire des poèmes	21	16	25
Consulter une voyante	15	9	21
Voler quelque chose	14	13	15
Jouer au golf	11	12	11
Sauver la vie de quelqu'un	11	12	10
Vous faire agresser dans la rue ou chez vous	10	12	8
Vous battre avec quelqu'un	10	14	5
Vivre à l'étranger (pendant au moins 6 mois)	10	13	7
Aller dans un pays d'Amérique (du Nord ou du Sud)	9	11	8
Passer à la télévision	8	9	7
Participer un jour à un jeu télévisé	6	7	5
Essayer une drogue (hashish, LSD...)	6	9	4
Aller dans un pays d'Asie (Chine, Inde, Iran...)	5	7	4

On a posé ces questions aux Français au cours d'un sondage. Et vous ? Vous est-il arrivé de... ?

D'abord, répondez « oui » ou « non » aux questions, en utilisant le passé composé : « Oui, j'ai pris l'avion » ; « Non, je n'ai jamais fait de ski ».

Ensuite, choisissez trois de vos réponses positives, et écrivez un petit article sur chacune.
Exemple : « Oui, j'ai été hospitalisé(e). J'avais 8 ans. Je jouais au basket quand je suis tombé(e), et je me suis cassé le bras... »

« On n'éprouve jamais que deux émotions en avion : l'ennui et la peur. »
Orson Welles

🎧 CD1, Track 68 **7.21A** Le transport

Questions (.../18)

1 What does her big sister do every morning at half eight? (.../3)
2 What does she say about her dad? (.../3)
3 Why does she not drive? (.../3)
4 What worry hasn't she got by using public transport? (.../3)

5 Why could you end up being late if you take the car? (.../3)
6 What does she say about using public transport? (.../3)

🎧 CD1, Track 69 **7.21B** La conduite : avantages et dangers

Questions (.../18)

1 Does she own a car? (.../3)
2 How long has she been driving for? (.../3)
3 What made it easier for her to get her driving licence? (.../3)
4 What does she say about driving? (.../3)

5 Find two positive points about having her driving licence and her car. (.../3)
6 What does she say about the expenses incurred by running a car? (.../3)

« Piéton : automobiliste descendu de sa voiture. Automobiliste : piéton remonté dans sa voiture. »
Léo Campion

Test Yourself
eTest.ie

Montage 8 La santé

8.1

PARLER DE POIDS

Je suis bien comme je suis

Je mange ce que je veux car je me dépense

Je garde la ligne grâce à l'exercice

J'ai une bonne hygiène de vie

Je pèse soixante kilos

J'aimerais perdre cinq kilos avant l'été

Je ne me sens pas bien dans ma peau

J'ai pris dix kilos en trois mois

Je fais un régime

Je suis mince que je suis trop maigre

Mes amis disent que je suis trop maigre

Je suis mince/gros(se)

Certaines jeunes sont anorexiques ou boulimiques

Il y a de plus en plus d'obèses en Europe

L'anorexie est une maladie reconnue et grave

C'est triste de voir des filles et des garçons anorexiques

L'obésité est une maladie grave

On voit beaucoup de programmes sur ces maladies

RESTER EN BONNE SANTÉ

Pour être en bonne santé, il faut manger des repas équilibrés

Les médecins recommandent :

de manger cinq fruits et légumes par jour

de faire une demi-heure d'exercice par jour

On doit faire trois repas par jour

On doit bien manger au petit déjeuner

Il ne faut pas sauter de repas

J'évite de grignoter entre les repas

Je vais rarement dans les restos rapides

J'évite de manger trop de graisse

Je me couche tôt durant la semaine

Je dors au minimum sept heures par nuit

Je surveille mon poids

Je bois au moins un litre d'eau par jour

Je me déplace à pied ou à vélo

Montage 8 La santé

LE TABAC

Je ne fume pas, c'est mauvais pour la santé

Je ne supporte pas la fumée de cigarette

Les vêtements sentent la cigarette

Les fumeurs ont parfois une mauvaise haleine

Fumer accélère la vieillissement de la peau

Mes parents fument à la maison, c'est dégoûtant

Les jeunes Français fument beaucoup

Fumer n'est plus vraiment à la mode

L'interdiction de fumer dans les lieux publics

Les jeunes fument à cause de la pression des autres

Je fume parfois une cigarette quand je sors

Fumer me détend

Je suis accro aux cigarettes

C'est bien pour se détendre

Mon oncle fume deux paquets par jour !

Les cigarettes coûtent de plus en plus cher

L'argent de poche part en fumée !

Certains jeunes fument des drogues

Il ne faut pas fumer de la drogue avant de conduire

Fumer des drogues cause des pertes de mémoire

LES CONSÉQUENCES PHYSIQUES ET MENTALES

L'alcool cause des maladies cardio-vasculaires

Fumer est très mauvais pour les poumons

Le tabac cause le cancer des poumons, de la gorge

Boire trop d'alcool peut engendrer une cirrhose

Cela peut conduire à la dépendance

On risque de devenir alcoolique

Le tabagisme tue des centaines de personnes

L'alcool et le tabac créent des problèmes cardiaques

L'alcool et les drogues peuvent rendre les gens dépressifs

L'alcool et les drogues peuvent entraîner :

Les drogues peuvent entraîner :

un changement d'humeur, l'anxiété,

des crises d'angoisse, de panique,

la perte du contrôle de soi,

des troubles de la personnalité, la paranoïa.

Souvent, les drogues conduisent à :

l'échec scolaire, professionnel,

la marginalisation, l'isolement

l'exclusion sociale, la violence

L'ALCOOL

Je ne bois pas d'alcool, c'est mauvais pour la santé

Je bois de l'alcool de temps en temps

Je bois toujours avec modération

Consommer de modération l'alcool aide à se relaxer

C'est plus facile de discuter avec les gens

On devient plus abordable, plus drôle

Je déteste voir mes amis complètement saouls

Quand on boit trop, on a souvent l'air très bête

L'alcool rend les gens stupides et irrespectueux

C'est vulgaire et dangereux

Quand on a trop bu :

on risque de faire des choses qu'on regrette,

on ne se contrôle plus,

on se met en danger, on se bagarre

Les jeunes Irlandais boivent trop

Les publicités pour l'alcool sont toujours drôles et à la mode

Les marques d'alcool sponsorisent les événements sportifs

Les séries à la télé gravitent autour du pub

Les pubs font partie de la culture irlandaise

Les jeunes boivent pour avoir l'air cool

Les jeunes boivent pour impressionner les copains

La pression du groupe pousse les jeunes à boire

Les accidents de la route sont souvent dus à l'alcool

L'alcool coûte très cher et c'est de l'argent gaspillé

8.2 Rester en bonne santé

Pour être en bonne santé,
To be healthy,

il faut manger des repas équilibrés
you need to eat well-balanced meals

Les médecins recommandent :
Doctors recommend:

• de manger cinq fruits et légumes par jour
• *eating five fruits or vegetables per day*

• de faire une demi-heure d'exercice par jour
• *doing half an hour's exercise per day*

On doit faire trois repas par jour
You must eat three meals a day

On doit bien manger au petit déjeuner
You must eat a good breakfast

Il ne faut pas sauter de repas
You must not skip any meal

J'évite de grignoter entre les repas
I avoid snacking between meals

Je vais rarement dans les restos rapides
I rarely go to fast-food restaurants

J'évite de manger trop de graisse
I avoid eating too much fat

Je me couche tôt durant la semaine
I go to bed early during the week

Je dors au minimum sept heures par nuit
I sleep at least seven hours per night

Je surveille mon poids
I keep an eye on my weight

Je bois au moins un litre d'eau par jour
I drink at least one litre of water per day

Je me déplace à pied ou à vélo
I go around on foot or by bike

Revise exam guidelines and tips on oral preparation p. vii

 CD2, Track 1 **La question de notre examinateur à Eric**

Selon vous, que faut-il faire pour rester en bonne santé au quotidien ?

En ce qui me concerne, je fais attention à ce que je mange et je fais de l'exercice tous les jours ! J'évite de grignoter entre les repas et j'essaye de manger des repas équilibrés. Aussi, j'évite d'aller dans les restos rapides, je mange cinq fruits ou légumes par jour, je bois un litre d'eau minimum tous les jours et je dors au moins huit heures par jour !

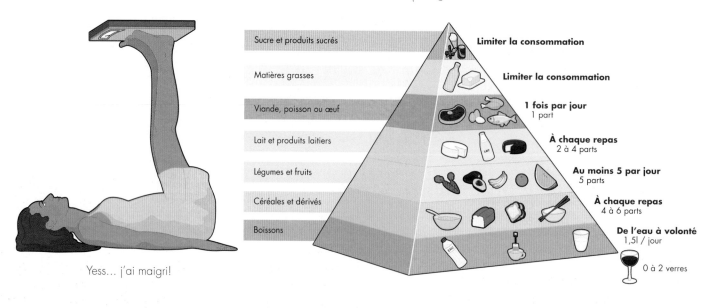

Yess… j'ai maigri!

8.3 Vous – Bilan de Santé

Parlez en classe de ce que vous faites de bon et de mauvais pour votre santé. Puis écrivez deux paragraphes là-dessus.

> Revise exam guidelines and tips on written production p. viii

Vocabulaire

Pour vous aider

Bon pour la santé :
- choisir une bonne alimentation
- manger régulièrement
- se coucher tôt
- le sport
- d'autres activités physiques
- le bonheur

Mauvais pour la santé :
- une alimentation mal équilibrée
- trop de graisse/de sucre/de sel
- trop de plats préparés
- les friandises
- le tabac
- l'alcool
- le manque d'exercice physique

 8.4A Le journal intime de Zlata

Dimanche 26 janvier

1 Je suis malade. J'ai mal à la gorge. De la fièvre. Je suis brûlante. Ma température a légèrement baissé, mais je tousse affreusement.
Ciao !

Mardi 28 janvier 1992

2 Aujourd'hui, je vais mieux. Avec les antibiotiques, ça ira. Boris est malade à son tour, et Oga se plaint de la gorge. Je ne t'ai pas dit que

c'est Svjetlana qui nous a rapporté la grippe de Sarajevo. Elle est allée chez le dentiste et c'est là qu'elle l'a attrapée. La voilà maintenant à la Jahorina. Elle a été la première à tomber malade, puis ça a été moi, puis Boris, et maintenant, peut-être Oga. Tant pis.

Dimanche 2 février 1991

3 Hier, nous sommes rentrés de la Jahorina. Moi, ça va, mais voilà que maman est malade. Elle a de la

fièvre et elle tousse. Papa aussi a de la fièvre. Moi, je tousse seulement. C'est l'épidémie.

Le journal de Zlata, Zlata Filipović

Glossaire

brûlant : *burning up*
tousser : *to cough*
se plaindre : *to complain*
la grippe : *flu*
tant pis : *too bad*

Questions

Section 1
1 Quels sont les symptômes de Zlata ?
2 Relevez un adverbe.

Section 2
1 Pourquoi Zlata va-t-elle mieux ?

2 Comment Svjetlana a-t-elle attrapé la grippe ?
3 Trouvez le mot qui signifie « à présent ».

Section 3
1 Citez la phrase qui veut dire « Je vais bien ».
2 Pourquoi dit-elle « C'est l'épidémie » ?

 8.4B Extrait de journal intime

Vocabulaire

- You're recovering from an illness. Write a diary entry covering the three or four days of the illness.
- Say what you had, the symptoms, any medication/treatment. Did you have to go to the hospital? Did your doctor call to see you? etc.

Pour vous aider
être malade
se sentir malade
avoir la grippe
avoir mal à la tête
avoir mal à la gorge

avoir de la fièvre
rester au lit
faire venir le médecin
prendre des médicaments
se sentir/aller mieux

8.5 L'alcool

Je ne bois pas d'alcool, c'est mauvais pour la santé
I don't drink alcohol, it's bad for your health

Je bois de l'alcool de temps en temps
I drink alcohol now and then

Je bois toujours avec modération
I always drink in moderation

Consommé en modération l'alcool aide à se relaxer
In moderation alcohol helps you to relax

C'est plus facile de discuter avec les gens
It's easier to chat with people

On devient plus abordable, plus drôle
You become easier to talk to, funnier

Je déteste voir mes amis complètement saouls
I hate to see my friends completely drunk

Quand on boit trop, on a souvent l'air très bête
When you drink, you often look stupid

L'alcool rend les gens stupides et irrespectueux
Alcohol make people stupid and disrespectful

C'est vulgaire et dangereux
It's vulgar and dangerous

Quand on a trop bu :
When you drink too much:

- on risque de faire des choses qu'on regrette,
- *you may do things you regret*
- on ne se contrôle plus
- *you lose self-control*
- on se met en danger, on se bagarre
- *you put yourself in danger, you fight*

Les jeunes Irlandais boivent trop
Young Irish people drink too much

Les publicités pour l'alcool sont toujours drôles et à la mode
Ads for alcohol are always funny and cool

Les marques d'alcool sponsorisent les événements sportifs
Alcohol brands sponsor sports events

Les séries télé gravitent autour du pub
TV series are centred around the pub

Les pubs font partie de la culture irlandaise
Pubs are part of Irish culture

Les jeunes boivent pour avoir l'air cool
Young people drink to look cool

Les jeunes boivent pour impressionner les copains
Young people drink to impress their friends

La pression du groupe pousse les jeunes à boire
Peer pressure pushes young people to drink

Les accidents de la route sont souvent dus à l'alcool
Road accidents are often due to alcohol

L'alcool coûte très cher et c'est de l'argent gaspillé
Alcohol is expensive and it's wasted money

CD2, Track 2 **La question de notre examinateur à Paul**

Que pensez-vous de la place de l'alcool dans la société irlandaise ?

En Irlande l'alcool a un rôle important et beaucoup de jeunes Irlandais sont victimes de l'abus d'alcool. Je pense que c'est la même chose dans les autres pays. Moi, je bois de l'alcool quand je sors, mais toujours avec modération. Je déteste voir mes amis complètement saouls. C'est triste. Je crois qu'il faut être responsable.

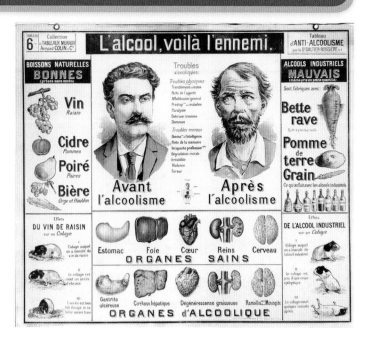

📖 8.6A 1 Direct object pronouns

Direct Object Pronouns

	Example in English The highlighted words are **direct object pronouns**. In English, they come after the verb:	Equivalent word in French	Example in French In French, **direct object pronouns** come between the subject and the verb:
1	She hates **me**	me/m'	Elle **me** déteste
2	I love **you**	te/t'	Je **t'**aime
3	I am buying **it**	le/l' la/l'	Je **l'**achète
4	I know **him**	le/l'	Je **le** connais
5	I see **her**	la/l'	Je **la** vois
6	They understand **us**	nous	Ils **nous** comprennent
7	I'm meeting **you**	vous	Je **vous** retrouve
8	I'm inviting **them**	les	Je **les** invite

📖 8.6A 2

Now try the following sentences, each based on the examples in the grid:

1

a	She hates me	Elle me déteste
b	She hates you (sing.)	
c	She hates him	
d	He hates her	
e	I hate them	

2

a	I love you	Je t'aime
b	I love him	
c	I love her	
d	She loves him	
e	He loves her	
f	I love them	

3

a	I am buying it	Je l'achète
b	I am buying them	

4

a	I know him	Je le connais
b	I know you (sing., fam.)	
c	I know them	
d	I know her	
e	I know you (pl.)	

5

a	I see her	Je la vois
b	I see you (sing.)	
c	I see him	
d	I see you (pl.)	
e	I see them	

6

a	They understand us	Ils nous comprennent
b	They understand me	
c	They understand you (pl.)	

7

a	I'm meeting you	Je te retrouve
b	I'm meeting her	
c	I'm meeting them	

8

a	I'm inviting them	Je les invite
b	I'm inviting you (pl.)	
c	I'm inviting her	
d	I'm inviting him	

« Le plus pauvre n'échangerait pas sa santé pour de l'argent, mais le plus riche donnerait tout son argent pour la santé. »
de Charles Caleb Colton

8.6B 1 Indirect object pronouns

Indirect Object Pronouns

	Example in English The highlighted words are **indirect object pronouns** (because of the word 'to' before them). In English, they come after the verb:	Equivalent word in French	Example in French In French, **indirect object pronouns** come between the subject and the verb:
1	She talks to **me**	me/m'	Elle **me** parle
2	I'm talking to **you** (sing.)	te/t'	Je **te** parle
3	I talk to **him**	lui	Je **lui** parle
4	I talk to **her**	lui	Je **lui** parle
5	She talks to **us**	nous	Elles **nous** parle
6	I'm talking to **you** (pl.)	vous	Je **vous** parle
7	I talk to **them**	leur	Je **leur** parle

Compare the middle column on this grid to the one on direct object pronouns.
They are very similar. Can you see where they differ?

« Bonne année, bonne santé »

8.6B 2

Now try the following sentences:

1		
a	She talks to me	Elle me parle
b	She talks to you (sing.)	
c	She talks to him	
d	She talks to us	
e	She talks to them	
2		
a	I'm talking to you (sing.)	Je te parle
b	I'm talking to him	
c	I'm talking to her	
d	I'm talking to you (pl.)	
e	I'm talking to them	
3		
a	I'm writing to him	Je lui écris
b	I'm writing to them	

4		
a	I phone him	Je lui téléphone
b	I phone her	
c	I phone them	
d	I phone you (sing.)	
5		
a	I ask her/I'm asking her	Je lui demande
b	I ask you (sing.)	
c	I ask him	
d	I ask you (pl.)	
e	I ask them	
6		
a	I'm telling you	Je te dis
b	I'm telling her	
c	I'm telling him	

« J'aimerais être une cigarette pour naître au creux de tes mains, vivre sur tes lèvres et mourir à tes pieds. »
Anonyme

8.7 Vivre jusqu'à 122 ans ?

La longévité des Français explose. Jamais il n'y a eu autant de centenaires.

Personne n'a jamais vécu aussi longtemps ! En 122 ans, elle a connu plusieurs vies. Jeanne Calment a été le témoin privilégié de plus d'un siècle d'histoire.

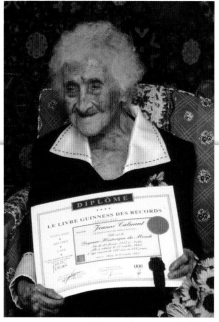

Les 121 ans de Jeanne Calment

Si la vie est un roman, celle de Jeanne-Louise Calment a été un roman-fleuve. Lorsque Clément Ader fait décoller le premier avion, c'est déjà une jeune fille ! Pensez donc... Quelqu'un qui a assisté aux débuts de l'automobile et à la chute de l'Empire soviétique, rencontré Van Gogh en 1888 et Jacques Chirac en 1988, vécu les deux guerres mondiales et tous les Jeux Olympiques, quelqu'un comme ça est peu ordinaire.

Mais au-delà des éternels clichés (se délecter de chocolats, boire un verre de porto et fumer deux cigarettes par jour), la doyenne de l'humanité a mené la vie de tout le monde. Ce n'est qu'à 110 ans que l'Arlésienne la plus célèbre du monde a rejoint la Maison du Lac, un centre hospitalier pour personnes âgées.

En 1990, elle devient quasiment aveugle, ses sens auditifs déclinent, sa mobilité est réduite mais, comme elle dit : « Je vois mal, j'entends mal, je touche mal, mais... tout va bien ! » Sa mémoire est restée intacte : elle se souvient de la couleur de la robe qu'elle portait à 7 ans, du nom de ses professeurs ou de ce qu'il y avait au menu lors d'un déjeuner de famille. Optimiste,

Jeanne n'avait pas la nostalgie d'un bonheur passé. Pourtant, quand on lui demande l'événement qui l'a le plus marquée, la réponse est « L'exécution du tsar Nicolas II et de la famille impériale ». C'était en juillet 1918. Elle avait alors 43 ans.

---

1 mois (1875)
Née sous Mac-Mahon, Jeanne Calment a « connu » 19 présidents de la République.

14 ans (1889)
Commencée en 1887, achevée deux ans plus tard, la tour Eiffel suscite alors une polémique nationale.

39 ans (1914)
Lorsqu'e éclate la Première Guerre mondiale, sa fille Yvonne a déjà 16 ans.

70 ans (1945)
Droit de vote des femmes en France. Elle a 70 ans quand elle peut, elle aussi, se rendre aux urnes.

116 ans (1991)
L'année de la fin du bloc communiste et de l'URSS, Jeanne devient doyenne de l'humanité.

122 ans (1997)
Jeanne voit le retour de Hong-Kong à la Chine.

Été (1997)
Mort de Jeanne Calment

Glossaire

le roman-fleuve : *saga*
décoller : *to take off*
assister à : *to be present at*
la chute : *fall*
se délecter : *to enjoy*
le doyen : *oldest*
rejoindre : *to join*
aveugle : *blind*
marquer : *to affect*

Vocabulaire

Pour vous aider
J'espère...
Je voudrais...
J'aimerais...
Mon rêve, c'est de...
Mon ambition, c'est de...
Ce serait super si je pouvais...

1 Résumez l'histoire de Jeanne Calment sous les rubriques suivantes :
- Âge à sa mort
- Personnes célèbres rencontrées
- Événement historiques vécus
- Souvenirs personnels
- État de santé vers la fin de sa vie

2 Et vous ? Nommez dix choses que vous voudriez faire dans votre vie.

 **8.8 Le tabac**

Je ne fume pas, c'est mauvais pour la santé
I don't smoke, it's bad for your health

Je ne supporte pas la fumée de cigarette
I cannot stand cigarette smoke

Les vêtements sentent la cigarette
Clothes smell of cigarettes

Les fumeurs ont parfois une mauvaise haleine
Smokers sometimes have bad breath

Fumer accélère le vieillissement de la peau
Smoking speeds up the ageing of the skin

Mes parents fument à la maison, c'est dégoûtant
My parents smoke at home, it's disgusting

Les jeunes Français fument beaucoup
Young French people smoke a lot

Fumer n'est plus vraiment à la mode
Smoking is not really fashionable any more

L'interdiction de fumer dans les lieux publics
The smoking ban in public places

Les jeunes fument à cause de la pression des autres
Young people smoke because of peer pressure

Je fume parfois une cigarette quand je sors
I sometimes smoke a cigarette when I am out

Fumer me détend
Smoking relaxes me

Je suis accro aux cigarettes
I am addicted to cigarettes

C'est bien pour se détendre
It is good for relaxing

Mon oncle fume deux paquets par jour !
My uncle smokes two packets a day!

Les cigarettes coûtent de plus en plus cher
Cigarettes cost more and more

L'argent de poche part en fumée !
Pocket money goes up in smoke!

Certains jeunes fument des drogues
Some young people smoke drugs

Il ne faut pas fumer de la drogue avant de conduire
You must not smoke drugs and drive

Fumer des drogues cause des perte des mémoire
Smoking drugs causes memory loss

 CD2, Track 3 **Les questions de notre examinateur à Émilie**

Est-ce que ça vous arrive de fumer quand vous sortez avec vos amies ?

Non, je déteste les cigarettes, ça me dégoûte ; je n'aime pas le goût, ni l'odeur sur les vêtements. En plus je suis très sportive donc je ne fume pas, mais certaines de mes amies fument quand elle sortent et elles le regrettent le lendemain !

Avez-vous beaucoup d'amies qui fument ?

Non, pas vraiment, mais quand je suis allée en France j'ai remarqué que beaucoup de monde fume, surtout les jeunes.

LES MILITANTS ANTI TABAC

RÉCLAMENT UN CESSEZ-LE-FEU

 CD2, Track 4 **8.9 Ultimatum**

Questions

1 What has Dr Ross told his patients to do?
2 What happens if they refuse?
3 What two reasons does Dr Ross give for taking this action?
4 How many have so far promised to give up smoking?
5 What have some others done? Why?

« Le premier bien est la santé, le deuxième la beauté, le troisième la richesse. »
Platon

Question en français

Que pensez-vous de ce que fait ce médecin ?

Vocabulaire

Pour vous aider

– Je ne suis pas du tout d'accord avec son action. À mon avis, un médecin doit traiter tous ses patients, même s'il n'est pas d'accord avec leur comportement.

– Je crois qu'il a raison. Les fumeurs se rendent malades, alors je comprends pourquoi il en a marre. C'est très frustrant pour un médecin.

– Je ne suis pas sûr(e). Les fumeurs causent leurs maladies, d'accord, mais le système de santé est là pour tout le monde, non ?

> « La santé, c'est un esprit sain dans un corps sain. »
> de Homère

 LES ACTUS

8.10A Les jeunes boivent moins mais se saoulent plus

Addiction

1 Une enquête nationale analyse les comportements des adolescents de 17 ans : un sur dix s'est enivré à dix reprises l'an dernier.

Tout juste sortis de l'adolescence, ils sont de plus en plus nombreux à boire pour s'enivrer. Depuis cinq ans, l'enquête nationale *Escapad* observe les usages de drogues des Français de 17 ans. Les résultats de l'exercice, publiés ce matin, montrent une tendance à l'ivresse plus prononcée que par le passé. En 2011, près d'un jeune sur dix (9,6 %) confie avoir été saoul au moins dix fois au cours de l'année écoulée. Ils n'étaient que 6,6 % à avoir donné cette réponse en 2009.

2 « *Les indicateurs de l'ivresse régulière et de la consommation excessive*, (plus de cinq verres en une seule occasion), *tous deux en hausse, seront à surveiller dans les années à venir* », confirme Jean-Michel Costes, directeur de l'Observatoire français des drogues et des toxicomanies. À suivre aussi, la diffusion, dans cette classe d'âge, de la cocaïne, des poppers et des amphétamines. Ces trois produits ont connu une hausse significative depuis 2003.

3 Les excès des jeunes Français demeurent cependant moins fréquents que ceux de leurs voisins européens du même âge. En France, la consommation régulière d'alcool a d'ailleurs légèrement diminué au cours des deux dernières années. En 2011, 18 % des garçons et 6 % des filles ont bu au moins dix fois dans le mois écoulé, alors qu'ils étaient 21 et 7,5 % en 2009.

4 *Escapad* renseigne aussi sur les habitudes de ces mineurs. Ils boivent surtout le week-end, à l'occasion de fêtes ou d'anniversaires, et entre amis. Trente pour cent des sondés ayant bu au cours du mois écoulé disent l'avoir fait avec leurs parents. L'ivresse est surtout recherchée par les garçons, qui préfèrent la bière et les alcools forts au vin. Le premix – un mélange d'alcool et de soda imaginé pour séduire les jeunes – est, après la bière, la boisson la plus populaire.

Le Figaro

Glossaire

se saouler : *to get drunk*
s'enivrer : *to get drunk*
la reprise : *occasion*
l'ivresse : *drunkenness*
saoul : *drunk*
écoulé : *past*
en hausse : *on the increase*
surveiller : *to monitor*
la toxicomanie : *drug addiction*
d'ailleurs : *besides*

> Revise exam guidelines and tips on reading comprehensions
> p. vii

Questions

Section 1

1 La proportion des jeunes qui se sont enivrés dix fois l'an dernier, c'est
  (a) 10 % ☐
  (b) la moitié ☐
  (c) le quart ☐
  (d) un tiers. ☐

2 Relevez les mots qui montrent pourquoi les jeunes boivent.

3 Trouvez le mot qui signifie « sondage ».

Section 2

1 Trouvez la définition de la « consommation excessive ».
2 Trouvez les noms de 3 drogues que prennent les jeunes.

Section 3

1 Les jeunes français boivent
   (a) plus que les autres jeunes Européens ☐
   (b) autant que les autres jeunes Européens ☐
   (c) moins que les autres jeunes Européens ☐
   (d) plus que leurs voisins. ☐
2 Relevez un verbe au passé composé.

Section 4

1 À quelles occasions les jeunes boivent-ils ?
2 Trente pour cent des sondés ont bu
   (a) avec leurs parents ☐
   (b) du whiskey ☐
   (c) de l'eau ☐
   (d) du lait. ☐
3 Quelle est la boisson préférée des jeunes ?

• **'Even though alcohol consumption has decreased, there's still a problem with drugs and alcohol among young French people.'**

Do you agree? Refer to the article in your answer.

> « Le temps est une drogue. À haute dose, il tue. »

8.10B Exemple d'exercise écrit

L'alcoolisme chez les jeunes ; sont-ils vraiment les seuls responsables ?

Les jeunes sont souvent accusés de plonger dans les excès d'alcool. Tout leur est reproché, les bagarres dans les rues, les accidents de la route, les soirées trop arrosées qui tournent mal avec les voisins.
Cependant, la société semble être en grande partie responsable de ces excès du fait de la présence constante de l'alcool au quotidien.
Prenons par exemple les matchs de rugby de la coupe d'Europe, la Heineken Cup, ou les publicités de Guinness pour le foot gaélique et le hurling…
Tous les événements sportifs, du foot au billiard, sont sponsorisés par des marques d'alcool.
De manière plus subtile, mais très présent, l'alcool est consommé quotidiennement dans les séries télévisées comme *Coronation Street* ou *EastEnders* où le bar/pub est le centre de la communauté. Même dans les dessins animé comme *Les Simpsons* ou *Family Guy* l'alcool est souvent vu comme étant cool, ne parlons même pas de films comme *Hangover*…
Tous les jours à la télé, les jeunes voient des publicités faites pour leur plaire, à la mode, drôles et qui font passer le message « Si tu ne bois, pas tu es ringard ». Comment est-il possible de lutter contre l'alcoolisme chez les jeunes lorsqu'ils naissent et grandissent dans une société qui fait la promotion de l'alcool au quotidien ? Les jeunes sont influençables et, dans leurs années de formation, un lavage de cerveau journalier permet aux grandes marques d'alcool de faire des bénéfices astronomiques au détriment de leur santé. Que pouvons-nous faire ?
Le pouvoir de changer les lois appartient aux hommes politiques. En France, par exemple, les publicités sur l'alcool sont interdites à la télé, ainsi que les publicités pour les marques de cigarettes. Il faudrait aussi réduire la présence des marques d'alcool pour les événements sportifs. Malheureusement, les marques d'alcool sont un lobby très puissant qui peut faire pression sur les hommes politiques et rend difficile tout changement. Seule réponse, soyez responsables et faites attention à votre santé !

 **8.10C**

« L'alcool est toujours un problème parmi les jeunes Irlandais. » Donnez vos réactions.

Pour vous aider Utilisez le vocabulaire de cet article (8.10A) : se saouler/s'enivrer	le comportement des jeunes l'alcool est une drogue la consommation excessive en hausse/en baisse	les excès des jeunes Irlandais boire le week-end à l'occasion des fêtes

 8.11 L'alcool, le tabac, la drogue :

Les conséquences physiques et mentales

L'alcool cause des maladies cardio-vasculaires
Alcohol causes cardiovascular illnesses

Fumer est très mauvais pour les poumons
Smoking is very bad for your lungs

Le tabac cause le cancer des poumons, de la gorge
Tobacco causes lung and throat cancer

Boire trop d'alcool peut engendrer une cirrhose
Drinking too much can cause liver disease

Cela peut conduire à la dépendance
It can lead to addiction

On risque de devenir alcoolique
You may become an alcoholic

Le tabagisme tue des centaines de personnes
Smoking kills hundreds of people

L'alcool et le tabac créent des problèmes cardiaques
Alcohol and tobacco create heart problems

L'alcool et les drogues peuvent rendre les gens dépressifs
Alcohol and drugs can make people depressed

Les drogues peuvent entraîner :
Drugs can lead to:

un changement d'humeur, l'anxiété
mood swings, anxiety

des crises d'angoisse, de panique
anxiety attacks, panic attacks

le perte du contrôle de soi
the loss of self-control

des troubles de la personnalité, la paranoïa
personality disorders, paranoia

Souvent, les drogues conduisent à :
Drugs often lead to:

l'échec scolaire, professionnel
failure at school, at work

la marginalisation, l'isolement
being marginalised, isolated

l'exclusion sociale, la violence
social exclusion, violence

8.12 Baptiste parle à sa mère, Sandrine, qui vit séparée d'Olivier, son mari

1 Quand le jeune garçon arrive chez lui, une surprise l'attend : sa mère est revenue du travail. Elle est assise sur le canapé à sa place habituelle, son sac à main posé à côté d'elle comme si elle ne faisait que passer dans sa propre maison.

– Voilà, dit-elle, je suis venue chercher mes affaires. Je vais être hospitalisée dès ce soir à Marseille.

habituel : *usual*	le salopette : *overalls*
les affaires : *things*	le pilier : *prop*
soigner : *to treat*	le patron : *boss*
quiconque : *anyone*	exigeant : *demanding*
échapper : *to escape*	l'emprunt : *borrowings*
agrandir : *to expand*	souhaiter : *to wish*
claquer : *to slam*	l'espoir : *hope*

▼

– Pourquoi ? Je trouve que tu vas mieux.

– Le docteur ne comprend pas ce que j'ai. Il veut faire des analyses pour me soigner plus efficacement. Je ne resterai à l'hôpital qu'un jour ou deux.

Sandrine ne dit rien de sa peur, pourtant Baptiste comprend mieux que quiconque tout ce qui touche à sa mère. Sa sensibilité remarque des détails qui échappent aux autres.

2 – Écoute, je vais d'abord me soigner. Ensuite, nous parlerons. C'est vrai qu'il y a l'héritage, mais c'est une bonne chose, je vais pouvoir agrandir mon agence et toi, tu pourras faire des études pour devenir quelqu'un ! Je vais passer voir papa pour tout lui expliquer.

Sa mère cherche à le rassurer, mais Baptiste n'a plus l'âge de croire tout ce qu'on lui dit.

– C'est de l'argent qu'on n'a pas gagné, alors…

3 Une voiture s'arrête devant le portail. Une portière claque. Son père entre en salopette bleue de mécanicien. La pièce semble trop petite, le plafond trop bas pour cet ancien pilier de l'équipe de rugby de Barjols. Les cheveux courts, son regard est franc. Ses employés disent de lui qu'il est un bon patron, exigeant mais généreux. Contrairement à son père à qui il a succédé, Olivier boit peu et a su gagner la confiance d'une importante clientèle.

4 Il embrasse d'abord Baptiste puis Sandrine. Depuis qu'ils vivent séparés, ils s'entendent bien.

Sandrine a voulu garder la maison, il a accepté et continue de payer l'emprunt sans rien lui demander. En réalité, il souhaite reprendre la vie commune et ne fait rien qui puisse compromettre son espoir.

– Je t'ai vue arriver ! dit-il. Ce n'est pas ton habitude de rentrer à midi. Qu'est-ce qu'il y a ? Les gens parlent et bien des choses arrivent jusqu'au garage…

– J'allais passer te voir, dit Sandrine. Je vais être hospitalisée ce soir pour un ou deux jours.

– Mais qu'est-ce qui t'arrive ?

– Le docteur Picard parle d'une infection qu'il faut analyser sérieusement.

Nous irons cueillir les étoiles,
Gilbert Brodes

Questions

Section 1

1 Quelle est la surprise qui attend le garçon ?

2 Relevez la phrase qui nous montre pourquoi la mère est venue chercher ses affaires.

3 Trouvez la phrase qui indique que Sandrine, la mère, cache ses sentiments.

4 Trouvez un pronom d'objet direct.

Section 2

1 Avec l'argent de l'héritage, Sandrine pourra _____ et Baptiste pourra _____.

2 Retrouvez la phrase qui montre que Baptiste n'est plus un garçon innocent.

3 Relevez un pronom objet indirect.

Section 3

1 Trouvez les mots qui montrent que le père était sportif autrefois.

2 Citez les trois adjectifs qui décrivent Olivier, le père, comme patron.

3 Relevez un adjectif possessif pluriel.

Section 4

1 Comment Olivier vient-il en aide à sa femme ?

2 Pourquoi est-il un peu surpris ?

3 Quelle nouvelle lui donne sa femme?

4 Trouvez un pronom d'objet direct.

• **What do we learn about each of the 3 characters in this extract?**

Refer to the text in your answer.

8.13 Parler de poids

Je suis bien comme je suis
I am happy as I am

Je mange ce que je veux car je me dépense
I eat what I want because I exercise

Je garde la ligne grâce à l'exercice
I keep my figure thanks to exercise

J'ai une bonne hygiène de vie
I have a healthy lifestyle

Je pèse soixante kilos
I weigh 60 kilos

J'aimerais perdre cinq kilos avant l'été
I would like to lose 5 kg before the summer

Je ne me sens pas bien dans ma peau
I'm not happy in myself

J'ai pris dix kilos en trois mois
I put on 10 kilos in 3 months

Je fais un régime
I am on a diet

Je me pèse tous les jours
I weigh myself every day

Mes amis disent que je suis trop maigre
My friends say that I'm too skinny

Je suis mince/gros(se)
I am thin/fat

Je calcule mon indice de masse corporelle (IMC)
I calculate my body mass index (BMI)

Certaines jeunes et garçons sont anorexiques ou boulimiques
Some young people are anorexic or bulimic

Il y a de plus en plus d'obèses en Europe
There are more and more obese people in Europe

L'anorexie est une maladie reconnue et grave
Anorexia is a recognised and serious illness

C'est triste de voir des filles et des garçons anorexiques
It's sad to see girls and boys who are anorexic

L'obésité est une maladie grave
Obesity is a serious illness

On voit beaucoup de programmes sur ces maladies
You see a lot of programmes on these illnesses

$$IMC = \frac{poids \ (en \ kg)}{taille^2 \ (en \ m)}$$

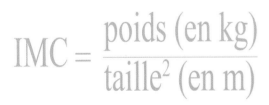

 8.14A Un obèse attaque les fast-foods

1 Après les fumeurs contre les industriels du tabac, voici venu le tour des obèses opposés aux fast-foods. Caesar Barber, un New-Yorkais de 122 kg, vient en effet de porter plainte devant la Cour suprême du Bronx contre McDonald's, Burger King, Wendy's et KFC.

Cet ouvrier de 56 ans les accuse de l'avoir trompé sur la qualité nutritionnelle de leurs produits, et d'être ainsi responsables de son obésité et des graves problèmes de santé qui y sont liés.

2 « Ils disent 100 % de bœuf. Pour moi, ça voulait dire que c'était bon pour la santé », explique-t-il. Mais « ces gens-là, dans leurs publicités, ne vous disent pas vraiment ce qu'il y a dans cette

le tour : *turn*
porter plainte : *to sue*
tromper : *to mislead*
lier : *to link*
l'hypertension : *high blood pressure*
détruire : *to destroy*
souligner : *to emphasise*
efficace : *efficient*
défavorisé : *under-privileged*
le taux : *rate*
atteindre : *to affect*
tuer : *to kill*

▼

nourriture. Tout est de la graisse, de la graisse et encore de la graisse. Et maintenant, je suis obèse. »

Victime de deux crises cardiaques, souffrant de diabète, d'hypertension et d'hypercholestérolémie, il accuse l'industrie du fast-food d'avoir détruit sa vie. Et il souligne qu'il s'était nourri pendant des années auprès de ces chaînes de restauration « parce que c'était bon marché, rapide et efficace ». Il dénonce aussi la tromperie dans les arguments publicitaires et rappelle que les plus défavorisés sont aussi les plus touchés par l'obésité.

3 Les représentants des enseignes de fast-foods ont rapidement réagi, disant que ce type d'action en justice « représente clairement un abus de notre système judiciaire ». Mais David Ludwig, directeur du programme sur l'obésité à l'hôpital pour enfants de Boston, estime que le problème vient bien de ces messages publicitaires qui placent le profit avant la santé publique. De fait, le taux d'obésité atteint un Américain sur quatre. Une véritable « épidémie » qui tue chaque année 300 000 personnes.

Questions

Section 1

1 Remplissez la grille sur Caesar Barber :

Nationalité	
Poids	
Métier	
Âge	

2 Selon M. Barber, qui est responsable de son obésité ?

Section 2

1 Selon M. Barber, les chaînes de fast-food
   (a) disent des mensonges ☐
   (b) disent la vérité ☐
   (c) disent que leur nourriture est pleine de graisse ☐
   (d) sont honnêtes à 100 %. ☐

2 Relevez une expression qui montre les problèmes de santé de M. Barber.

3 Trouvez les trois raisons pour lesquelles il a mangé du fast-food.

Section 3

1 Trouvez un adverbe.
2 Quelle critique est faite par M. Ludwig ?
3 Quelle proportion de la population américaine souffre d'obésité ?
   (a) un quart ☐
   (b) la moitié ☐
   (c) un tiers ☐
   (d) un cinquième. ☐

« Plus d'hommes se sont noyés dans l'alcool que dans la mer. »
W.C. Fields

8.14B Qu'en pensez-vous ?

Donnez votre réaction à ce texte.
M. Barber a-t-il raison ?
Ou a-t-il tort ?
C'est de sa faute s'il est obèse ?
Ou c'est la faute des chaînes de fast-food ?

8.15 Fumer : pour ou contre ?

1 Est-ce que vous fumez ? Donnez vos raisons.
2 Écrivez un paragraphe à un copain/une copine en lui disant pourquoi il/elle ne devrait pas fumer :
   • C'est mauvais pour la santé.
   • Ça crée des problèmes cardiaques.
   • Ça cause des cancers du poumon, de la gorge, etc.
   • Il faut tenir compte des non-fumeurs.
   • Cela coûte très cher.

🎧 8.16 CD2, Track 5 Fou, fou, fou… du McDo !

Première écoute

1 Number of McDonald's restaurants in North America: _____.

2 Number in which Peter Holden has eaten: _____.

3 He doesn't like to call himself a 'hamburger addict'. He prefers to say he is a _____.

4 Peter recently spent two months on the road and ate in _____ McDonald's in the space of _____ days.

5 His secret for not putting on weight: _____.

Deuxième écoute

Peter Holden

Age:
Occupation:
Marital status:
Lives:
Height:
Weight:
Health: (two details)
(a)
(b)

> Revise exam guidelines and tips on listening comprehensions p. x

 ## 8.17 Ecstasy : Attention danger !

1 Récemment, une adolescente anglaise qui fêtait ses 17 ans est décédée des suites d'une prise d'ecstasy. Ce cas tragique a révélé les dangers de la « pilule d'amour ». Pourtant, la consommation de cette substance psychotrope* ne cesse d'augmenter chez les jeunes. Ses promoteurs parlent de sensations « d'amour universel », de « paix intérieure » et de « transe collective » pendant les soirées raves.
Mais si l'effet immédiat est d'aiguiser les perceptions et de faire disparaître la fatigue, les effets secondaires vont du plus bénin au plus dangereux.

2 Sur le plan physique, les accidents sont fréquents, parmi lesquels : crampes musculaires, hypoglycémie*, perte de conscience, accident cardiaque… Il existe des contre-indications formelles :
asthme, épilepsie, diabète, troubles du rythme cardiaque, dépression, asthénie*… Même après plusieurs expériences, on ne peut jamais prévoir les conséquences d'une prise d'ecstasy.

3 Sur le plan comportemental, on perd la maîtrise de la réalité et on peut céder à une crise de panique, ou prendre des risques vis-à-vis du SIDA. Enfin, sur le plan psychique, il faut savoir que la phase initiale d'exaltation est suivie d'une période de grande fatigue, voire de dépression qui peut s'étendre sur plusieurs semaines.

4 Comme d'autres drogues, les comprimés d'ecstasy contiennent des substances de « coupage » : lessive, caféine, antidépresseur, voire mort-aux-rats, qui rendent leur absorption plus nocive encore.

Aux Pays-Bas, il existe des tests de qualité en vente libre, permettant de limiter les dégâts. Mais en France, où la prise de drogue est sévèrement punie par la loi, pas question d'aider officiellement le consommateur à trier le « bon » grain du mauvais. Un conseil : n'y touchez pas !

Glossaire

la paix : *peace*
aiguiser : *to sharpen*
prévoir : *to predict*
la maîtrise : *control*
céder : *to give in to*
voire : *and/or even*
s'étendre : *to stretch*
la lessive : *washing powder*
la mort-aux-rats : *rat poison*
nocif : *harmful*
les dégâts : *damage*

En clair :

***Psychotrope** : molécule interférant dans la communication entre les cellules du cerveau.

***Hypoglycémie** : baisse brutale du taux de sucre dans le sang entraînant un malaise.

***Asthénie** : état général de fatigue avancée.

Sachez la reconnaître !

XTC, Adam, Éve, Estas, Sucettes, Bonbons, Snowball, Love, Pilule d'amour, Cochon rose… Stop ! Derrière ces noms se cache l'ecstasy.

Questions

Section 1

1 Relevez la phrase qui indique que de plus en plus de jeunes prennent de l'ecstasy.

2 Selon les promoteurs de l'ecstasy, quels sont ses effets agréables ?

Section 2

Quelles en sont les contre-indications ?

Section 3

Comment l'ecstasy peut-elle changer le comportement de l'usager ?

Section 4

Trouvez l'expression qui montre qu'il est illégal de prendre des drogues en France.

> « On a beau avoir une santé de fer, on finit toujours par rouiller. »
> Jacques Prévert

• **In your opinion, is the journalist for or against taking ecstasy?**

Refer to the article to support your answer.

8.18 Obésité, la faute à nos menus

Donnez votre réaction à ce titre de journal. Pour vous aider – des chiffres et un petit article

L'obésité dans le monde

Pourcentage d'obèses dans la population

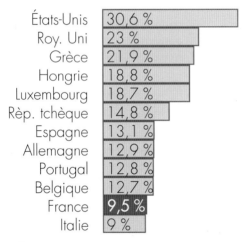

États-Unis	30,6 %
Roy. Uni	23 %
Grèce	21,9 %
Hongrie	18,8 %
Luxembourg	18,7 %
Rèp. tchèque	14,8 %
Espagne	13,1 %
Allemagne	12,9 %
Portugal	12,8 %
Belgique	12,7 %
France	9,5 %
Italie	9 %

Un combat trop mou

Le phénomène a pris une telle ampleur qu'il est devenu un enjeu de santé publique primordial. Près d'un Français sur trois est en surpoids. Un adulte sur huit et un enfant sur cinq sont obèses ! Récente en France, cette dégradation touche toutes les catégories sociales, toutes les régions et tous les âges. Elle est aussi révélatrice d'inégalités sociales devant ce mal nouveau qui concerne plus les foyers modestes et les régions en difficulté que les autres. Face à ce fléau, les repères restent flous et le combat insuffisant. « Évitez de manger trop gras, trop sucré, trop salé. » Chacun connaît le slogan, mais il reste tellement approximatif que ses effets sont limités. Le Programme national nutrition santé (PNNS) invite à manger « au moins cinq fruits et légumes frais par jour » mais ce « frais » salutaire est délaissé : trop cher, trop long à cuire… La malbouffe est un thème devenu à la mode et les marques ont riposté en couvrant leurs emballages de recettes aussi rassurantes qu'alléchantes, assorties d'appels à faire du sport. Mais l'impression de danger est simplement délayée : les portions demeurent beaucoup trop importantes et trop riches en lipides et en glucides. Les enfants, cible la plus vulnérable, ne sont pas assez protégés. À la cantine, le coût de leurs repas continue de primer sur les impératifs diététiques. Et 45 % des établissements du secondaire ne suivraient pas les recommandations nutritionnelles les plus élémentaires.

 CD2, Track 6 **8.19A** Les secrets de la santé

Questions (.../18)

1 When does this person say he eats an apple or a banana? (.../3)

2 Does he eat in the canteen? (full answer) (.../3)

3 What happens if he eats too much for lunch? (.../4)

4 When does he go to fast food restaurants? (.../3)

5 What else does he do to stay healthy daily? (2 things) (.../2)

6 What does he think is a mistake? (.../3)

 CD2, Track 7 **8.19B** Les jeunes et l'alcool en Irlande

Questions (…/18)

1 What are the 2 negative points this person makes about binge drinking? (…/2)
2 Why does she not 'binge drink'? (…/3)
3 What does she say about drinking in Ireland? (…/2)

4 Give 2 reasons why she thinks young people drink. (…/4)
5 What does she say about France? (…/3)
6 What 2 changes does she suggest to improve the situation? (…/4)

8.20A

Revise exam guidelines and tips on reading comprehensions p. vii

La narratrice, qui croyait que sa mère était morte il y a des années, vient de voir une femme qui lui ressemblait beaucoup dans le métro. Sous le choc, elle erre dans les rues de Paris…

1 Il n'y avait aucun passant, c'était naturel un dimanche soir, mais, à mesure que j'avançais, l'avenue était de plus en plus sombre, comme si j'avais mis ce soir-là des lunettes de soleil. Là-bas, sur le trottoir de gauche, l'enseigne lumineuse d'une pharmacie. Je ne la quittais pas des yeux, de peur de me retrouver dans l'obscurité. J'espérais qu'elle resterait allumée jusqu'au moment où j'arriverais. Une pharmacie de garde, ce dimanche-là, avenue Ledru-Rollin. Derrière la vitre, une femme brune était assise au comptoir. Elle portait une blouse blanche et un chignon très strict qui contrastait avec la douceur de son visage. Elle mettait de l'ordre dans une pile de papiers et, de temps en temps, elle notait quelque chose avec une pointe Bic.

2 J'ai poussé la porte. Une sonnerie légère, cristalline. Elle a levé la tête. Je me suis avancée vers elle, mais je ne savais pas quoi lui dire.
« Vous vous sentez mal ? »
Mais je ne parvenais pas à prononcer le moindre mot. Elle s'est approchée de moi.
« Vous êtes toute pâle… »
Elle a pris ma main.
« Asseyez-vous là… »
Elle m'a entraînée, derrière le comptoir, dans une pièce où il y avait un vieux fauteuil de cuir. Je me suis assise sur le fauteuil et elle me posa une main sur le front.

3 « Vous n'avez pas de fièvre… Mais vous avez les mains glacées… Qu'est-ce qui ne va pas ? »
– Ce serait trop compliqué à vous expliquer, ai-je répondu.
– Pourquoi ? Rien n'est compliqué… »
J'ai fondu en larmes. Ça ne m'était pas arrivé depuis la mort du chien. C'était une douzaine d'années.
« Vous avez eu un choc, récemment ? m'a-t-elle demandé à voix basse.
– J'ai revu quelqu'un que je croyais mort.
– Quelqu'un de très proche de vous ?
– Tout cela n'a pas grande importance », ai-je affirmé en m'efforçant de sourire.
Elle s'est levée. Je l'entendais, là-bas, dans la pharmacie, ouvrir et refermer un tiroir. J'étais toujours assise sur le fauteuil.

4 Elle est revenue dans la pièce. Elle avait ôté sa blouse blanche et portait une jupe et un pull-over gris foncé. Elle me tendait un verre d'eau au fond duquel un comprimé de couleur rouge fondait en faisant des bulles. Elle s'est assise tout près de moi, sur l'un des bras du fauteuil.
« Attendez que ça fonde. »
Je ne pouvais détacher mes yeux de cette eau rouge.
« C'est quoi ? lui ai-je demandé.
– Quelque chose de bon pour vous. »

Elle m'avait pris de nouveau la main.
« Vous avez toujours les mains aussi froides. »
J'ai bu le contenu du verre d'un seul trait. Il avait un goût amer. Mais, dans mon enfance, j'avais connu des breuvages beaucoup plus amers.

D'après *La Petite Bijou*,
Patrick Modiano

Glossaire

errer : *to wander*
aucun : *no*
le passant : *passer-by*
à mesure que : *as*
l'enseigne : *sign*
allumer : *to light*
de garde : *on duty*
la douceur : *gentleness*
parvenir : *to succeed*
le moindre : *the least*
entraîner : *to lead*
le cuir : *leather*
le front : *forehead*
fondre en larmes : *to burst into tears*
proche : *close*
le tiroir : *drawer*
ôter : *to take off*
le fond : *bottom*
le comprimé : *tablet*
fondre : *to melt*
la bulle : *bubble*
d'un seul trait : *in one gulp*
amer : *bitter*
le breuvage : *concoction*

Questions

Section 1

1 Pour quelle raison l'avenue était-elle déserte ?
2 Trouvez la phrase qui veut dire « Je continuais à la regarder ».
3 Relevez deux adjectifs :
   - un qui décrit la pharmacienne
   - un qui décrit ce qu'elle portait

Section 2

1 Relevez un verbe pronominal au passé composé.
2 Trouvez la phrase qui signifie « J'étais incapable de parler ».

Section 3

1 Relevez la phrase qui signifie « Quel est le problème ? »
2 Trouvez un pronom d'objet indirect.
3 Quel choc la narratrice a-t-elle eu ?

Section 4

1 Relevez les mots qui décrivent le médicament donné par la pharmacienne.
2 Trouvez les deux mots qui veulent dire « encore une fois ».

- **The narrator in this extract is very upset. Can you find three symptoms/indications of this?**

8.20B Souvenirs d'enfance les maladies

« Mais, dans mon enfance, j'avais connu des breuvages beaucoup plus amers. »
Et vous, gardez-vous des souvenirs d'enfance des jours où vous étiez malade ?

Vocabulaire

Quand j'étais petit(e)	rester au lit
Je souffrais d'asthme	rester chez moi/à la maison
Je n'étais pas souvent malade	regarder la télé au lit
J'étais tout le temps malade	prendre certains médicaments
Je restais chez moi avec…	le goût de…
Je restais chez la nourrice/chez mes grands-parents/chez la voisine…	avoir de la fièvre
	aller chez le médecin
J'aimais/Je n'aimais pas…	être examiné(e) par le médecin
regarder mes frères et sœurs partir pour l'école	avoir mal à…

> « J'ai décidé d'être heureux parce que c'est bon pour la santé. »
> Voltaire

Montage 9　La technologie

Montage 9
La technologie

LES TABLETTES

J'ai une tablette
Je l'emporte partout avec moi
Quand je suis dans le bus, je regarde des films
Je peux jouer à des centaines de jeux
C'est pratique à l'école
On peut prendre des notes en cours
On a accès aux livres numériques
Les tablettes sont très légères
Les tablettes sont vraiment faciles à utiliser
On n'a pas besoin de prendre tous ses livres
On peut aller sur des sites en français
Cela rend les cours plus intéressants
J'ai tout sur ma tablette : ma musique, mes cours, des jeux...

LES SMARTPHONES

Je suis complètement accro à mon smartphone
Je ne pourrais pas me passer de mon smartphone
Je vérifie mes emails, mes textos, ma page Facebook
Je serais perdu sans mon portable
De nos jours, tout le monde a un smartphone
Je crois que c'est indispensable
C'est comme un ordinateur de poche
On a de la musique, des images, des vidéos
Je peux prendre des vidéos de mes meilleurs moments
J'évite de parler trop fort quand je téléphone
Je n'utilise pas mon portable dans le bus
Je l'utilise pour savoir le temps qu'il va faire
J'utilise mon GPS pour trouver mon chemin
Je n'écoute pas ma musique en public sur mon smartphone

9.2 Les « smartphones »

Je suis complètement accro à mon smartphone
I'm addicted to my smartphone

Je ne pourrais pas me passer de mon smartphone
I could not do without my smartphone

Je vérifie mes emails, mes textos, ma page Facebook
I check my emails, texts, Facebook page

Je serais perdu sans mon portable
I would be lost without my mobile

De nos jours, tout le monde a un smartphone
Nowadays everyone has a smartphone

Je crois que c'est indispensable
I think it's essential

C'est comme un ordinateur de poche
It's like a pocket computer

Je l'utilise pour savoir le temps qu'il va faire
I use it to find out about the weather

J'utilise mon GPS pour trouver mon chemin
I use my GPS to find my way around

On a de la musique, des images, des vidéos
You have music, images, videos

J'ai mon emploi du temps sur mon smartphone
I've got my timetable on my smartphone

Je peux prendre des vidéos
I can take videos

J'évite de parler trop fort quand je téléphone
I avoid talking too loudly when I am on the phone

Je n'utilise pas mon portable dans le bus
I don't use my phone on the bus

Je n'écoute pas ma musique en public sur mon smartphone
I don't listen to my music in public on my smartphone

Revise exam guidelines and tips on oral preparation p. vii

CD2, Track 8 **Les questions de notre examinateur à Paul**

Pensez-vous être dépendant de votre smartphone ?

Oui, je crois que je deviens de plus en plus dépendant. Toutes les minutes je regarde mes emails, mes textos, mon Facebook, ou j'écoute ma musique. Je regarde le temps qu'il va faire, et je l'utilise souvent pour trouver mon chemin, surtout en vacances !

9.3 Tout (all, every, the whole)

Rappel			
Tout (m.s.)	Toute (f.s.)	Tous (m.p.)	Toutes (f.p.)
Exemples			
Tout le monde	Toute la classe	Tous les jours	Toutes les semaines

Exercice

Mettez la forme correcte de « tout ».

1 Je surfe sur Internet _____ les soirs.

2 _____ mes copines ont un portable.

3 Mon frère adore _____ les jeux vidéo.

4 _____ mes copains m'envoient des textos.

5 _____ mes chansons préférées sont sur mon iPod.

6 Ma sœur utilise son iPad _____ le temps.

7 On peut regarder _____ les sports sur Internet.

8 _____ mes émissions préférées sont sur Sky 1.

9 Magali a mangé _____ le gâteau !

10 C'est la dernière phrase. C'est _____ !

9.4 Une école pour les futurs cadres du Net

> **Internet.** Trois stars de la Toile ouvrent en septembre une école destinée à former aux métiers du Web.

1 À eux trois, ils symbolisent la réussite à la française de la nouvelle économie. Xavier Niel (Iliad-Free), Jacques-Antoine Granjon (Vente-privée.com) et Marc Simoncini (Meetic), chefs du e-commerce, ou commerce électronique, ont décidé de mettre en commun leurs forces et leur savoir pour créer une École européenne des métiers de l'Internet (EEMI).

2 Celle-ci accueillera dès le mois de septembre prochain entre 100 et 200 étudiants. Un cursus de trois ans les formera à des métiers tels que webmaster, web designer, web marketeur, community manager – utilisation des réseaux sociaux dans le marketing – ou développeur. « Notre objectif est de répondre, dans le domaine de l'Internet, aux besoins spécifiques des entreprises, explique Jacques-Antoine Granjon. Celles-ci ont parfois du mal à recruter. Internet a créé de nouvelles activités, et avec elles de nouveaux métiers. Notre école va permettre aux étudiants d'explorer toutes les spécificités liées au Web. Ils auront dans leurs bagages une vraie plus-value lorsqu'ils se retrouveront sur le marché du travail. »

3 L'école est financée à 100 % par des fonds privés. Les trois entrepreneurs ont investi chacun 500 000 € dans sa création. Le coût de la scolarité est de 6 500 € par an, mais pour permettre à un plus grand nombre d'étudiants de s'inscrire, « chacun des trois fondateurs offrira cinq bourses d'études », soit quinze bourses par an.

4 Formations et écoles fleurissent actuellement pour coller aux évolutions du commerce et de l'économie. « Plus il y aura de formations à ces nouveaux métiers, mieux ce sera, dit Jacques-Antoine Granjon. Le besoin de formaton est immense et nous aimerions réinvestir les bénéfices éventuels dans l'ouverture d'une nouvelle école, par exemple à Marseille. »

Erwan Benezet

Glossaire

la Toile : *the Web*
former : *to train*
le métier : *profession*
la réussite : *success*
mettre en commun : *to join together*
accueillir : *to welcome*
s'inscrire : *to enrol*
la bourse : *scholarship*
fleurir : *to flourish*
coller : *to stick to*
le bénéfice : *profit*

Questions

Introduction

Quel est le but de cette école ?

Section 1

Quelles sont les deux choses qu'apportent ces trois messieurs à l'école ?

Section 2

1 Combien de temps va durer la formation ?
2 Quel est son but, selon M. Granjon ?
3 Quel problème ont les enterprises ?
4 Quand est-ce que les étudiants de cette école auront un avantage ?

5 « Toutes les spécificités » – expliquez l'usage de cette forme de « tout ».

Section 3

1 À quoi se réfèrent les chiffres 500 000 € et 6 500 € ?
2 Si un étudiant n'arrive pas à payer le coût de la scolarité, il existe une autre possibilité. Laquelle ?

Section 4

1 Trouvez le mot qui signifie « à présent ».
2 Selon M. Granjon, s'ils gagnent de l'argent, qu'en feront-t-il ?

CD2, Track 9 **9.5** Toutes les 12 secondes, un téléphone portable est volé en Grande-Bretagne

Questions

1 What is the annual value of stolen mobiles in Britain?
2 How many British people own a mobile?
3 How many of these have their mobiles stolen?

4 What's the average price of each stolen mobile
  • in pounds?
  • in euros?

9.6 Writing about a topical subject

C'est un grave problème	D'abord : *Firstly*	Il faut/On devrait…
C'est un problem difficile	Puis/Ensuite: *Then*	– créer des lois
Quelles en sont les causes ?	Enfin : *Finally*	– changer le système
C'est compliqué/difficile	Je pense que	– commencer avec les jeunes
Que faire ? *What can be done?*	Je crois que	– faire quelque chose de different
Quelle est la solution ?	À mon avis	– En conclusion, je dirais que…

9.7A Marcel Proust et le téléphone

Voici la réaction de l'écrivain Marcel Proust à une nouvelle invention de l'époque… le téléphone

Il y a la belle-sœur d'une de mes amies qui a le téléphone posé chez elle ! Elle peut faire une commande à un fournisseur sans sortir de son appartement ! J'avoue que j'ai intrigué pour avoir la permission de venir un jour parler devant l'appareil. Cela me tente beaucoup, mais plutôt chez une amie que chez moi. Il me semble que je n'aimerais pas avoir le téléphone à domicile. Le premier amusement passé, cela doit être un vrai casse-tête…

À l'ombre des jeunes filles en fleurs,
Marcel Proust

poser : *to install*
le fournisseur : *supplier*
avouer : *to confess*
l'appareil : *phone*
tenter : *to tempt*
plutôt : *rather*
le casse-tête : *problem*

Questions

1 Nommez un avantage du téléphone.
2 Relevez les mots qui veulent dire « je voudrais bien ».
3 Pourquoi M. Proust ne veut-il pas avoir le téléphone chez lui ?
4 Il y a six verbes différents à l'infinitif. Pouvez-vous les trouver tous ?

9.7B Les inventions indispensables

- Y a-t-il des inventions dont vous ne pourriez pas vous passer ? (*which you couldn't do without*)
- Réfléchissez bien à votre vie quotidienne à la maison, à l'école, et essayez d'identifier des choses que vous estimez indispensables.

Pour vous aider
Je ne pourrais pas vivre sans…
Je serais incapable de vivre sans…
La vie serait très difficile sans…

L'invention que je trouve indispensable, c'est…
Ce qui rend la vie plus facile, c'est…

« L'intelligence de l'Homme a progressé au niveau technologique, mais pas au niveau des sentiments. »
Monica Bellucci

9.8 L'adjectif démonstratif

('This', 'That', 'These', 'Those')

Rappel	Exemples
Ce (m.s.)	Ce soir
Cet (m.s. beginning with a vowel or silent 'h')	Cet homme
Cette (f.s.)	Cette année
Ces (all plurals)	Ces mots

> « Si chaque découverte entraîne plus de questions qu'elle n'en résout, la part d'inconnu grandit à mesure que nos connaissances augmentent. »

Exercice

Mettez la forme correcte de « **ce** »

1. _____ portable a une microcaméra.
2. _____ ordinateur est en panne.
3. Je vais surfer sur le Net _____ week-end.
4. Je n'aime pas _____ réseaux sociaux !
5. _____ machine est très chère.
6. J'ai appelé ma mère _____ matin.
7. _____ école est bien équipée en matériel informatique.
8. _____ jeux vidéo sont très populaires.
9. Bill Gates : _____ homme est un phénomène !
10. C'est la dernière phrase de _____ exercice.

 ## 9.9 Téléphonez gratuitement depuis votre PC !

www.skype.com

CONÇU PAR LES CRÉATEURS DE KAAZA, SKYPE A SU DEVENIR UN INCONTOURNABLE DU NET. LOGICIEL PIONNIER EN CE QUI CONCERNE LA VOIP (TÉLÉPHONIE VIA UN ORDINATEUR), IL A ÉTÉ TÉLÉCHARGÉ PLUS DE 70 MILLIONS DE FOIS.

Skype est un logiciel gratuit permettant de téléphoner gratuitement à partir d'un ordinateur vers n'importe quel autre terminal dans le monde via Internet. Il suffit juste que Skype soit installé sur les deux postes. Pour passer à la pratique, il suffit d'un micro-casque et d'au moins un ami. Il s'agit ensuite d'installer Skype, de créer gratuitement son compte et de chercher ses correspondants. La communication n'est pas aussi bonne qu'avec un téléphone mais les ingénieurs font sans cesse de nouveaux progrès et améliorent le programme très souvent. Il est ensuite possible de choisir plusieurs personnes pour tenir une conférence, de chatter avec votre clavier, de transférer des fichiers et même de se voir directement grâce à l'option de vidéoconférence. Pour profiter de cette option et permettre à vos correspondants de vous voir, il suffit de vous équiper d'une webcam.

Glossaire

concevoir :	*to create*
le logiciel :	*software*
télécharger :	*to download*
le poste :	*machine*
un casque :	*headphone*
il s'agit de :	*it's a matter of*
améliorer :	*to improve*
le clavier :	*keyboard*
le fichier :	*file*

Questions

1. À quoi le chiffre « 70 millions » se réfère-t-il ?
2. Trouvez le mot qui indique qu'il ne faut pas payer pour avoir Skype.
3. Relevez un inconvénient de Skype.
4. Nommez trois choses qu'on peut faire avec Skype. On peut…
5. « Cette option » : expliquez cet usage de l'adjectif démonstratif.

DIPLÔME de l'« accro du Portable »

Mention spéciale du Jury

Décerné à _____

Le portable fait partie intégrante de sa vie, c'est son meilleur ami, son compagnon. Il lui chuchote des mots doux à l'oreille, lui caresse les touches délicatement, lui envoie des messages. Bref, ils sont inséparables !

Fait à _____ le _____

Signature :

> « L'intelligence de l'Homme a progressé au niveau technologique, mais pas au niveau des sentiments. »
> Monica Bellucci

🎧 CD2, Track 10 **9.10** L'avis de quelques jeunes sur le téléphone portable

Questions

A. Anne
1 Age?
2 Name 2 things she does by text message.
3 Name 2 things she has downloaded.

B. Élodie
1 Age?
2 She says her mobile is useful for _____?
3 What happens if she overspends on her mobile?

C. Benjamin
1 Age?
2 He rings his friends because he's often _____.
3 What does he check on the Net? (2 things)

D. Fabien
1 Age?
2 He only uses his mobile if _____.
3 What does he dislike?

💬 **9.11** Les tablettes

J'ai une tablette
I have a tablet

Je l'emporte partout avec moi
I bring it everywhere with me

Quand je suis dans le bus, je regarde des films
When I'm on the bus I watch movies

Je peux jouer à des centaines de jeux
I can play hundreds of games

C'est pratique à l'école
It's useful in school

On peut prendre des notes en cours
You can take notes in class

On a accès aux livres numériques
You can access e-books

Les tablettes sont très légères
Tablets are very light

Les tablettes sont vraiment faciles à utiliser
Tablets are really easy to use

Mon petit frère de 5 ans a une tablette !
My 5-year-old brother has a tablet!

On n'a pas besoin de souris, tout est tactile
You don't need a mouse, everything is touch-screen

On n'a pas besoin de prendre tous ses livres
You don't need to bring all your books

On peut enregistrer les oraux en classe
You can record oral work in classes

On peut aller sur des sites en français
You can go on French websites

Cela rend les cours plus intéressants
It makes classes more interesting

J'ai tout sur ma tablette : ma musique, mes cours, des jeux…
I've everything on my tablet: my music, my notes, games…

🎧 CD2, Track 11 **Les questions de notre examinateur à Émilie**

Est-ce que vous avez une tablette ?

Oui, mes parents m'ont acheté une tablette pour mon anniversaire. Je l'utilise tout le temps. C'est vraiment pratique, j'ai tout sur ma tablette, ma musique, mes films préférés, des jeux et même mes cours !

Est-ce que vous utilisez votre tablette à l'école ?

Oui, car on a accès à tous les livres numériques donc on n'a pas besoin de prendre tous ses livres. En plus, en classe on peut aller sur des sites en français et faire des activités. Cela rend les cours plus intéressants.

« La technologie peut être utilisée pour le meilleur ou le pire. Elle a transformé notre manière de vivre. »
Hugh Montefiore

9.12 Sample written piece

Let's take one of the written production questions relevant to this chapter from a Leaving Certificate paper. This topic is still very current.

« Le téléphone portable, une maladie cellulaire ; il empêche de communiquer ! »

Plan what you want to say

In this case, you could agree (conversations interrupted by phones, people always checking stuff …) or you could disagree (people never stop communicating these days). Whichever you choose, be guided not by your opinion, or wonderful ideas you have in English/Irish, but by what you know you can say in French.

It is usually better to be for or against, rather than to look at both sides of the argument. This is because the length of the passage is limited.

In most cases, you are asked to write about 75 words.

Never write fewer than 70 words, as this will incur a harsh penalty. There is no upper limit to the number of words you can write, but remember two things: a) you have a limited amount of time, and b) the more you write, the more scope you have for making mistakes. Your teacher will guide you on this, but as a general rule, if you tend to score Cs or Ds on your written work, you should probably stick fairly closely to the indicated number of words. If you usually score As or Bs on your written work, you could go for a slightly longer piece, provided that you have good points to make.

N.B. When counting your words, don't count phrases taken from the question.

This is a nice topic, as young people have plenty of experience of it. This means that you can personalise your piece with phrases such as:
- Prenez mes amis, par exemple
- Personnellement
- Moi, je…

Also, always include material you have been building up, for example:
- Je suis d'accord
- Je ne suis pas d'accord
- Je pense que
- À mon avis
- Mais quelle est la solution ?

Study the statement given: '*il empêche de communiquer*' means it prevents people from communicating. So make sure that the word '*communication*' appears in your piece.

A good general guideline:

(a) State how you feel about the subject
(b) Make two or three supporting points
(c) Conclude.

Write up

Je suis d'accord avec cette idée. D'abord, je trouve que c'est difficile d'avoir une conversation aujourd'hui sans être interrompu par un e-mail, un texto ou un appel. Ça m'énerve ! Et puis, personnellement, je trouve cela vraiment malpoli.

Enfin, prenez mes amis ils disent tout sur Facebook et sont constamment en train de vérifier leurs portables.

Mais selon moi, c'est dommage. Ils semblent vivre dans un monde virtuel. Moi, je préfère bavarder dans un café – c'est ça, la vraie communication !

Je ne suis pas contre le portable, mais à mon avis, il faut aussi profiter de la présence de ses amis et de sa famille.

 9.13 Téléphonie

Parle-moi dans les yeux !

> Revise exam guidelines and tips on reading comprehensions p. vii

Les nouveaux téléphones multimédias arrivent dans les magasins. Ils permettent à chaque utilisateur de visualiser son interlocuteur lorsqu'il l'appelle. Claire et Edwige, deux jeunes Parisiennes, les testent depuis le printemps. Et ça leur plaît beaucoup !

1 Désormais, lorsqu'elles s'appellent sur leurs portables, Claire et Edwige peuvent se faire des grimaces. Ces deux jeunes amies parisiennes ont 30 ans. L'une travaille dans l'industrie pharmaceutique, et l'autre dans une société de jeux vidéo. Elles font partie de ces quelques privilégiés qui, depuis quelques mois, ont pu tester en avant-première les nouveaux combinés 3G, la 3 génération de mobiles. Mais, désormais, tout le monde peut les imiter, puisque SFR vient de lancer son offre dans 64 villes de plus de 50 000 habitants. Chez Orange, le grand saut commercial sera fait avant Noël, dans une vingtaine de grosses agglomérations.

Face à face par portables interposés

2 Le fonctionnement de ces petites merveilles est simple : une microcaméra équipe chaque appareil troisième génération. Vous sélectionnez la fonction « visio », installez votre oreillette pour tenir votre portable face à vous (du côte de la petite caméra), et c'est parti ! « C'est vraiment presque comme si on se trouvait l'une en face de l'autre, et l'image est de très bonne qualité. Résultat, ça rallonge les conversations ! »

explique Claire. « Ça nous *pousse à nous téléphoner plus souvent* », ajoute Edwige. Depuis qu'elles disposent de ces nouveaux appareils, l'une et l'autre communiquent de plus en plus fréquemment de cette façon.

3 Bonne nouvelle donc pour les opérateurs. Et pour Claire, ce nouveau joujou a parfois des vertus inattendues : « *Il n'y a pas longtemps, j'étais bloquée en voiture sur les Champs-Élysées. J'ai appelé les amis chez qui je me rendais. Ils étaient également équipés en visio, j'ai ainsi pu leur montrer où j'étais et leur prouver ma bonne foi.* »

4 Mais la visiophonie a aussi ses limites. « *Je ne me vois pas décrocher le matin en pyjama, avec un collègue de boulot au bout du fil !* », estime Edwige. Julien Billot, directeur marketing chez Orange, l'admet : « *On a pu s'apercevoir durant nos tests que les gens utilisaient surtout ce mode d'appel pour leurs communications intimes. Avec les relations professionnelles, la voix suffit.* » La visiophonie ne sera donc pas du goût de tout le monde. D'autant que ces joujoux souffrent encore de quelques problèmes techniques. Reste que, s'ils veulent que la 3G décolle réellement, les opérateurs devront très vite étendre leur réseau.

Cet été, Claire aurait aimé appeler des amis en visiophonie depuis son lieu de vacances, « *mais il n'y avait pas de couverture à cet endroit* ». Ils ont donc dû attendre son retour pour voir les photos.

Le Nouvel Observateur, Guillaume Chazouillères

Glossaire

désormais : *henceforth*
se faire des grimaces : *to make faces*
en avant-première : *in advance*
le saut : *leap*
une agglomération : *urban area*
une oreillette : *ear-piece*
rallonger : *to prolong*
pousser : *to encourage*
le joujou : *toy*
inattendu : *unexpected*
se rendre : *to go*
également : *as well*
la bonne foi : *honesty*
décrocher : *to answer (your phone)*
le boulot : *work*
au bout du fil : *on the other end (of a phone)*
suffire : *to suffice*
décoller : *to take off*
étendre : *to extend*
le réseau : *network*
la couverture : *coverage*

Questions

Section 1

1 Relevez l'expression qui nous montre que Claire et Edwige peuvent se voir lorsqu'elles se téléphonent.

2 Trouvez un synonyme de « grand villes ».

Section 2

1 Qu'est-ce qui permet aux gens de se voir ?

2 Trouvez deux changements dans le comportement de Claire et d'Edwige vis-à-vis du nouveau portable.

Section 3

1 « Bonne nouvelle donc pour les opérateurs » – pourquoi, à votre avis ?

2 Quand Claire a dit qu'elle était bloquée dans la circulation, elle

(a) mentait ☐

(b) était furieuse ☐

(c) rentrait de chez ses amis ☐

(d) disait la vérité. ☐

Section 4

1 Trouvez la phrase qui indique qu'Edwige n'utiliserait pas la microcaméra tout le temps.

2 Qu'est-ce que les tests ont révélé, selon M. Billot ?

3 Pourquoi Claire ne pouvait-elle pas téléphoner à ses copains quand elle était en vacances ?

• **'This videophone has advantages and disadvantages.'**

Can you find 2 of each?

🎧 CD2, Track 12 **9.14** Après sa greffe du visage, Isabelle Dinoire veut une vie normale

Questions

> « L'ordinateur a de la mémoire mais aucun souvenir. »

1 How long after her operation did Isabelle appear at a press conference?

2 She says that since her operation she _____.

3 What age is she?

4 How did she sustain the injuries to her face?

5 She didn't leave her hospital room for how long?

6 Why did she stay in her room?

7 Who does she say she understands today?

8 What can she now do?

LES ACTUS **9.15** Bientôt chez vous

Magui, lien entre les générations

Ne cherchez pas le clavier, ni la souris, ni même l'unité centrale de cet ordinateur. Conçu pour réduire l'isolement des parents âgés, il se réduit à un écran tactile, sur lequel s'affichent de gros boutons : téléphone, messages, etc. Il suffit d'appuyer pour activer la fonction. Les mails sont lus à haute voix par la machine, et la webcam intégrée permet des visioconférences. Invention française, Magui est avant tout destiné aux pensionnaires de maisons de retraite, mais peut s'installer chez un particulier (il faut

compter de 3 000 à 10 000 €).

www.magui.fr

Ça m'intéresse

Glossaire

le lien : *link*

le clavier : *keyboard*

conçu : *conceived*

un écran : *screen*

s'afficher : *to display*

appuyer : *to press*

un particulier : *individual*

Questions

1 Comment cet ordinateur est-il différent des ordinateurs normaux ?

2 À qui est-il destiné ?

3 Relevez la phrase qui explique comment on accède à ses mails.

4 Trouvez les mots qui signifient « surtout ».

5 Relevez un verbe à l'infinitif.

9.16A Heureux, les enfants du Net !

1 En tant que père d'un garçon de 11 ans, je me demande souvent ce qui ne va pas chez les gosses d'aujourd'hui. À l'exception de mon fils, bien sûr, ils ne semblent pas très éveillés. Ils paraissent narcissiques, apathiques, dénués de compétences sociales. Et même les meilleurs sont affreusement accros aux jeux vidéo. Comment un garçon sain comme le mien peut-il passer cinq heures de suite à jouer à *World of Warcraft* par une belle journée ensoleillée, au lieu de sortir dehors jouer au foot ?

2 Dans *Grown Up Digital*, Don Tapscott tente de briser les clichés négatifs en vogue sur les enfants de la Net génération, qui ont aujourd'hui entre 11 à 31 ans. Et son livre donne des raisons d'espérer aux parents nés pendant le baby-boom, dont je suis. « Première génération globale de l'histoire de l'humanité, les enfants du Net sont plus malins, plus rapides et plus ouverts à la diversité que leurs prédécesseurs, écrit Tapscott. Ils sont très soucieux de justice et s'intéressent aux problèmes de leur société ; ils sont généralement impliqués dans une activité associative à l'école, au travail ou dans leur quartier. »

3 Don Tapscott souligne d'abord que la Net génération est la génération la plus nombreuse de notre histoire. Plus de 81 millions d'Américains sont nés entre 1977 et 1997, représentant aujourd'hui 27 % de la population. Par comparaison, il n'y eut « que » 77 millions de baby-boomers, ces individus nés entre 1946 et 1964 qui constituent 23 % de la population.

4 Mais, aux yeux de l'auteur, la principale différence tient surtout au fait que les jeunes utilisent Internet depuis leur naissance. Leurs parents étaient des enfants de la télé, qu'ils regardaient en moyenne 22,4 heures par semaine ; eux ne consacrent que 17,4 heures au petit écran, mais passent 8 à 33 heures sur le Net. Or, tandis que la télévision est fondamentalement un moyen de diffusion à sens unique, ne demandant qu'une participation passive, Internet est un média collaboratif qui sollicite le concours simultané de multiples utilisateurs dans le monde entier.

5 Tapscott consacre ainsi un chapitre entier à étudier la manière dont les enfants du Net utilisent déjà leur pouvoir collectif pour transformer la société, comme l'a montré leur influence sur la campagne présidentielle de Barack Obama. Il décrit comment Obama s'est appuyé sur les sites sociaux interactifs comme Facebook et MySpace, qui ont drainé des millions de petits donateurs, pendant qu'Hillary Clinton comptait sur des médias relativement anciens comme la télévision et le courrier électronique, attirant un bien plus petit nombre de bien plus gros donateurs.

6 Tapscott donne les huit règles qui caractérisent la plupart des membres de la Net génération : ils attachent du prix à la liberté ; veulent des produits personnalisés ; adorent le travail en commun ; examinent tout minutieusement ; tiennent à la probité des institutions et des entreprises ; veulent s'amuser, même à l'école ou au travail ; pensent que la vitesse est normale en tout ; et considèrent que l'innovation permanente fait partie de la vie. Et il cite les récentes révélations de l'imagerie cérébrale et autres études scientifiques sur le développement de l'enfant pour étayer sa thèse principale : l'usage d'Internet transforme radicalement – et améliore – la façon dont fonctionne le cerveau. Soulignant que les niveaux de QI ont progressé de trois points par décennie depuis la Seconde Guerre mondiale – quels que soient le niveau de revenus, la race ou la région –, Tapscott soutient que les enfants du Net ont aussi développé des aptitudes précieuses que ne mesurent pas les tests standards : « Non seulement les habitués des jeux vidéo remarquent plus de choses, mais ils ont aussi des compétences spatiales très développées, utiles aux architectes, aux ingénieurs et aux chirurgiens. »

Glossaire

en tant que : *as*
le gosse : *kid*
éveillé : *aware*
dénué de : *lacking*
accro : *addicted*
sain : *healthy*
tenter : *to attempt*
briser : *to smash*
espérer : *to hope*
malin : *smart*
soucieux : *concerned*
impliqué : *involved*
souligner : *to emphasise*
ne ... que : *only*
la naissance : *birth*
un écran : *screen*
or : *now ...*
tandis que : *whereas*
le concours : *co-operation*
le pouvoir : *power*
s'appuyer : *to depend on*
drainer : *to attract*
attirer : *to attract*
tenir à : *to value*
la probité : *honesty*
étayer : *to support*
améliorer : *to improve*
le cerveau : *brain*
la décennie : *decade*
soutenir : *to maintain*
le chirurgien : *surgeon*

Questions

Section 1

1 Relevez les mots qui décrivent « les gosses d'aujourd'hui » selon le journaliste.
2 Qu'est-ce qui surprend le journaliste ?

Section 2

1 Qui a entre 11 et 31 ans ?
2 Trouvez les mots qui indiquent que le journaliste est né pendant le baby-boom.
3 Quels sont les trois adjectifs qui décrivent « les enfants du Net » ?
4 Citez une des caractéristiques des enfants du Net.

Section 3

1 Aux États-Unis, il y a
   (a) plus de baby-boomers que d'enfants du Net ☐
   (b) autant de baby-boomers que d'enfants du Net ☐
   (c) moins de baby-boomers que d'enfants du Net ☐
   (d) plus de personnes âgées que de jeunes personnes. ☐

2 « Ces individus » – expliquez cet usage de l'adjectif démonstratif « ce ».

Section 4

1 Relevez la phrase qui montre que les jeunes utilisent Internet depuis leur plus jeune âge.
2 Trouvez les deux mots qui veulent dire « la télévision ».

Section 5

1 Quel est la différence entre la campagne présidentielle d'Obama et celle de Clinton ?
2 Trouvez un verbe au participe présent.

Section 6

1 Relevez les 8 verbes à la 3e personne du pluriel dans la première partie de cette section.
2 Quelle est la conclusion principale de l'auteur ?
3 Nommez deux aptitudes précieuses citées par l'auteur.
4 Trouvez les noms de trois professions.

• 'The writer Don Tapscott has come to some surprising conclusions in his book.'

Do you agree? Refer to the text in your answer.

9.16B Les jeux vidéo

Vous êtes très accro aux jeux vidéo. Mais les examens approchent et vos parents vous ont interdit de jouer pour le reste de l'année, sauf pendant les vacances ! Qu'est-ce que vous notez dans votre journal intime ?

9.17 Mettez la forme correcte de « ce » et « tout » :

_____ matin, je me suis levée à 7heures. Je me lève à _____ heure-là _____ les matins en semaine. _____ les week-ends, je fais la grasse matinée. À l'école, _____ la classe était présente. À la récré, _____ le monde parlait, mangeait, donnait des coups de téléphone. J'ai mangé un sandwich à la cantine. Je n'aime pas _____ cantine. Elle est trop petite et sale. _____, après-midi, on a eu trois cours et dans le cours de géo pendant _____ les élèves s'ennuyaient. _____ prof de géo est vraiment nul ! Et en plus je n'aime pas _____ matière, et on a géo _____ les jours ! Je suis rentrée à 4 heures et _____ la famille a dîné à 6 heures.

CD2, Track 13 **9.18** Un jeune et sa tablette

Questions (…/18 marks)

1 On what occasion did his parents give him a tablet? (…/3)

2 Write the 3 things he uses his tablet for. (…/3)

3 What comparisons does he draw between his tablet and his smartphone? (…/3)

4 What does he say about going onto French websites? (…/3)

5 What attitude should you have towards going online in class? (…/3)

6 What does he say about the use of new technologies in our daily life? (…/3)

« La mondialisation, c'est bien… L'Internet, les téléphones portables, les ordinateurs… toutes ces choses qui ne concernent pas la moitié de la planète ! »
Jimmy Carter

Montage 10 Les vacances et les voyages

10.1

L'ÉTÉ DERNIER (À L'IMPARFAIT)

Nous nous levions à onze heures (tous les jours)
Nous faisions la grasse matinée (tous les jours)
Tous les matins, j'allais me baigner
Il faisait beau (presque tous les jours)
L'eau était très chaude
Nous sortions pratiquement tous les soirs
On mangeait toujours dans le même restaurant
On jouait au tennis tous les jours
Nous allions toujours à la même plage
On se promenait tous les matins dans le village
Je lisais deux livres par semaine
Nous prenions un café au bar de l'hôtel chaque matin
Quand j'étais petit(e) j'allais à Wexford l'été

LE VOYAGE DE MES RÊVES

J'aimerais faire une croisière en bateau
Je voudrais aller en Australie pour voir…
Mon rêve, c'est de passer l'été en Californie
Je rêve d'aller en Alaska pour voir…
Je voudrais faire un road trip aux États-Unis
J'aimerais faire le tour du monde et visiter la Chine
J'espère voyager dans le monde entier
Si j'étais riche, je voyagerais dans l'espace
Si j'avais l'argent, j'irais passer un mois aux Seychelles
Le voyage de mes rêves, c'est l'Antarctique !

Montage 10
Les vacances et les voyages

L'ANNÉE DE TRANSITION

Pendant mon année de transition j'ai fait un séjour en France
Je suis resté trois mois dans une école française
J'ai fait un séjour linguistique de deux semaines en France
Je suivais les cours en français tous les jours
Je devais parler français constamment
Cela m'aide énormément pour le bac
Quand j'étais en France, j'ai remarqué des différences
En général les journées étaient plus longs
Les cours étaient plus longues et duraient une heure
Les élèves français n>ont que deux mois de vacances !
Tout semble s'arrêter durant les heures de repas !
À Montpellier, le temps était fantastique
Il faisait toujours beau
La cuisine était délicieuse, surtout les pâtisseries
Les Français sont plus impatients que les Irlandais
Beaucoup de jeunes Français fument
Les jeunes se font la bise, je trouve ça drôle !

L'ÉTÉ PROCHAIN/APRÈS LE BAC

L'été prochain, j'irai en France avec mes amis
Je prévois de partir en vacances en Allemagne
J'ai en tête de voyager en Europe avec Inter-Rail
J'ai pour projet de voir l'Europe de l'Est
Je partirai en vacances à Nice avec mes amis
On louera un appartement ensemble
On fera du camping au bord de la mer
On restera deux semaines dans le Sud de la France
Il me tarde de passer mes journées à la plage
Je me ferai bronzer et j'irai me baigner tous les jours
Je sortirai tous les soirs et je me détendrai
Je ferai du surf, de la voile, du golf
J'aurai le temps de lire mes romans préférés
En vacances, j'oublierai tous les soucis du Bac
En juin, je partirai trois mois aux États-Unis
Je travaillerai pour financer mes vacances

L'ANNÉE DE TRANSITION (AU PASSÉ COMPOSÉ)

L'été dernier je suis allé en France
J'avais treize ans quand nous sommes allés à Tours
J'y suis resté pendant deux semaines
En général nous allons à Brest tous les ans
Mes parents ont des amis qui habitent à Lyon
On a loué un gîte, une villa, un mobile home
On est resté dans un hôtel, un camping
On a visité les sites touristiques
On est allés à la plage et on a bronzé
On a vu et fait pas mal de choses ;
On a fait du bateau, on a joué au volley, on est sortis,
On a mangé dans des restaurants sympas,
On s'est baignés dans l'océan, dans la mer.
J'ai passé deux semaines au paradis
Je m'en souviendrai toute ma vie
J'en garde un très bon souvenir

10.2 L'été dernier (au passé composé)

L'été dernier, je suis allé(e) en France
Last summer I went to France

J'avais treize ans quand nous sommes allés à Tours
I was 13 when we went to Tours

J'y suis resté(e) pendant deux semaines
I stayed there for 2 weeks

En général nous allons à Brest tous les ans
We generally go to Brest every year

Mes parents ont des amis qui habitent à Lyon
My parents have friends who live in Lyon

On a loué un gîte, une villa, un mobile home
We rented a holiday home, a villa, a mobile home

On est resté dans un hôtel, un camping
We stayed in a hotel, a campsite

On a visité des sites touristiques
We visited tourist sites

On est allé à la plage et on a bronzé
We went to the beach and we sunbathed

On a vu et fait pas mal de choses
We saw and did quite a few things

On a fait du bateau, on a joué au volley, on est sorti
We sailed, we played volley-ball, we went out

On a mangé dans des restaurants sympas
We ate in nice restaurants

On s'est baignés dans l'océan, dans la mer
We swam in the ocean, the sea

J'ai passé deux semaines au paradis
I spent two weeks in heaven

Je me suis éclaté/je me suis régalé
I had a ball/I had a great time

Je m'en souviendrai toute ma vie
I will remember it all my life

J'en garde un très bon souvenir
I have a very good memory of it

> Revise exam guidelines and tips on oral preparation p. vii

 CD2, Track 14 **La question de notre examinateur à Éric**

Êtes-vous parti en vacances l'été dernier ?

Oui, je suis allé en Italie avec ma grande sœur. C'était super. On est resté chez notre oncle à Milan, on y a passé deux semaines. On a visité les sites touristiques et il a fait très chaud ! On s'est vraiment régalé. Je m'en souviendrai toute ma vie !

 10.3

Two children, Baptiste and Louise, have run away from home...

1 Le soir arrive. Ils pédalent depuis des heures. Baptiste a mal aux jambes, au dos ; il a soif et faim. La perspective de dormir à la belle étoile ne l'enchante pas. Surtout avec l'estomac vide. Ils arrivent dans un village, le premier depuis leur départ. Ils s'arrêtent au panneau.
– On peut y aller ! décide Louise.

à la belle étoile :
  under the stars
le panneau : *road sign*
avertir : *to alert*
une enquête : *inquiry*
la force : *strength*
la selle : *saddle*

la brioche : *pastry*
réprobateur :
  disapproving
pétillant : *sparkling*
le gosier : *throat*
creux : *sunken*
repérer : *to spot*

redouter : *to dread*
trouillard : *cowardly*
asséché : *dried-out*
le caillou : *pebble*

Personne ne nous cherche encore. Et puis mon père n'avertira pas ses collègues avant d'avoir fait son enquête. On peut donc entrer dans le village et aller acheter à manger et à boire. Ensuite, on essaiera de trouver un endroit caché pour passer la nuit.

2 Baptiste n'a plus la force de contester. La seule pensée de boire et de manger lui suffit pour l'instant. Il remonte en selle et pédale lentement en grimaçant jusqu'à une place et un petit supermarché. Ils posent leurs vélos, entrent dans le magasin.
Au rayon des gâteaux et des brioches, ils achètent plusieurs paquets, puis des fruits et deux bouteilles de Coca. À la caisse, Baptiste sort son billet de cinquante euros. Louise lui lance un regard réprobateur : cinquante euros, c'est un trop gros billet pour des enfants, mais la caissière ne fait aucune remarque. Une fois dehors, la fillette précise :
- Il ne faut pas donner des gros billets, ça attire l'attention. La prochaine fois, c'est moi qui paierai.

3 Ils ouvrent une bouteille de Coca et boivent longuement. Baptiste se sent revivre. Le liquide frais et pétillant coule dans son gosier ; un bien-être infini l'envahit.
- Viens, on va trouver un endroit tranquille pour se reposer. On mangera tout à l'heure.
Au bout de quelques minutes, les deux enfants quittent la route, s'enfoncent dans un chemin creux.
- On va marcher ! dit-elle. C'est plus facile pour repérer un endroit convenable où dormir.
Baptiste redoute de passer la nuit en ce lieu inconnu.
- Et si quelqu'un nous surprend ? Et s'il pleut ?
- Franchement, t'es aussi trouillard que gros !
Ils arrivent au bout d'un torrent asséché. Louise décide.
- On va s'installer ici !
- Mais on n'a pas de tente, on va dormir comme des chiens ?
- Faut savoir ce que tu veux !
Baptiste n'en peut plus. Il pose son vélo sur les cailloux brûlants et s'assoit. La faim le torture. Il ouvre le sac de provisions et prend le paquet de chips.

Nous irons cueillir les étoiles,
Gilbert Bordes

Questions

Section 1

1 Baptiste est
   (a) mécontent ☐
   (b) heureux ☐
   (c) content ☐
   (d) malade. ☐
2 Pourquoi, selon Louise, peuvent-ils aller au village ?
3 Trouvez l'expression qui montre ce qu'ils vont faire dans le village.

Section 2

1 Baptiste, qu'est-ce qu'il veut faire, avant tout ?
2 Pourquoi Louise s'inquiète-t-elle à cause du billet de 50 € ?
3 Relevez un adjectif au féminin singulier.

Section 3

1 Trouvez des mots qui montrent l'effet du Coca sur Baptiste.
2 Pourquoi Baptiste ne veut-il pas passer la nuit à la belle étoile ?
3 Relevez un adverbe.

• Which of the two children, in your opinion, is the dominant one? Refer to the text in your answer.

10.4 L'été dernier (à l'imparfait)

Vocabulaire et expressions de base

Nous nous levions à onze heures (tous les jours)
We got up at 11 o'clock (every day)

Nous faisions la grasse matinée (tous les jours)
We had a lie in (every day)

Tous les matins, j'allais me baigner
Every morning I went for a swim

Il faisait beau (presque tous les jours)
The weather was good (almost every day)

L'eau était très chaude
The water was very warm

Nous sortions pratiquement tous les soirs
We went out almost every night

▼

On mangeait toujours dans le même restaurant *We always ate in the same restaurant*	Je lisais deux livres par semaine *I read two books per week*
On jouait au tennis tous les jours *We played tennis every day*	Nous prenions un café à l'hôtel chaque matin *We had coffee at the hotel each morning*
Nous allions toujours à la même plage *We always went to the same beach*	Quand j'étais petit, j'allais à Wexford l'été *When I was young I used to go to Wexford in the summer*
On se promenait tous les matins dans le village *Every morning we went for a walk in the village*	

🎧 CD2, Track 15 **La question de notre examinateur à Sophie**

Qu'est-ce que vous avez fait l'été dernier ?

L'été dernier nous étions en France, comme tous les étés. On était à Collioure, une petite ville dans le Sud. Tous les jours on se levait vers huit heures et on allait à la mer, on se baignait, on lisait un peu en bronzant. C'était le paradis ! Tous les matins on prenait un café Chez Jules, un bar juste à côté de la plage.

LA PROCHAINE FOIS, TU METTRAS DE E'CRAN SOLAIRE!

💬 **10.5 Going to, being in a country**

Nom	On habite, on va...	Nom	On habite, on va...
Les pays au singulier : a) féminin Exemples :		**Les pays au singulier :** b) masculin Exemples :	
– la France	en France [to/in France]	– le Canada	au Canada
– l'Irlande	en Irlande	– le Japon	au Japon
– la Suisse	en Suisse	– le Danemark	au Danemark
– l'Allemagne	en Allemagne	– le Luxembourg	au Luxembourg
– la Grande-Bretagne	en Grande-Bretagne	– le Portugal	au Portugal
– l'Italie	en Italie	– le Maroc	au Maroc
– la Polynésie Française	en Polynésie Française	– le Cameroun	au Cameroun
– la Tunisie	en Tunisie	– le Brésil	au Brésil
– l'Algérie	en Algérie	– le Mexique	au Mexique
Notez : Les noms de ces pays se terminent en « e ».		Notez : La plupart des noms de pays masculins ne se terminent pas en « e ».	

Nom	On habite, on va...
Les pays au pluriel :	
Exemples :	
– les Pays-Bas	aux Pays-Bas
– les États-Unis	aux États-Unis

« Dès qu'il sait marcher, l'enfant sait voyager… »

« Je pensais que les vacances me videraient la tête. Mais non, les vacances, ça ne vide que le porte-monnaie. »
Jean-Philippe Blondel

10.6 En France (échange scolaire, vacances, différences culturelles)

Pendant mon année de transition, j'ai fait un séjour en France
In transition year I did a trip to France

Je suis resté(e) trois mois dans une école française
I stayed for 3 months in a French school

J'ai fait un séjour linguistique de deux semaines en France
I did a language course for two weeks in France

Je suivais les cours en français tous les jours
I did classes in French every day

Je devais parler français constamment
I had to speak French constantly

Cela m'aide énormément pour le Bac
It helps me a lot for my Leaving Cert.

Quand j'étais en France, j'ai remarqué des différences
When I was in France I noticed differences

En général les journées étaient plus longues
The school days were generally longer

Les cours étaient plus longs et duraient une heure
The classes were longer and lasted an hour

Les élèves français n'ont que deux mois de vacances !
French pupils only have 2 months' holiday!

Tout semble s'arrêter durant les heures de repas !
Everything seems to stop during lunch hour!

À Montpellier, le temps était fantastique
In Montpellier the weather was fantastic

Il faisait toujours beau
The weather was always nice

La cuisine était délicieuse, surtout les pâtisseries
The food was delicious, especially the pastries

Les Français sont plus impatients que les Irlandais
French people are more impatient than the Irish

Beaucoup de jeunes Français fument
A lot of young French people smoke

Les jeunes se font la bise, je trouve ça drôle !
Young people kiss on both cheeks, I find it funny!

🎧 CD2, Track 16 **La question de notre examinateur à Nathan**

Est-ce que vous avez déjà été en France ?

Oui, j'y suis allé quand j'étais en année de transition ; je suis resté deux semaines avec une famille française. Nous étions à Paris et je me souviens que c'était magnifique. On a visité tous les sites touristiques et j'en ai profité pour parler français.

©SWISS

LA PLAGE LA PLUS PROCHE DE PARIS
ROUTE AUTODROME

LE CASINO
LE GOLF
LES HOTELS

OUVERTS
DE PAQUES À FIN SEPTEMBRE

DIEPPE

10.7 Dans les TGV, la chasse aux fumeurs

« Depuis qu'il est interdit de fumer dans les trains, les passagers sont plus agressifs, constate Christian Raynaud, contrôleur depuis trente ans à la SNCF. Je ne compte plus les fois où je surprends des voyageurs en train de fumer dans les toilettes ou entre deux wagons. Certains profitent des arrêts dans les gares pour en griller une sur le quai. Mais parfois le train ne s'arrête qu'une minute ! C'est court pour une cigarette. La semaine dernière, un chef de gare s'est fait cracher dessus car il demandait à un fumeur d'une vingtaine d'années de regagner sa place. Les gens font comme chez eux. Certains téléphonent pendant un quart d'heure pour raconter leur vie et dérangent un wagon entier. La semaine dernière, j'ai dû intervenir en première classe car un monsieur regardait un film sur son ordinateur sans casque. Il y a aussi les passagers qui voyagent avec des valises trop encombrantes, qu'ils n'hésitent pas à laisser dans le passage. Je me souviens d'une vieille dame qui voyageait avec sa machine à laver… Sur les lignes du sud de la France nous sommes confrontés à un problème particulier : les passagers qui voyagent en maillot de bain, serviette autour du cou, pour aller à la plage. Ceux-là oublient qu'il est indispensable d'avoir un ticket pour se déplacer en train. »

Le Journal du Dimanche

Glossaire

en griller une : *to have a quick smoke*
le casque : *ear phones*
encombrant : *large*

Questions

1 Pourquoi les passagers sont-ils plus agressifs maintenant ?
2 Relevez la phrase qui montre qu'on n'a pas vraiment le temps de fumer sur le quai.
3 Trouvez deux exemples de mauvais comportement.
4 Quel problème trouve-t-on dans le sud de la France ?

Exercice écrit

Et vous, quels sont les mauvais comportements qui vous énervent ?

Vocabulaire

Pour vous aider
Ce qui m'énerve, c'est quand on…
Je n'aime pas quand les gens…

Je déteste devoir écouter les conversations téléphoniques dans le bus.
Quand on met sa musique trop fort…

10.8A The 'imperfect tense' ('l'imparfait') is a past tense
(see p. 232)

1 **To say what USED TO HAPPEN**
   I used to sing when I was young.
   Je chantais quand j'étais jeune.
   They used to work in France a lot.
   Ils/Elles travaillaient beaucoup en France.
   Sometimes 'used to' is not written or said but implied as in the example below:
   I played rugby when I was in school.
   Je jouais au rugby à l'école.

2 **To say 'WAS / WERE + ING'**
   I was repairing my bike in the garage.
   Je réparais mon vélo dans le garage.
   We were swimming in the river around 2 o'clock.
   Nous nagions dans la rivière vers 2 heures.

3 **To say what HAPPENED REGULARLY**
   He got up every day at 6.15.
   Il se levait tous les jours à 6 heures et quart.
   We often went to Dublin at the weekend.
   Nous allions souvent à Dublin le week-end.

It's very important to be familiar with the verbs être, avoir and faire in the imparfait:
J'étais (heureuse/triste/désolée) *I was…*
C'était (super/pas mal/affreux) *It was…*

Il y avait (une plage/beaucoup de monde) *There was/There were…*
Il faisait (beau/chaud/froid) *It was…*

10.8B The passé composé (composite past) is another past tense
(see p. 236–239)

1 To say what HAPPENED

I looked out the window.

J'ai regardé par la fenêtre.

She did her homework.

Elle a fait ses devoirs.

I went to France.

Je suis allé(e) en France.

2 To say what HAS HAPPENED

I have lost my purse.

J'ai perdu mon porte-monnaie.

He has had an accident.

Il a eu un accident.

I have arrived, could you pick me up?

Je suis arrivé(e), est-ce que tu peux venir me chercher ?

3 To say what HAS BEEN HAPPENING

It has been raining.

Il a plu.

He has been crying.

Il a pleuré.

They have been drinking.

Ils/Elles ont bu.

NOTE: *If you say* 'for how long' *with any of the sentences above, you must use the **present tense** in French.*
*It has been raining **for 2 hours**.*
Il pleut depuis deux heures.
From 10.8A and 10.8B, you can see that the decision on whether to use the 'passé composé' or the 'imparfait' depends on what you want to say. Confusion between these two tenses accounts for a lot of errors in Leaving Cert written work.
10.8C gives you a summary of when to use each tense.

« Être en vacances c'est n'avoir rien à faire et avoir toute la journée pour le faire. »
Robert Omen

10.8C Imparfait or passé composé ?

Imparfait	VS	Passé composé
• USED TO HAPPEN *I used to play soccer.* **Je jouais au foot.** • HAPPENED ON A REGULAR BASIS *It rained every day.* **Il pleuvait tous les jours.** • WAS HAPPENING *I was doing my homework.* **Je faisais mes devoirs.**	VS	• HAPPENED (not regularly) *Last Saturday I played soccer.* **Samedi dernier, j'ai joué au foot.** • HAS BEEN HAPPENING (with no indication of time or period of time) *It has been raining.* **Il a plu.** • HAS HAPPENED (not in the process of happening) *I have done my homework.* **J'ai fait mes devoirs.**

« Les voyages améliorent les sages et empirent les sots. »
Proverbe anglais

10.8D Translate these sentences.

1 We went to France last year.
2 It was very warm.
3 My mother rented a house.
4 It was very beautiful.
5 Every evening we used to eat in a restaurant.
6 There were lots of restaurants.
7 We didn't eat snails.
8 I played football on the beach with my sister.
9 We went out in the evenings.
10 The clubs were really great.
11 My parents bought French wine.
12 We stayed two weeks.
13 The holiday was great!
14 We went home on July 14.

CD2, Track 17 10.9 Five people talk about their holiday plans

Questions

A. Philippe

1 What is he planning to visit?
2 With whom is he going?
3 How long ago had he previously been there?
4 Name 2 types of transport he mentions.
5 For how long will they stay?
6 Why does he feel that this is the minimum amount of time needed for this holiday?

B. Mourad

1 How long will he stay in Tunisia?
2 Can you work out what his job is? (There are a couple of possibilities.)
3 Why will he get up early to play golf?
4 Apart from jet-ski and golf, what other sport does he mention?

C. Véronique

1 She will go on holidays from _____ to _____.

2 What type of holiday does she not like?
3 Why does she think she's lucky?

D. Pascal

1 Where does he live?
2 Name two things he dislikes about going on holiday.
3 He likes
   (a) being with friends all the time   ☐
   (b) watching television   ☐
   (c) going to visit friends   ☐
   (d) being home alone.   ☐

E. Bernard

1 Why is he going to Iceland?
2 How long has he been going to Los Angeles?
3 Why does he always travel by plane, even in France?
4 How long will he spend in Biarritz?

Revise exam guidelines and tips on written production p. viii

10.10 Échange et vacances

(a) Vous avez fait un échange en France. Écrivez un mel à un(e) ami(e) français(e) en essayant d'aborder au moins cinq des questions suivantes :
   (i) Comment s'appelait votre correspondant(e) ?
   (ii) Où étiez-vous exactement ?
   (iii) La famille était comment ?
   (iv) Comment était la maison ?
   (v) Est-ce que vous êtes allé(e) à l'école ? C'était très différent ?
   (vi) Qu'est-ce que vous avez fait comme activités ?
   (vii) Qu'est-ce que vous avez rapporté comme cadeaux pour votre famille ?

(b) Imaginez que vous partez en vacances en famille. Dressez une liste des affaires personnelles que vous voulez emporter, à part les vêtements (8 à 10 choses).

(c) Racontez vos vacances de l'été dernier ou d'un autre moment de l'année (Noël, Pâques).

Vocabulaire

Pour vous aider
- Où êtes-vous allé(e) ?
- Avec qui étiez-vous ?
- Partir en ferry, en voiture…
- Sortir le soir (en disco, au restaurant…)
- Rester dans un appartement, un camping…
- Rencontrer quelqu'un d'intéressant…
- Les activités (nager, se faire bronzer…)
- Le temps qu'il a fait.

10.11 Le camping où le temps s'est arrêté

Avec de luxueuses tentes aménagées à l'ancienne au cœur de la ferme, l'opération 'Un lit au pré' offre aux vacanciers une expérience unique.

1 Vivre au milieu des chevaux, des vaches et des lapins, abrités dans une tente de 45 m² chauffée par un poêle à bois et éclairée par des bougies, tel est le concept développé par Un lit au pré, dans cinq fermes françaises. Depuis le printemps, Isabelle et Marc Blarel ont installé six immenses tentes rectangulaires dans leur exploitation de Méréaucourt.

2 Leur ferme du Prieuré, datant des XVIIᵉ et XVIIIᵉ siècles, plonge en quelques secondes les invités dans un autre temps : « Dès notre arrivée, vendredi soir, nous avons poussé la brouette pleine de bois pour alimenter le poêle, racontent Stéphanie et Gildas Niget, venant de Paris avec leurs deux enfants, Eliott, 2 ans, et Cerise, 18 mois. Neige, l'âne, nous attendait. Le poêle, c'est vraiment le cœur de la tente. Il sert pour chauffer l'eau des biberons, et de la vaisselle ou pour se laver les mains. Nous avons ensuite allumé les bougies. Quand tout est illuminé,

c'est romantique. La tente, avec son îlot central pour faire la cuisine, est super jolie mais elle a plus d'allure la nuit que le jour. »

3 La tente, qui se présente comme une petite maison, dispose de l'eau courante et de toilettes mais pas de salle de bain. Les douches se prennent dans une ancienne étable à cochons. Le mobilier est rudimentaire : une table, des chaises, trois chambres. Côté garde-manger, c'est au cellier que les familles vont se ravitailler en pain, boissons, fromages, fruits, légumes… Elles peuvent aussi déguster des plats traditionnels (bœuf aux carottes, blanquette de veau…) concontés par les maîtres des lieux.

4 « Nous avons tous les avantages du camping sans les inconvénients, résument Stephanie et Gildas Niget. Nos hôtes sont accueillants et ne sont pas omniprésents. Nous avons une véritable impression de silence. On entend les hiboux la nuit. Le matin,

notre fils aide à nourrir les animaux de la ferme. Nous faisons des balades avec l'âne ou avec des vélos loués à la ferme. » Son séjour n'était pas encore terminé que le jeune couple n'avait déjà qu'une envie : revenir.

Aujourd'hui en France,
Isabelle Boidanghein

Glossaire

abriter : *to shelter*
le poêle : *stove*
la bougie : *candle*
le pré : *meadow*
une exploitation : *farm*
la brouette : *wheel barrow*
alimenter : *to feed*
le biberon : *baby's bottle*
un îlot : *island*
l'allure : *style*
une étable : *stable*
le mobilier : *furniture*
se ravitailler : *to stock up*
déguster : *to sample*
un hibou : *owl*

Questions

Section 1

1 Trouvez les éléments qui montrent que ce genre de vacances n'est pas moderne.
2 Relevez un verbe au passé composé.

Section 2

1 Relevez l'expression qui montre que la ferme est très vieille.
2 Le poêle est très important. Citez la phrase qui nous le montre.
3 À quel moment de la journée la tente est-elle très belle ?

Section 3

1 Que fait-on pour se laver ?
2 Où trouve-t-on la nourriture ?

Section 4

1 Trouvez l'expression qui signifie « nous laissent tranquilles ».
2 Nommez une activité qu'on peut faire.
3 Trouvez l'expression qui indique que cette famille a beaucoup aimé ces vacances.

• **'This young family really enjoyed their old-style holiday.'**

Do you agree? Refer to the text in your answer.

« J'ai accompli de délicieux voyages, embarqué sur un mot… »
Honoré de Balzac

10.12 ZOOM. Les monuments les plus visités de France par an

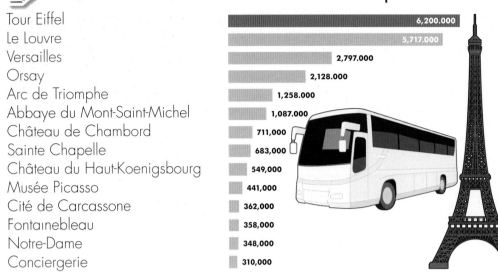

Monument	Visiteurs
Tour Eiffel	6,200.000
Le Louvre	5,717.000
Versailles	2,797.000
Orsay	2,128.000
Arc de Triomphe	1,258.000
Abbaye du Mont-Saint-Michel	1,087.000
Château de Chambord	711,000
Sainte Chapelle	683,000
Château du Haut-Koenigsbourg	549,000
Musée Picasso	441,000
Cité de Carcassone	362,000
Fontainebleau	358,000
Notre-Dame	348,000
Conciergerie	310,000

La France s'enorgueillit d'accueillir le plus grand nombre de touristes de la planète. Les monuments parisiens attirent les foules, juste devant Versailles, davantage visité encore depuis le film de Sofia Coppola. Mais l'abbaye du Mont-Saint-Michel, le château de Chambord et la cité de Carcassonne sont aussi très appréciés.

Est-ce qu'il y a des endroits (pays, villes, régions, sites, bâtiments, monuments…) que vous aimeriez visiter ? Choisissez-en trois, et dites pourquoi vous voudriez les visiter.

10.13 Extrait de journal intime

JEUDI 18 DÉCEMBRE

C'est les vacances de Noël. D'un côté, c'est bien : je ne me lève plus aux aurores. Franchement, c'est quoi ce concept de faire lever les mineurs tous les matins en pleine nuit par moins quatre mille degrés ? Même les adultes ne vont pas au bureau si tôt !

Je suis désolée, mais il y a une vraie différence entre 8h30 et 9h00. À 9 heures, il fait jour ! Torture des adultes. Vengeance mesquine de leur triste monde bureaucrate sur notre éclatante jeunesse… Super éclatante, la mienne. Dès que j'inspire, une boule se serre dans ma gorge. Dès que j'expire, des larmes se forment au coin de mes yeux. Vacances riment avec absence ! Je ne vais plus voir mon copain pendant quinze jours. Là encore, dans un monde d'adultes, quinze jours, c'est pas grand-chose. Mais dans un monde à notre échelle (à mon avis, la bonne), chaque jour compte. Je ne sais pas comment je vais tenir. Enfermée avec mon frère et ma sœur, en plus.

heelllppppp !

Mon Journal Intime

Glossaire

d'un côté : *on the one hand*
l'aurore : *dawn*
mesquin : *mean*
éclatant : *dazzling*
une boule se serre dans ma
    gorge : *I've a lump in my throat*
la larme : *tear*
l'échelle : *scale*

Questions

1 Quel est l'avantage des vacances de Noël, selon l'écrivain ?

2 Trouvez un exemple d'exagération.

3 Complétez : À 8h30 il fait _____. À 9h il fait jour.

4 Selon l'écrivain, pourquoi est-ce que les jeunes sont obligés de se lever si tôt ?

5 Relevez une phrase qui montre la tristesse de l'écrivain.

6 Trouvez des mots qui signifient « pas beaucoup ».

7 Trouvez un mot qui montre que l'écrivain est une fille (il y en a deux).

10.14 L'été prochain/après le bac

L'été prochain, j'irai en France avec mes amis
Next summer, I will go to France with my friends

Je prévois de partir en vacances en Allemagne
I plan to go on holidays to Germany

J'ai en tête de voyager en Europe avec Inter-Rail
I have it in mind to travel Europe by train

J'ai pour projet de voir l'Europe de l'Est
I plan to see Eastern Europe

Je partirai en vacances à Nice avec mes amis
I will go on holidays to Nice with my friends

On louera un appartement ensemble
We will rent a flat together

On fera du camping au bord de la mer
We will stay in a campsite by the sea

On restera deux semaines dans le sud de la France
We will stay 2 weeks in the South of France

Il me tarde de passer mes journées à la plage
I can't wait to spend my days at the beach

Je me ferai bronzer et j'irai me baigner tous les jours
I will sunbathe and I will go for a swim every day

Je sortirai tous les soirs et je me détendrai
I will go out every night and I will unwind

Je ferai du surf, de la voile, du golf
I will surf, sail, play golf

J'aurai le temps de lire mes romans préférés
I will have time to read my favourite novels

En vacances, j'oublierai tous les soucis du Bac
On holidays, I will forget all my worries about the Leaving Cert

Je pourrai me vider l'esprit
I will empty my mind (of all worries)

En juin, je partirai trois mois aux États-Unis
In June I will go for 3 months to the US

Je travaillerai pour financer mes vacances
I will work to finance my holidays

Je vais passer deux semaines en Grèce
I'm going to spend two weeks in Greece

 CD2, Track 18 **La question de notre examinateur à Nathan**

Qu'est-ce que vous allez faire l'été prochain ?

L'été prochain, je prévois de partir quinze jours en camping dans le sud de la France avec tous mes copains de classe. On va se régaler ! On a réservé dans un camping près de Nice. Il me tarde vraiment d'aller à la plage. On sortira tous les soirs, on se relaxera sur la plage, j'oublierai tous les soucis du Bac et je pourrai enfin me vider l'esprit !

 CD2, Track 19 **10.15 Une guêpe (*a wasp*) fait fermer une autoroute**

Questions

1 What nationality was the truck driver?
2 He was trying to get rid of a wasp. What happened as a result?
3 What cargo was the truck carrying?
4 How much did it weigh?
5 In which part of the country did the incident happen?
6 For how long was the motorway closed?

« Ce que j'aime dans les voyages, c'est l'étonnement du retour. »
Stendhal

📖 10.16 La vie rêvée

1 Deux ou trois étés de suite, nous avions quitté l'Italie pour l'une ou l'autre des îles grecques. Nous louions pour pas cher des maisons qui étaient loin des villages et tout près de la mer. Les voitures, les journaux, les faits divers, les impôts, les débats de société et les institutions, nous les laissions derrière nous. À Naxos, notre fenêtre donnait sur un champ de lavande. À Symi, nous avions un figuier au milieu du jardin. J'écrivais à son ombre un livre sur mon enfance qui allait s'appeler *Au plaisir de Dieu*.

2 Nous marchions sur le sable, nous dormions beaucoup, nous ne voyions personne, nous nous baignions, nous nous nourrissions de tomates, de feuilles de vigne farcies, et de vin. Les journaux de Paris arrivaient une fois par semaine au port où nous n'allions pas les chercher. C'était une vie magnifique. Rencontré par hasard un matin boulevard Saint-Michel, à Paris, Gérard m'avait demandé avec une sorte de stupeur :

– Mais vous ne vous ennuyez pas, seuls, là-bas, tous les deux ?

Non, nous ne nous ennuyions pas. Nous ne faisions presque rien. Nous nous aimions.

Voyez comme on danse,
Jean d'Ormesson

Glossaire

le fait divers : *news item*
les impôts : *income tax*
le figuier : *fig tree*
par hasard : *by chance*

Questions

« Vive les vacances »

Section 1

1 Repérez l'expression qui montre la vie qu'ils abandonnaient en allant en Grèce.

2 Trouvez un adjectif au féminin pluriel.

Section 2

1 Repérez l'expression
   (a) qui indique qu'ils n'avaient pas envie de savoir ce qui se passait en France.
   (b) qui prouve qu'ils aimaient beaucoup vivre de cette façon.

2 Trouvez un participe passé.

3 « Nous marchions… de vin. »
   En vous basant sur cette section de l'extrait,

• 'This couple seem totally content on their Greek island'. Do you agree? Support your answer with two or three points and reference to the text.

écrivez une phrase (avec au moins 5 verbes !) dans laquelle vous décrivez comment vous passiez votre temps en vacances
(a) quand vous aviez 5 ou 6 ans
(b) l'année dernière

4 Quand vous partez en vacances, qu'est-ce que vous êtes content/e de laisser derrière vous ? (Deux ou trois choses)
   e.g. « Je suis content de laisser les embouteillages, les _____ et les _____ derrière moi. »

5 This extract is largely written in the 'Imparfait' (the Imperfect tense). Take each of the 'Imparfait' verbs and explain why it's in the 'Imparfait'.

✒️ Opinion/Reaction

Les vacances décrites par le narrateur représentent l'idéal pour beaucoup de vacanciers.

Et vous, êtes-vous tenté(e) par sa description ? Pourquoi ? ▼

Vocabulaire

Pour vous aider

Expressions tirées du texte :

Lâcher la vie quotidienne
Laisser la vie quotidienne derrière moi/nous
Louer une maison tout près de la mer

Marcher sur le sable/la plage
Beaucoup dormir
Se baigner
Se nourrir de/Manger…

« Le vrai voyageur ne sait pas où il va. »
Proverbe chinois

Autres expressions :

Ça me tente beaucoup/ne me tente pas
Je ne suis pas du tout tenté(e) par cette description
Quand je suis en vacances, j'aime…, je n'aime pas…
Pour moi, cette sorte de séjour, c'est l'idéal…
Ça a l'air trop ennuyeux
Je m'ennuierais à mourir
Moi, j'ai besoin de bouger, de sortir, d'aller en boîte, etc…

J'adore la tranquillité…
C'est plutôt le genre de séjour qui tenterait mes parents !
Je préfère les vacances actives – tennis, foot…
Si j'étais avec l'homme ou la femme de ma vie, oui !
C'est mon rêve, une sorte de paradis terrestre
Il ferait trop chaud en Grèce
Je ne supporte pas la chaleur

 10.17 An imperfect holiday

You've just returned from a holiday in France with your family. You were in a mobile home park in Brittany. Write an e-mail in French to the park in which you say:

- You waited for 30 minutes at Reception when you arrived, as there was no-one there.
- Your mobile home was dirty and you had to clean it.
- Your mobile home was too near to the toilet block (*les sanitaires*). This was not pleasant (*agréable*).
- The food shop (*le magasin d'alimentation*) was closed between noon and 2 p.m.
- At night there was a lot of noise and you couldn't sleep.
- End by saying you're going to send a copy of this e-mail (*ce mél*) to the local Tourist Office.

 10.18 Le voyage de mes rêves

Vocabulaire et expressions de base

J'aimerais faire une croisière en bateau
I would like to go on a cruise

Je voudrais aller en Australie pour voir…
I would like to go to Australia to see…

Mon rêve, c'est de passer l'été en Californie
My dream is to spend the summer in California

Je rêve d'aller en Alaska pour voir…
I dream of going to Alaska to see…

Je voudrais faire un road trip aux États-Unis
I would like to do a road trip in the US

J'aimerais faire le tour du monde
I would like to go around the world

J'espère voyager dans le monde entier
I am hoping to travel all around the world

Si j'étais riche, je voyagerais dans l'espace
If I were rich I would travel to space

Si j'avais de l'argent, j'irais passer un mois à Hawaï
If I had money I would go and spend a month in Hawaii

Le voyage de mes rêves, c'est l'Antarctique !
The trip of my dreams is to go to Antarctica!

 CD2, Track 20 **La question de notre examinateur à Matthieu**

Est-ce qu'il y a un endroit que vous aimeriez visiter ou avez-vous un voyage que vous rêveriez de faire ?

Oui, mon rêve c'est d'aller en Alaska. Je voudrais voir ses vastes montagnes, l'emblématique Mont McKinley (6 194 m), les glaciers, les plages sauvages de l'île de Kodiak, et aussi faire des randonnées dans les forêts de l'île de l'Amirauté, domaine des ours, des saumons et des aigles chauves. Si j'avais l'argent, j'achèterais mon billet d'avion tout de suite !

10.19 Le document

Quelques conseils

The 'document' is an option in the oral exam. Should I prepare one?
It is in your interest to prepare what is called 'un document' as part of your French oral exam, as it allows you to pick a topic you want to talk about during the exam. If your document is carefully picked and well prepared, it gives you a chance to shine and leaves the examiner with a good communicative impression.

How long would I have to talk about it for? How many marks are going for it?
There is no specific time allocated to the document and it is marked as part of the whole oral exam. Examiners tend to spend two or three minutes on it, but can spend longer, particularly if they are engaged in an interesting conversation with the candidate.

What sort of document should I prepare?
The usual documents are pictures of you, your family or friends on holidays in Ireland or abroad or pictures of a concert you attended, a film you saw, pictures of your favourite sports person, band, etc. It can also be an article from a magazine or newspaper or a book (written in French). Your teacher may be able to tell you about previous students' choice of document. Documents with a French connection are a good idea. If you choose to talk about France or any other country, underline the differences between there and Ireland (weather, food, prices …).
You may not bring in an object, but if you wanted to talk about a book, for example, or a piece of art, you could simply bring a photo of it.
There must be no **English** on your document.

How will the examiner approach my document?
The examiner will ask you at the start if you have a document, and you will hand it to him/ her. (« Oui, le voici », « Voici mon document. »)
There are a few approaches he can take to asking about it:
Some examiners like to ask the candidate questions, whereas others are happy to let the candidate just talk about it. And some will opt for a combination, letting the candidate start off and then bringing in some specific questions. Examiners are more interested in the subject than in the small details on a picture.

What is the best way to prepare it?
You can't know in advance which approach the examiner will take, so it is always a good idea to prepare questions and answers on your document. This means that you will understand questions if they are asked, and if they are not, you still have all the material from your answers to talk about.
When choosing a document, it is always a good idea to ask other people (your teacher, friends, someone at home) to think of questions (in English) that they might ask about it. If they have difficulty coming up with ideas for questions, so will an examiner, so this is a good indication that you should probably choose something else if you want to spend time on it!

As a general rule, try to prepare around a dozen questions and answers. Here are some possible questions:

1. Pourquoi avez-vous choisi ce document/ cette photo/ cet article/ ce dessin?
2. C'était où?
3. C'était quand?
4. C'est une photo récente?
5. Qui sont les personnes sur la photo?
6. C'était à quelle occasion?

« L'école de la vie n'a point de vacances. »
Proverbe français

Voici mon document !
Here is my document!
C'est une photo/ Ce sont des photos de...
It is a photo/ They're photos of...
Cette photo a été prise
This photo was taken...
C'était l'année dernière, l'été dernier
It was last year, last summer
Sur la/ cette photo...
In the photo...

On voit...
You see...
Là, ici
There, here
À côté de
Beside
J'aime cette photo/ce poème/cette publicité parce que
I like this photo/poem/advertisement because...

10.20 Les mauvaises surprises des séjours linguistiques

Les parents n'hésitent plus à se plaindre. Les familles d'accueil sont la cause de leurs réclamations.

1 Envoyé en séjour linguistique pour trois semaines aux États-Unis, Paul a atterri, à sa grande surprise, chez un homme seul qui reçoit des jeunes en grande difficulté. Il les avait présentés à l'organisme comme ses propres enfants. Partie en séjour d'immersion aux États-Unis, cette autre ado a vu la famille censée l'accueillir partir en vacances... la laissant seule avec leur fils aîné ! Une troisième a fait l'objet d'avances ambiguës du père de famille... Quant à Hélène, qui avait envoyé sa fille de 12 ans à Brighton, elle se rend compte que la « famille d'accueil » la laisse sortir tous les soirs. Sans parler de ces jeunes qui se retrouvent sous le même toit que plusieurs francophones.

2 Face aux mauvaises surprises rencontrées par leurs enfants lors des séjours linguistiques, les parents réagissent immédiatement et n'hésitent plus, une fois leur enfant rentré en France, à déclencher des contentieux. Directeur commercial chez EF, l'un des principaux organisateurs de séjours, Franck Bardin constate qu'« *il y a clairement une hausse de comportements procéduriers chez les parents. Nous devons même faire face à des procès ! Certes, cela ne représente que trois ou quatre cas par an...* ». Les réclamations « *concernent 2 % environ des 10 000 séjours que nous organisons chaque année* ».

3 Chez Nacel, autre organisateur, on admet recevoir « *une centaine de plaintes en tout genre pour 11 000 séjours, mais il y a vraiment de tout* ». Principal sujet de mécontentement : l'accueil dans les familles. Avec 130 000 jeunes Français de 10 à 18 ans partis en séjour linguistiques l'an dernier, le marché est réparti entre 150 organismes. Autant dire que le choix relève du casse-tête pour les familles. L'appréhension est d'autant plus grande que les enfants partent de plus en plus tôt à l'étranger. Avec un coût moyen de 1 300 à 1 600 euros pour un séjour de deux semaines (15 % à 20 % de marge pour l'organisme), les parents n'acceptent plus l'à-peu-près.

Le Figaro

se plaindre : *to complain*
une famille d'accueil : *host family*
atterrir : *to land*
censé : *supposed to*
réagir : *to react*
déclencher : *to unleash*
le contentieux : *legal proceeding*
procédurier : *litigious*
le procès : *trial*
répartir : *to divide*
la marge : *profit*
l'à-peu-près : *not quite right*

« Mon éducation, je l'ai faite pendant les vacances. »
Osbert Sitwell

Questions

Section 1

1 Le monsieur chez qui Paul logeait avait menti. Trouvez la phrase qui montre cela.

2 Quelle surprise l'autre ado a-t-elle eue ?

3 Relevez l'expression qui montre que la fille d'Hélène avait beaucoup de liberté.

4 Quel serait le désavantage d'habiter avec « plusieurs francophones » ?

Section 2

1 Les parents réagissent quand leur enfant
   (a) est rentré. ☐
   (b) est toujours à l'étranger. ☐
   (c) rentre à l'école. ☐
   (d) n'a pas eu une mauvaise surprise. ☐

2 Relevez la phrase qui indique que le nombre de plaintes augmente.

3 Trouvez un participe passé an féminin pluriel.

Section 3

1 Retrouvez l'expression qui indique qu'il y a une grande variété de problèmes rencontrés.

2 Pourquoi est-ce difficile pour les parents de choisir un organisme ?

3 Trouvez la phrase qui signifie « les enfants partent plus jeunes ».

• **'Parents are no longer willing to put up with bad service from these organisations.'**

Do you agree? Refer to the text in your answer.

 Opinion/Reaction

Mon Journal intime

Imaginez que vous êtes un/une des quatre ados dont on parle dans la première section. Écrivez un extrait de journal intime qui décrit votre expérience.

🎧 CD2, Track 21 **10.21** Holidays

Revise exam guidelines and tips on listening comprehensions p. x

Maintenant écoutez cette conversation téléphonique et répondez aux questions.

1 Christiane got home from holidays:
   (a) yesterday morning ☐
   (b) this morning ☐
   (c) this evening ☐
   (d) yesterday evening. ☐

2 The holiday was:
   (a) great, especially the first few days ☐
   (b) great, except for the first few days ☐
   (c) great, but only lasted a few days. ☐

3 What is the relationship between Christiane and Frédérique?

4 The magazine article which Christiane read said that the holidays can be a time of tension and rows in families. What suggestion did the article make to avoid this?

5 Christiane's husband, Martin, gives two reasons for leaving straight after work. Which of the following does he **not** give?
   (a) They would have more time in Ireland. ☐
   (b) They should go because the weather was good. ☐
   (c) It would be good for him to leave right away. ☐

6 Name three things Christiane and the children did before leaving home.

7 'Pour aller chercher "monsieur" au bureau.'
Why does she use the word 'monsieur'?

8 Martin was in a very bad mood when he left his office.
(a) What was Christiane's reaction to this?
(b) Give two reasons for Martin's bad form.

9 Complete:
As the family set off in the rush hour traffic, Martin was _____.
The kids were complaining because _____. (two reasons)
and Christiane was dreading _____ the next day.

10 Eventually, the atmosphere became more relaxed. However, next time, what will Christiane insist on?

Une lettre

Imaginez que vous êtes un des enfants de Christiane et Martin. Écrivez un email à un ami/une amie dans laquelle vous racontez la journée du départ de votre point de vue.

10.22 A young girl's view of Christmas

> Revise exam guidelines and tips on reading comprehensions p. vii

1 Pendant les vacances de Noël nous restons à Paris. Ma mère n'aime plus les voyages, la campagne, la montagne, c'est au-dessus de ses forces, elle a besoin de rester là, en terrain connu. Le soir il me semble que je peux nous voir, de l'extérieur, au travers des baies vitrées, le sapin dans le fond du salon, ce sont les mêmes boules et les mêmes guirlandes que l'on ressort depuis des siècles, personne ne s'y intéresse, n'y prête attention, pas même mon père. Nous serions sans doute tous d'accord pour conclure que cela n'a pas de sens, mais personne ne le dit, alors chaque année le carton est ouvert, le sapin décoré, le menu prévu à l'avance.

2 En général mes grands-parents viennent de Dordogne, ils dorment chez nous le soir du réveillon, la seule chose que j'aime c'est qu'on dîne très tard car ils vont à la messe de minuit (ma grand-mère refuse de dîner avant, sinon elle s'endort à cause de la digestion). Le lendemain, ma tante, mon oncle et mes cousins nous rejoignent pour le déjeuner.

3 La trêve de Noël ça veut dire qu'il faut faire semblant d'être content, d'être heureux, de bien s'entendre avec tout le monde. À Noël par exemple on invite ma tante (qui est la sœur de mon père) qui fait toujours des réflexions sur ma mère devant elle, comme si elle n'était pas là, comme si elle faisait partie du décor. Mon père ne répond pas, ma mère fait mine de ne pas avoir entendu, on fait passer le plat, on se ressert de gigot, de dinde ou de je ne sais quoi, on enchaîne sur leurs dernières vacances à l'île Maurice, le buffet était gi-gan-tes-que, les animations for-mi-da-bles, on a rencontré un couple très sympathique, les garçons ont fait de la plongée.

Noël est un mensonge qui réunit les familles autour d'un arbre mort recouvert de lumières, un mensonge tissé de conversations insipides, enfoui sous des kilos de crème au beurre, un mensonge auquel personne ne croit.

No et Moi, Delphine de Vigan

Glossaire

au-dessus : *beyond*
la baie vitrée : *picture window*
le sapin : *Christmas tree*
ressortir : *to take out again*
le sens : *meaning*
le réveillon : *Christmas Eve dinner*
rejoindre : *to join*
la trêve : *truce*
faire semblant de : *to pretend*
la réflexion : *remark*
faire mine : *to act (as if)*
enchaîner sur : *to move on to*
le mensonge : *a lie*
tisser : *to weave*
enfouir : *to bury*

Questions

Section 1

1 Trouvez la raison pour laquelle la famille ne part pas à Noël.

2 Relevez des mots qui montrent qu'à Noël rien ne change chez cette famille.

3 Trouvez les trois adjectifs possessifs.

Section 2

1 Trouvez les mots qui signifient « à la maison ».

2 Pourquoi la famille dîne-t-elle tard le soir ?

▼

3 « Le lendemain », c'est

(a) la veille de Noël

(b) le jour de Noël

(c) le 26 décembre

(d) le jour de l'an.

Section 3

1 Relevez la phrase qui montre que la tante ignore la mère de la narratrice.

2 Quelle est la réaction de la mère face aux remarques de la tante ?

3 Qu'ont fait les cousins de la narratrice en vacances ?

4 Quelle est la conclusion de la narratrice sur Noël ?

- Write down 3 different points which the novelist makes about Christmas in her family. Refer to the text in your answer.

« Les voyages forment la jeunesse. »
Proverbe français

10.23 Sample written piece

Let's take a piece of written production relevant to this chapter from the French Leaving Certificate paper.

C'est le 20 juin, le début des grandes vacances, et vous avez plusieurs projets. Mais, désastre – vous tombez dans l'escalier et vous vous cassez la jambe. Selon le médecin, vous devrez passer au moins six semaines avec la jambe dans le plâtre.

Qu'est-ce que vous notez à ce sujet dans votre journal intime, deux jours plus tard?

(75 mots environ)

Plan what you want to say

- Expressions linked to **disappointment/ disbelief**
- Say what **what you were going to do** (l'imparfait), **what you will not be able to do** (le futur négatif)
- Describe **what you are going to do instead** (le future proche)
- End on a positive note – « C'est la vie ! »

Vocabulaire

Quelle déception ! *(What a disappointment)*

Je suis déçu(e) de…/ Quel désastre !/ C'est pas possible !/ C'est incroyable !

C'est dommage / Je n'ai pas de chance

Je ne pourrai pas aller à la plage

Je vais rester en Irlande

Cher journal,

Quel désastre ! Je n'ai vraiment pas de chance… J'ai fini mes examens hier et ce matin je me suis cassé le pied en descendant les escaliers chez moi !

Malheureusement, je ne pourrai pas partir en Espagne demain avec ma classe. Je voulais tellement y aller. Quelle déception !

Je me voyais déjà sur la plage, jouant au volley. On allait visiter Malaga, et sortir tous les soirs !

Maintenant, au lieu de partir, je vais rester en Irlande avec ma famille génial ! J'ai quelques copains qui ne partent pas cet été et ils vont passer chez moi pour jouer aux jeux vidéo. Ce ne sera pas Malaga, mais c'est la vie !

Voilà pour l'instant – il faut que j'aille me coucher.

À demain !

10.24 Les vacances (cinq exercises de production écrite)

(a) Imaginez que vous êtes un touriste français en Irlande. Écrivez un courrier à un ami (8–10 phrases) où vous parlez du temps, de la nourriture, de votre impression du pays et de ses habitants, de ce que vous avez vu, et de ce que vous allez faire avant votre retour en France.

(b) Décrivez le climat irlandais pour chacune des quatre saisons.

(c) Dressez une liste des atouts et des défauts de l'Irlande comme destination touristique.

(d) Quelle est votre région d'Irlande préférée et pourquoi ?

(e) Vous êtes en vacances en France où vous rencontrez un couple d'une trentaine d'années. Ils veulent venir passer dix jours en Irlande, avec leur voiture. Ils vous demandent de leur suggérer un itinéraire intéressant. Ils ont beaucoup de questions :

- Devraient-ils venir directement en Irlande, ou bien passer par la Grande-Bretagne ?
- Quelles sont les régions à ne pas manquer ?
- Quelle est la grande ville la plus intéressante ?
- Quels vêtements devraient-ils prévoir pour le mois de septembre ?
- Est-ce que les routes sont bonnes ?
- Pourront-ils garer leur voiture en sécurité dans les grandes villes ?

Dressez une liste de recommandations et un itinéraire suggéré. Invitez-les à venir dîner ou déjeuner chez vous en Irlande.

> « Les mères de famille sont les seuls travailleurs qui n'ont jamais de vacances. »

 CD2, Track 22 **10.25** Parler de ses vacances

Questions (…/18)

1. Where did this girl and her family stay in Kinsale? (…/3)
2. What is the only activity she could not do? And why? (…/3)
3. What did she post on Facebook? (…/3)
4. What did she say about her boyfriend? (…/3)
5. What does she think is normal to do after the Leaving Cert? (…/3)
6. What does she say about going out? (…/3)

 CD2, Track 23 **10.26** Une visite à Paris

Questions (…/18)

1. What class was this boy in when he went to France? (…/3)
2. What does he say about the French family? (…/3)
3. What does he say about the monuments? (…/3)
4. What does he say about going back to Paris? (…/3)
5. What would he like to study in Paris? (…/3)
6. What problem will he face? (…/3)

Montage 11 Les métiers

11.1

PARLER DE VOTRE FUTUR MÉTIER

Je voudrais être ingénieur
Je voudrais devenir pilote
J'aimerais faire de la recherche
Je souhaiterais travailler dans le commerce
J'aimerais aider les autres
Je ne suis pas encore certain(e)
J'ai plusieurs idées
J'espère devenir
Si je n'y arrive pas, je voudrais être...

LES MÉTIERS DE VOTRE FAMILLE

Ma mère est coiffeuse
Mon frère travaille pour une compagnie d'assurances
Ma sœur travaille en Australie, elle est architecte
Mes parents travaillent dans une agence de pub
Ma mère est femme au foyer
Mon père reste à la maison
Mon père est mécanicien
Mon frère travaille de chez lui
Ma mère a sa propre compagnie

Montage 11
Les métiers

LE PETIT BOULOT

J'ai un petit boulot dans un café/un magasin
Je travaille le week-end
Je travaille dix heures par semaine
Je gagne huit euros de l'heure
Je n'ai pas le temps à cause du Bac
J'ai travaillé dans un hôtel l'année dernière
J'ai travaillé pour une association de jeunes

LE CHÔMAGE

perdre son travail
être licencié
être mis à la porte
être viré
être au chômage
retrouver du travail
se faire embaucher par
la crise économique

11.2 Parler de votre futur métier

Vocabulaire et expressions de base

Je voudrais être ingénieur *I would like to be an engineer*	**J'ai plusieurs idées** *I have several ideas*
Je voudrais devenir pilote *I would like to become a pilot*	**Mon rêve, c'est de devenir…** *My dream is to become …*
J'aimerais faire de la recherche *I would like to do research*	**J'espère devenir…** *I hope to become…*
Je souhaiterais travailler dans le commerce *I'd wish to work in business*	**Si je n'y arrive pas, je voudrais être…** *If I don't manage it, I'd like to be…*
J'aimerais aider les autres *I would like to help others*	
Je ne suis pas encore certain(e) *I am not sure yet*	

> Revise exam guidelines and tips on oral preparation p. vii

Section A

 CD2, Track 24 **Les questions de notre examinateur à Lucie**

Quel métier voudriez-vous faire plus tard ?

Je ne suis pas encore certaine. Je voudrais travailler dans l'industrie de la mode. J'aimerais travailler pour une compagnie de parfum ou de haute couture, mais je sais que c'est très difficile.

Quelles études vous faut-il faire pour travailler dans ce secteur ?

Je crois qu'il faut que j'aille dans une école d'art et que je fasse aussi des études de commerce.

Section B

 CD2, Track 25 **Les questions de notre examinateur à Marc**

Parlez-moi de la profession que vous aimeriez exercer.

Je suis passionné par la musique donc j'aimerais travailler dans le monde de la musique, je ne suis pas encore sûr, peut-être compositeur, ingénieur du son ou tout simplement musicien ? Qui sait ?

Quelles études vous faut-il faire ?

Il faut que j'aille à la fac de musique soit à Dublin soit à Cork, je n'ai pas encore décidé.

> « Je travaille à être heureux : c'est le plus beau des métiers. »
> Robert Lassus
> Extrait de *Journal d'un curieux de campagne*

11.3A La vie d'une caissière

1 – 170 000 caissières, pardon, hôtesses de caisse, en France, (belle famille quand même !).
– 15-20 articles à enregistrer par minute.
– 700 à 800 articles enregistrés par heure.
– De 21 000 à 24 000 articles enregistrés par semaine.
– 800 kilos d'articles soulevés par heure (la tonne horaire est dépassée les bonnes journées).
– De 96 à 120 tonnes soulevées par semaine (l'équivalent de quatre poids lourds, quand même !).
– Par an ? Prenez votre calculette (non fournie par le magasin). Est-ce que je ressemble à une bodybuildeuse ?
Non, pas du tout, j'ai souvent plus l'impression d'avoir soixante-dix ans.

2 Chaque semaine, vous pourrez découvrir, sur le tableau de classement des caissières les plus rentables si vous avez été plutôt lièvre ou plutôt tortue. Pas d'affolement. Aucune récompense (même pas une boîte de sauce tomate) n'est offerte à la gagnante. Mais vos parents ou vos enfants seront sûrement super fiers de vous.

3 Par jour, en moyenne :
– 250 « Bonjour ».
– 250 « AuRevoirBonneJournée ».
– 500 « Merci ».
– 200 « Avez-vous la carte fidélité ? ».
– 70 « Vous pouvez composer votre code ».
– 70 « Vous pouvez retirer votre carte ».
– 30 « Les toilettes sont par là ».
… et encore plein d'autres phrases aussi poétiques.

Vous, un robot ? Mais non. Un robot ne sourit pas.

– 850 euros net : votre paie à la fin du mois.
– 30 heures de travail par semaine (ou 26, 24, 20, mais rarement 35).

Les Tribulations d'une caissière,
Anna Sam

Glossaire

la caissière : *check-out lady*
enregistrer : *to record/scan*
soulever : *to lift*
le poids-lourd : *truck*
rentable : *profitable*
le lièvre : *hare*
la récompense : *reward*
en moyenne : *on average*
le code : *pin number*
sourire : *to smile*

Questions

Section 1

1 Trouvez le titre alternatif pour « caissières ».
2 Relevez un adjectif au féminin singulier.
3 Relevez l'expression qui indique le poids qu'elle soulève par semaine (2 réponses).
4 Trouvez la phrase qui nous montre qu'elle se sent fatiguée ou vieille.

Section 2

La caissière la plus rentable
(a) ne gagne rien ☐
(b) est récompensée ☐
(c) gagne une boîte de sauce tomate ☐
(d) gagne un prix pour ses enfants ☐

Section 3

1 Selon l'écrivain, quelle est la différence entre un robot et une caissière ?
2 Trouvez un adverbe.

• **Does this lady like her job as a supermarket cashier? Refer to the text in your answer.**

 **11.3B**

« Il n'y a pas de métier masculin et de métier féminin. » (Pierre Mauroy)
Donnez votre réaction.

« Mon métier et mon art, c'est vivre. »
Montaigne
Extrait des *Essais*

11.4 Les métiers de votre famille

Ma mère est coiffeuse	Mon père reste à la maison
My mum is a hairdresser	*My father stays at home*
Mon frère travaille pour une compagnie d'assurances	Mon père est mécanicien
My brother works for an insurance company	*My father is a mechanic*
Ma sœur travaille en Australie, elle est architecte	Mon frère travaille de chez lui
My sister works in Australia, she is an architect	*My brother works from home*
Mes parents travaillent dans une agence de pub	Ma mère a sa propre entreprise
My parents work in an advertising company	*My mother has her own business*
Ma mère est femme au foyer	
My mother is a housewife	

 CD2, Track 26 **Les questions de notre examinateur**

Quels métiers font vos parents ?

Mon père est électricien. Il travaille dans un garage dans la banlieue de Dublin, et ma mère travaille pour une compagnie d'assurances près de notre quartier.

Est-ce que vos frères et sœurs ont un travail ?

Oui, ma sœur travaille comme web designer ; c'est pratique car elle travaille de chez elle. Mon frère est électricien et il est en Australie.

 11.5 Où ces gens travaillent-ils ?

Reliez les deux côtés.

un maçon	une ouvrière	dans un avion	à cheval
un prêtre	une étudiante	à la Chambre des députés	au cirque
une actrice	un comptable	dans une voiture	devant un écran
une chanteuse	une hôtesse de l'air	au théâtre	dans un magasin
un informaticien	un clown	sur scène	à la ferme
un chirurgien	une employée de banque	dans une salle de presse	à l'hôpital
un agriculteur	une serveuse	dans un cabinet	à la fac
un chauffeur de taxi	un PDG	à l'église	au salon de coiffure
un commerçant	un homme politique	au restaurant	à l'école primaire
une institutrice	un peintre	dans un atelier	au tribunal
un infirmièr	un journaliste	dans un grand bureau	au commissariat
un policier	un jockey	dans un bureau	dans une salle d'opération
une avocate	une coiffeuse	à l'usine	sur un chantier
un médecin			à la BNP

« À pratiquer plusieurs métiers, on ne réussit dans aucun. »
Platon
Extrait de *La République*

CD2, Track 27 **11.6** Dix métiers

Vous allez entendre dix personnes donner leur avis sur des métiers.

Première écoute

Essayez de déterminer de quels métiers il s'agit :

(a) agent immobilier
(b) éboueur
(c) agriculteur
(d) dentiste
(e) kinésithérapeute
(f) vétérinaire
(g) instituteur
(h) correspondant de guerre
(i) policier
(j) vendeur

Deuxième écoute

1 Vérifiez vos réponses.

2 Notez les opinions.

 11.7 « C'est un rêve que je croyais inaccessible »

1 Le sourire ne le quitte pas et pour cause. Son métier, c'est une passion. À 40 ans, père de deux enfants, Walter Flandin, Grenoblois d'origine, est un des six pilotes du détachement aérien de Toulouse. Mais ce métier qui fait rêver, il souhaite complètement le démystifier. « Pour moi, c'était un rêve d'enfant que je croyais inaccessible. Ce n'est pas vrai. Il y a des critères de base, mais un non-bachelier peut réussir », insiste-t-il. Après son bac de physique, Walter a d'abord travaillé chez Hewlett-Packard, bien loin de sa passion de l'aéronautique. Puis, alors que le service militaire approchait, il s'est engagé dans l'armée où il a acquis, à Dax, sa formation de pilote

d'hélicoptère. À 35 ans, il intègre la gendarmerie toujours dans le but de piloter. « C'est un parcours assez fréquent », observe-t-il.

2 Les critères de sélection d'un futur pilote sont d'abord physiques : une bonne condition physique, une bonne hygiène de vie (ce qui exclut l'alcool et la cigarette), deux critères qu'il faudra de toute façon continuer à respecter, et une bonne vue.

3 « On est examiné sous tous les angles », observe Walter. La maîtrise de l'anglais est aussi importante pour lire les manuels d'apprentissage. « Mais tout cela est accessible », insiste-t-il, à condition d'y consacrer du temps.

Et puis, souligne-t-il, « un pilote n'est rien sans le mécanicien ». La maintenance est ici une question vitale.

La Dépêche du Midi

Glossaire

souhaiter : *to wish*
le rêve : *dream*
le bachelier : *person holding a 'Bac'*
réussir : *to succeed*
loin de : *far from*
la formation : *training*
le parcours : *route/career*
la vue : *eyesight*
la maîtrise : *mastery*
consacrer : *to dedicate*

Questions

Section 1

1 Pourquoi Walter sourit-il ?
2 Trouvez le mot qui nous indique qu'il ne croyait jamais pouvoir devenir pilote.
3 Relevez le mot qui signifie « premièrement ».
4 Pourquoi est-il entré dans la gendarmerie ?

Section 2

1 Walter fume comme un pompier. Vrai ou faux ?
2 Trouvez un verbe au futur simple.
3 Trouvez un verbe à l'infinitif.

Section 3

1 Relevez la phrase qui montre que la sélection des pilotes est méthodique.
2 Dans ce métier, quelle langue faut-il connaître ?
3 Pour devenir pilote, il faut
(a) être mécanicien ☐
(b) passer beaucoup d'heures à étudier ☐
(c) être accessible ☐
(d) répondre à des questions vitales. ☐

11.8 Le petit boulot

J'ai un petit boulot dans un café/un magasin
I have a part-time job in a café/a shop

Je travaille le week-end
I work at the weekend

Je travaille dix heures par semaine
I work ten hours per week

Je gagne huit euros de l'heure
I earn eight euros per hour

Je n'ai pas le temps à cause du bac
I don't have time because of my leaving cert

J'ai travaillé dans un hôtel l'année dernière
I worked in a hotel last year

J'ai travaillé pour une association de jeunes
I worked for a youth club

🎧 CD2, Track 28 **Les questions de notre examinateur**

Est-ce que vous avez un petit boulot en ce moment ?

Oui, je travaille le week-end dans un magasin de vêtements. En général je travaille de une heure à six heures tous les samedis.

Est-ce que vous avez assez de temps pour étudier ?

Oui, mais j'ai dû diminuer mes heures de travail cette année à cause du Bac. L'année dernière je travaillais les dimanches aussi.

Charlie Chaplin dans Garçon de Café

11.9 Exercice écrit

Vous avez trouvé un petit boulot pour les vacances. Écrivez ce qui s'est passé les trois premiers jours dans votre journal intime. 🔽

Pour vous aider
Où travaillez-vous ?
Qu'est-ce que vous faites ?
Combien d'heures par semaine ?

Combien gagnez-vous ?
Le travail est facile/difficile/intéressant/ennuyeux ?
Racontez un problème que vous avez eu avec un client ou le patron ou un(e) autre employé(e).

11.10 Devinez le métier

1 Percer les mystères de l'Univers est son rêve ! Ce chercheur réalise des observations dans des sites choisis pour la qualité du ciel, en général en haute altitude ou dans les déserts, puis revient à son laboratoire pour analyser ses données sur ordinateur. Il peut aussi utiliser des mesures obtenues grâce aux sondes spatiales. Ensuite, à lui d'essayer d'interpréter les résultats pour décrire les processus physiques qui règlent la vie des comètes, des étoiles ou des galaxies.

2 Livres épais, piles de dossiers, lampe de bureau pour les longues soirées de travail… Voilà son bureau ! On imagine bien la robe de plaidoirie suspendue dans un coin.
En effet, sa fonction première (à savoir défendre) passe après son activité de conseil. Il connaît le droit, maîtrise les lois et les règlements. Et grâce à ses connaissances, il peut représenter et assister son client.

3 Cet amoureux des plantes passe une partie de son temps dans la nature et l'autre moitié en laboratoire. Minutieux, il observe, trie, établit des inventaires ou des cartographies de plantes. Il sauvegarde des espèces végétales menacées en les mettant en serre ou en jardin.

« Mauvais ouvrier ne trouve jamais bon outil. »

4 Sans lui, nos assiettes seraient vides ! On lui doit nos céréales, nos légumes, nos côtes de bœuf, notre lait… Qu'il fasse de la culture ou de l'élevage, son travail couvre des domaines divers et variés. C'est aussi un gestionnaire et un entrepreneur. C'est en effet lui qui décide des investissements à effectuer. Il connaît également sur le bout des doigts la règlementation de l'Union européenne, les marchés financiers, les perspectives de débouchés de ses produits, etc. Enfin, il dirige et gère son exploitation : tenue des comptes, montage de dossiers pour l'exploitation et les subventions, négociations avec ses fournisseurs, démarchage des clients…

 ## 11.11 « Quitte pas, j'suis à la caisse ! »

1 Ah, le téléphone portable, quelle merveilleuse invention… C'est fou tout ce qu'on peut faire avec : écouter de la musique, regarder la télé, envoyer des e-mails, suivre les cours de la bourse… Et accessoirement téléphoner quand on veut et d'où on veut. Mais ce n'est pas tout. Il en existe même qui peuvent vous transformer en homme (ou en femme) invisible. Et ce ne sont pas forcément les plus chers.

2 Précisons qu'un statut de caissière facilite énormément cette opération.
Client (au téléphone, bien fort car seul au monde) :
Mais j'suis déjà à la caisse ! Tu pouvais pas le dire avant, que tu voulais des bananes ?
Caissière (bien fort pour lui rappeler qu'il est bien à la caisse et pas chez lui) :
Bonjour monsieur !
Client (visiblement chez lui) :
Sortir ce soir ? Mais tes nausées, elles sont passées ?

Caissière (qui a été super rapide pour qu'il rentre chez lui super vite) 13,50 euros, s'il vous plaît, monsieur.
Client (ramassant ses courses d'une main et sans se presser)
Je suis sûr que c'est une gastro. J'espère que tu me l'as pas refilée. J'ai pas envie de passer toute la nuit aux toilettes.

3 Caissière (se levant de sa chaise, et vraiment bien fort)
13,50 euros, s'il vous plaît, monsieur !
Client (qui a jeté un vague coup d'œil vers la caissière mais qui continue tranquillement à ramasser ses courses)
… mais c'est toi qui m'écoutes jamais. Faut te laver les mains, chaque fois que tu sors.
Caissière (serrant très fort les poings et vraiment bien bien fort)
La carte fidélité, monsieur ?
Client (sans un regard, insérant sa carte bleue dans le lecteur)

… J'ai compris, je suis pas sourd. Qu'est-ce que t'es chiante quand t'es malade.
Le client arrache son ticket des mains de la caissière comme si c'était un distributeur.

Les tribulations d'une caissiere,
Anna Sam

Glossaire

fou : *mad/incredible*
la bourse : *stock exchange*
forcément : *necessarily*
fort : *loud*
rappeler : *to remind*
ramasser : *to pick up*
se presser : *to hurry*
refiler : *to pass on*
un coup d'œil : *a glance*
serrer les poings : *to clench one's fists*
la carte bleue : *debit card*
sourd : *deaf*
chiant : *bloody annoying*
arracher : *to snatch*

Questions

Section 1
1 Selon la caissière, un portable est
(a) inutile ☐
(b) cher ☐
(c) pratique ☐
(d) invisible. ☐
2 Relevez les sept verbes à l'infinitif.

Section 2
1 A votre avis, à qui le client parle-t-il ?

2 Cette conversation a lieu
(a) au supermarché ☐
(b) à la banque ☐
(c) chez le client ☐
(d) à la gare. ☐
3 Trouvez un verbe au participe présent.
4 Pourquoi la caissière parle-t-elle très fort ?

Section 3
1 Quelle précaution hygiénique le client suggère-t-il ?
2 Relevez les mots qui montrent que la caissière est fâchée.

• **'The customer in this extract is very rude.'**

Do you agree? Refer to the text in your answer.

> « Le métier de croque-mort n'a aucun avenir. Les clients ne sont pas fidèles. »
> *Léon-Paul Fargue*

 CD2, Track 29 **11.12** Deux experts répondent à des questions sur leur métier

A

Suky, danseuse, professeur au Centre de Danse du Marais, à Paris

Questions

1 Why do professional dancers also become dance teachers?
2 Write 2 pieces of advice she gives to girls who want to become professional dancers.
3 What qualities does dancing with a partner teach the dancers?
4 What is required to succeed in this job?
5 What stage did Suky reach in the 2 competitions she mentions?

B

Claude, astronaute

Questions

1 What type of people does he meet in his job?
2 What can he see from space?
3 How did he manage to become an astronaut?
4 What years did he go to space?
5 What happened to him in 2002?

 11.13 Le chômage

Vocabulaire et expressions de base

perdre son travail *to lose one's job*	être viré *to be fired/sacked*	se faire embaucher par *to be hired by*
être licencié *to be made redundant*	être au chômage *to be unemployed*	la crise économique *the economic crisis*
être mis à la porte *to be shown the door*	retrouver du travail *to find work again*	

 CD2, Track 30 **Les questions de notre examinateur**

Est-ce que vous allez chercher un petit boulot cet été ?

Oui, je vais essayer de trouver du travail, mais c'est plus difficile en ce moment car il y plus de personnes au chômage et moins de petits boulots.

Est-ce que vous pensez que cela va s'améliorer ?

Je l'espère ! Malheureusement, beaucoup de gens perdent leurs boulots et c'est beaucoup moins facile de se faire embaucher. Beaucoup de mes amis travaillent à l'étranger.

🎧 CD2, Track 31 **11.14** Choix et orientations

Questions (.../21)

1 What degree would Sophie like to do next year? (.../3)
2 What job might Sophie do? (.../3)
3 Give one advantage of her brother's job? (.../3)
4 What does she like about her cousin's job? (.../3)

5 What does she say about her dad's working day? (.../3)
6 Where did she work last year? (.../3)
7 What complaint does she make about this year? (.../3)

📖 **11.15** Le conditionnel

(et le conditionnel passé). See p. 238
(See p. 241–242 to revise the formation of the conditionnel)

In French the conditional is used, as in English, when you want to express the idea of 'would'.

(A) The following structure shows a very common use of the 'conditionnel', and it works just as in English:

| If + past + conditional | Si + imparfait + conditionnel |
| If I had the money, I would go to Geneva. | Si j'avais l'argent, j'irais à Genève. |

Maintenant, remplissez les blancs avec la forme correcte des verbes :

(If you need to revise the 'imparfait' before you attempt this exercise, it's on p. 235.)

1 Si je (pouvoir) _____ travailler en France, ce (être) _____ super !
2 Si nous (parler) _____ plus de langues, nous (avoir) _____ plus de possibilités.
3 S'ils (avoir) _____ le choix, ils (faire) _____ un autre métier.

4 Je (travailler) _____ dans l'armée, si mes parents (être) _____ d'accord.
5 Si ce n'(être) _____ pas aussi difficile, je (devenir) _____ dentiste.

(B) Another very common use of the 'conditionnel' is with certain verbs and the 'infinitif'. This is a particularly useful structure for your written work and your oral.

The following verbs can be used in the 'conditionnel', and followed by an 'infinitif':

Devoir – Vouloir – Pouvoir – Savoir – Aimer – Adorer
Détester – Préférer – Falloir – Espérer

Remplissez les blancs avec la forme correcte des verbes :

1. Je (pouvoir) _____ travailler pour une organisation caritative.
2. Tous les garçons (vouloir) _____ devenir footballeur professionnel.
3. Il (falloir) _____ que je fasse des études de commerce.
4. Nous (aimer) _____ être célèbres.

5. Elles (devoir) _____ réussir à devenir danseuses professionnelles.
6. J'(aimer) _____ étudier la comptabilité si j'obtenais 480 points.
7. Elle (détester) _____ habiter à la campagne.
8. Je (préférer) _____ partir tout de suite.

Be careful, 'should' and 'could' are the conditional form of 'devoir' and 'pouvoir':

I should go to work earlier.	Je devrais aller au travail plus tôt.
We should save our money.	On devrait économiser notre argent.
I could become a pilot.	Je pourrais devenir pilote.
My brother could be famous.	Mon frère pourrait être célèbre.

Pour aller plus loin…

The 'if' structure is also used with other tenses besides the 'si + imparfait + conditionnel' combination.
Look at the following examples in English and find out what tenses are used in the sentences. Can you see a pattern?

(a) If I get the points, I will go to college.
(b) If I got the points, I would go to college.

(c) If I had got the points, I would have gone to college.

Now look at them in French:

(a) Si j'obtiens les points, j'irai à l'université.
(b) Si j'obtenais les points, j'irais à l'université.

(c) Si j'avais obtenu les points, je serais allé(e) à l'université.

So the structures are as follows:

(a) Si + présent + futur simple
(b) Si + imparfait + conditionnel

(c) Si + plus-que-parfait + conditionnel passé

Now translate the following sentences:

1 If she had spoken to my teacher, she would have understood the problem.
2 If I had worked last summer, I would have earned more money.

3 If you gave me 100 €, I would be very happy!
4 If my sister comes back from Spain, she will sit the interview. *(passer un entretien d'embauche)*

11.16 Tout ce que vous ne saviez pas sur… Pierre Cardin

Le couturier business-man rêvait de voir son nom en haut de l'affiche des théâtres. Il le sera finalement… mais à la une des magazines de mode. Après dix ans d'absence, il est revenu cette année présenter une collection de prêt-à-porter.

1 Adolescent, il se rêvait acteur. Pierre Cardin est finalement devenu un des plus grands couturiers du siècle. Cette année, il célèbre ses soixante ans de création, et une exposition lui sera consacrée au musée de la Mode à Paris. Dix ans après avoir présenté sa dernière collection pour homme, le couturier a renoué cet été avec les défilés.

2 Naissance. Pietro Alexandre Cardin voit le jour le 2 juillet 1922, à San Biagio di Callalta (près de Venise). Dernier d'une famille de six enfants, il sera surtout élevé par sa sœur aînée, morte il y a peu à l'âge de 100 ans.

3 Exil. Il a 2 ans quand il arrive en France. Ses parents ont quitté l'Italie pour fuir le fascisme. Symbole de cet exil, le premier souvenir du garçonnet est dans le train entre les deux pays. En passant sous un tunnel, il est effrayé par le noir qui envahit soudainement le wagon. « Je suis aveugle », hurle-t-il alors. La famille se fera naturaliser française et Pietro sera désormais Pierre.

4 Mode. Ses parents n'ont pas les moyens d'aller chez les couturiers, mais le fils prodige est fasciné très jeune par l'univers de la mode. Il dévore les journaux spécialisés, de *Vogue* à *L'Officiel*, et se rêve déjà en couverture… Enfant, il dessine, construit des figurines, joue avec les tissus et se passionne pour les matières. Surtout, dès que l'occasion se présente, il se déguise en fille.

5 Débuts. Plutôt que de briller à l'école, il commencera à apprendre le métier… en vacances. À 12 ans, il est apprenti durant un été chez un tailleur de Saint-Étienne, qui passe plus de temps à lui apprendre à jouer du piano.

Des décennies plus tard, Cardin rachètera la boutique de ses débuts.

VSD.fr

Glossaire

le couturier : *designer*
à la une : *on the front page*
le siècle : *century*
renouer : *to reconnect with*
le défilé (de mode) : *(fashion) parade*
il y a peu : *a short time ago*
fuir : *to flee*
effrayé : *scared*
aveugle : *blind*
désormais : *henceforth*
la matière : *material*
un apprenti : *apprentice*
le tailleur : *tailor*
la décennie : *decade*

Questions

Section 1

1 Quelle était la première ambition de Cardin ?
2 Depuis combien de temps est-il couturier ?
3 Trouvez un verbe au passé composé.

Section 2

1 Relevez les mots qui veulent dire « est né ».
2 Retrouvez le mot qui indique que Pierre est le cadet de sa famille.
3 Quel rôle sa sœur aînée a-t-elle joué dans la vie de Pierre ?

Section 3

1 Trouvez l'expression qui montre pourquoi sa famille a quitté l'Italie.
2 Qu'a-t-il pensé dans le train ?
3 Pourquoi s'appelle-t-il Pierre et pas Pietro ?

Section 4

1 Relevez la phrase qui montre que sa famille n'était pas riche.
2 Trouvez des mots qui montrent sa fascination pour la mode.

Section 5

Trouvez le(s) mot(s) qui signifient
(a) être excellent
(b) le travail
(c) du temps libre
(d) dix ans
(e) le magasin
(f) ses commencements.

- **'From a very young age, Cardin was destined for a career in fashion.'**

Do you agree? Refer to the text in your answer.

CD2, Track 32 **11.17** Deux métiers de rêve

A. Gaëlle Hérisson, mannequin

Questions

1 What does she say about models?
2 Name one aspect of her job she likes.
3 Name one quality required to do this job.
4 What is increasing?
5 Where did the modelling agent spot her?
6 What did she first do when she went to Paris?

B. Caroline, hôtesse de l'air

Questions

1 Name one positive aspect she mentions about her job.
2 What is the main drawback?
3 What are the three requirements to do this job?
4 What do you need to validate your diploma?
5 How long has she been working as an air hostess?

« La vocation, c'est avoir pour métier sa passion. »
Stendhal

11.18A Layout of formal letter

Your name and address

If you know you're writing to a woman, write Madame.

The ending is the equivalent of 'Yours faithfully'. Learn it off!

Your town + date

The address you're writing to

Sam Walsh
92, Main St
Kilkenny
Ireland

Kilkenny, le 20 mai 2012

Coopérative vinicole
33800 Saint-Émilion
France

Monsieur,

Veuillez agréer, Monsieur, l'expression de mes sentiments distingués.

Sam Walsh

11.18B Vous cherchez un poste ?

Vous avez vu une annonce qui cherche des étudiants pour faire les vendanges aux mois de septembre et d'octobre. Rédigez une lettre de demande d'emploi. La société qui offre ces places s'appelle : ▼
Coopérative vinicole
33800 Saint-Émilion
France

Vocabulaire

Utilisez ces expressions utiles :

- Je vous prie de m'envoyer les renseignements suivants *(Could you please send me the following information?)*
- Est-ce que je serais logé(e), nourri(e) et payé(e) ? *(Would I get board, lodging and be paid?)*
- De combien de temps libre est-ce que je disposerais ? *(How much free time would I have?)*

- Quel travail faudrait-il faire ? *(What work would I have to do?)*
- Terminez votre lettre : Veuillez agréer, Madame, Monsieur, l'expression de mes sentiments distingués.

11.18C

Vous avez vu une annonce qui cherche une jeune fille au pair à Bordeaux pour un an. Rédigez une lettre de candidature. Vous vous appelez Jan Walsh et votre adresse est 35 Hillview, Sligo. La famille française s'appelle Boissarie et l'adresse est : 150 Barrière du Médoc, 33100 Bordeaux. ▼

Utilisez ces expressions utiles :

- Suite à votre annonce parue dans l'*Irish Times* du 15 mai, j'ai l'honneur de poser ma candidature pour le poste de jeune fille au pair.
  (With reference to your ad in the Irish Times … I'd like to apply for the position of …)

- Je me présente … (Parlez de vous et de votre famille, etc.)

- Je me crois qualifiée pour occuper ce poste. *(I feel I'm qualified for the job.)* (Dites pourquoi.)

- Veuillez trouver ci-joint mon curriculum vitae. *(Please find my CV enclosed.)*

- Veuillez trouver ci-joint une photo.

11.19 Olivier, gardien de chiens dans des villas de luxe

1 Le visage baigné par le soleil, allongé sur un transat blanc au pied d'un jacuzzi bordé par une piscine turquoise, un chien dans chaque bras, Olivier Spinelli lézarderait presque au milieu de ce jardin énorme, devant une villa à trois étages. Face à lui, une vue sur la Méditerranée. « Ça pourrait être plus pénible comme travail ! » s'exclame-t-il, souriant. Car contrairement aux apparences, Olivier est en pleine activité. Son job ? « Dog-sitter », ou gardien de chien à domicile. Ses tarifs ? Pas moins de 20 € la demi-heure ! « Et encore, j'ai été raisonnable », ajoute-t-il.

2 Alors, forcément, il ne s'occupe que de chiens de luxe. « Dans le cadre de mes services de conciergerie privée, c'est une clientèle aisée qui a recours à mes prestations. Ici, il y a une vraie demande pour ce type de services. On est sur la Côte d'Azur ! »

justifie-t-il. L'espace de quelques heures ou de quelques jours, Olivier prend possession de propriétés somptueuses pour venir nourrir les bêtes « abandonnées » ou leur tenir compagnie.

3 Olivier se déplace donc à la demande de Théoule-sur-Mer à Monaco, sa zone d'activité, 24 heures sur 24. « Cet emploi me donne accès à des lieux et des gens que je n'aurais autrement jamais eu la possibilité de connaître. Et parce que je leur rends un service qui existe peu, ils ont de la reconnaissance », insiste-t-il. Aujourd'hui, c'est Divine et Lova qu'il surveille, un teckel et un jack russel de 3 et 10 ans. Sa mission se résume à quelques câlins, remplir les gamelles et s'assurer simplement que les chiens ne tombent pas à l'eau. Une autre fois, il ira jusqu'à Monaco, emmener chez le toiletteur un chien qui s'est assis sur un chewing-gum.

Parfois encore, c'est sur la Croisette qu'il baladera les animaux. « On ne m'a pas encore demandé de leur faire faire du jogging, mais ça arrivera probablement un jour ! » s'amuse leur maître temporaire.

Glossaire

baigner : *to bathe*
le transat : *deck-chair*
lézarder : *to bask in sun*
pénible : *painful*
sourire : *to smile*
s'occuper de : *to look after*
aisé : *wealthy*
la prestation : *service*
nourrir : *to feed*
se déplacer : *to travel*
le lieu : *place*
la reconnaissance : *gratitude*
le câlin : *hug*
la gamelle : *bowl*
balader : *to walk*
arriver : *to happen*

Questions

Section 1

1. Citez des mots qui indiquent qu'Olivier se trouve chez des gens riches.
2. Trouvez un mot qui montre qu'il est content.
3. Trouvez le mot qui veut dire 'prix'.

Section 2

1. Relevez la phrase qui montre qu'Olivier a beaucoup de travail.
2. Retrouvez les mots qui indiquent les deux responsabilités d'Olivier dans son travail.

Revise exam guidelines and tips on reading comprehensions p. vii

Section 3

1. Trouvez les mots qui montrent qu'Olivier est toujours disponible.
2. Citez un avantage de son travail.
3. En quoi consiste son travail avec Divine et Lova ?
4. Qu'est-ce qui est arrivé à un de ses chiens ?
5. Relevez un verbe au futur simple.

- **'Olivier has a very pleasant job.'**

Do you agree? Refer to the text in your answer.

 11.20 'Comment je me vois dans 10 ans.'

Pour vous aider

Dans 10 ans vous avez quel âge ?
Quel métier aurez-vous ? Je serai…
Vous serez marié(e) ?
Vous aurez des enfants ? Combien ?
Où habiterez-vous ?
Vous avez 'un rêve d'enfant' à réaliser ?

Vous resterez en Irlande ?
Ou allez-vous travailler à l'étranger ?
Vous aurez un métier intéressant ?
facile ?
bien payé ?
utile ?

CD2, Track 33 **11.21** Le portrait-type et la journée d'un inspecteur Michelin

Revise exam guidelines and tips on listening comprehensions p. x

Questions

1 How many restaurants do they inspect on a daily basis?
2 What do they check? (one thing)
3 What does the inspector do after eating in a restaurant?
4 What does he do in order not to be identified?
5 What are they forbidden to talk to their partners about?
6 When does he go home?
7 What do the inspectors do every year?
8 What is the dream of every inspector?
9 What rarely happens in their profession?

Montage 12 L'argent

Montage 12 — L'argent

L'ARGENT DE POCHE

Mes parents me donnent un peu d'argent de poche
Ils me donnent vingt euros par semaine
Mes parents ne me donnent pas d'argent de poche
Je travaille dans un café le week-end
Je gagne huit euros de l'heure
Par semaine, je gagne environ cent euros
Je fais des économies pour mes vacances
Je mets de l'argent de côté
J'épargne de l'argent sur mon compte
Je dépense mon argent en vêtements
Je ne gaspille pas mon argent
J'achète du crédit pour mon portable
Je dépense mon argent le week-end quand je sors
J'achète de petits cadeaux à ma copine/à mon copain

LA VIE CHÈRE

En ce moment, je suis fauché(e)
Je n'ai pas beaucoup d'argent
Je n'ai pas un sou
La vie est très chère en Irlande
Les vêtements sont très chers
Mon portable me coûte une fortune
Les tickets de cinéma ne sont pas bon marché
Les transports en commun coûtent cher
Les prix sont encore très hauts
Je ne peux pas me permettre de sortir tous les week-ends
Tout mon argent part en essence pour ma voiture

LE LOTO/LA LOTERIE

Si je gagnais au loto/à la loterie...
Je n'aurais plus de soucis financiers
Je me payerais des vacances avec mes copains
J'aiderais mes parents à payer leurs copains
J'aiderais mes amis à payer leurs dettes
Je donnerais de l'argent à mes meilleurs amis
Je ferais un don à une œuvre caritative
Je m'achèterais une maison au bord de la mer
Je m'achèterais une belle voiture, par exemple
Je prendrais une année sabbatique
Je voyagerais à travers le monde entier
Je pourrais me consacrer à ma passion
Je deviendrais acteur/actrice, musicien/musicienne
J'aurais ma propre compagnie
J'ouvrirais un magasin de fleurs

12.2 L'argent de poche

Mes parents me donnent un peu d'argent de poche *My parents give me a bit of pocket money*	**Je mets de l'argent de côté** *I put money aside*
Ils me donnent vingt euros par semaine *They give me 20 euros per week*	**J'épargne de l'argent sur mon compte bancaire** *I save money in my bank account*
Mes parents ne me donnent pas d'argent de poche *My parents do not give me pocket money*	**Je dépense mon argent en vêtements** *I spend my money on clothes*
Je travaille dans un café le week-end *I work in a café at the weekend*	**Je ne gaspille pas mon argent** *I do not waste my money*
Je gagne huit euros de l'heure *I earn eight euros per hour*	**J'achète du crédit pour mon portable** *I buy credit for my mobile phone*
Par semaine, je gagne environ cent euros *I earn about 100 euros per week*	**Je dépense mon argent le week-end quand je sors** *I spend my money at the week-end when I go out*
Je fais des économies pour mes vacances *I save money for my holidays*	**J'achète de petits cadeaux à ma copine/à mon copain** *I buy little presents for my girlfriend/boyfriend*

🎧 CD2, Track 34 **La question de notre examinateur à Nathan**

Est-ce que vous recevez de l'argent de poche ?

Oui, mes parents me donnent un peu d'argent de poche, vingt euros par semaine ; cela me permet d'acheter des petites choses comme du crédit pour mon portable.

 ## 12.3A Escroquer de l'argent

Des gens ont essayé d'escroquer de l'argent à la suite du 11 septembre 2001

1 Il était gaucher. Il avait un tatouage représentant une autruche sur le bras gauche et un autre au nom de sa femme, Namor, juste au-dessus du nombril. Le matin du 11 septembre 2001, il portait une chemise bleu ciel, un veston bleu marine et un pantalon noir. Il travaillait dans une société de services financiers du World Trade Center. Il s'appelait Michael Young et avait fêté ses 37 ans la veille. Autre signe particulier : Michael Young n'a jamais existé.

2 En septembre 2002, Namor Young a été condamnée à de la prison ferme. Elle a avoué qu'elle avait inventé ce mari mort pour soutirer de l'argent aux organismes d'aide aux victimes. La fausse veuve a combiné des traits de deux ex-amants pour créer cet époux imaginaire – et se faire payer $53,000.

L'intérêt de cette histoire est qu'*elle* n'est pas exceptionnelle. Après la catastrophe, les services de police ont démasqué quantité d'imposteurs qui ont profité du chagrin et de la confusion du moment pour prétendre avoir perdu un être cher. À New York, trente-sept personnes ont été arrêtées et plusieurs affaires similaires ont eu lieu dans le reste du pays.

3 À Springfield, dans l'Illinois, des salariés ont collecté $6,400 pour un de leurs collègues qui affirmait que son frère était mort dans l'effondrement des tours, laissant derrière *lui* une femme et sept enfants. Mais, selon la police, ce frère n'a jamais existé.

À San Diego, un homme a été inculpé pour avoir touché plus de $136,000 après avoir déclaré la mort de sa femme, mère de dix enfants. L'épouse est bien vivante, le couple n'a qu'un enfant et le mari a déjà gaspillé son butin dans les casinos.

Glossaire

une autruche : *ostrich*
le nombril : *navel*
avouer : *to admit*
soutirer : *to extort*
le chagrin : *sorrow*
l'effondrement : *collapse*
gaspiller : *to waste*
le butin : *booty*

▼

Questions

Section 1

1 Michael Young
   (a) n'a pas existé ☐
   (b) était le mari de Namor ☐
   (c) travaillait au World Trade Center ☐
   (d) était gaucher. ☐

2 Trouvez cinq verbes à l'Imparfait.

Section 2

1 Trouvez la phrase qui indique pourquoi Namor Young a dit qu'elle avait perdu son mari.

2 Repérez la phrase qui nous dit comment Namor Young a fabriqué son mari inexistant.

3 Trouvez les mots qui signifient « quelqu'un qu'on aime beaucoup ».

Section 3

1 Le collègue à Springfield
   (a) a dit la vérité ☐
   (b) avait un frère ☐
   (c) a menti ☐
   (d) est mort dans la catastrophe. ☐

2 Qu'a fait l'homme de San Diego de ses $136,000 ?

3 Pour les deux mots en italiques, dites à quels mots ils se réfèrent :
   (a) (Section 2) elle
   (b) (Section 3) lui.

> « L'argent ne rachète pas la jeunesse. »
> Proverbe chinois

 ## 12.3B

Donnez votre réaction à cette histoire sordide. Que pensez-vous du comportement de ces gens ?

Voici du vocabulaire pour vous aider :

C'est incroyable, horrifiant, abominable, etc....	*Je trouve que…*	*Je ne comprends pas comment ils peuvent…*
À mon avis…	*Je suis choqué(e), horrifié(e), etc....*	*Faire une chose pareille,*
Je crois que…	*Leur comportement est choquant, scandaleux, criminel, etc....*	*profiter de cette situation, cette catastrophe*
Je pense que…		

🎧 CD2, Track 35 **12.4 Il met tout aux enchères pour une nouvelle vie**

Vocabulaire

aux enchères : *up for auction*

Questions

1 How much did Ian Usher make from the auction of his possessions?
2 What age is he?
3 Name two things he sold.
4 Why did he decide to auction off his possessions?
5 What did he do for a living?
6 He will keep only three things. What are they?

12.5 Le conditionnel

Complétez les phrases avec le verbe au conditionnel.

Si je gagnais la loterie nationale…

Exemple : Je (donner) de l'argent à la Croix-Rouge. *Je donnerais de l'argent…*

1 J'(acheter) une belle maison.
2 Je (partager) l'argent avec ma famille.
3 Je (faire) le tour du monde.
4 J'(aller) en Chine.
5 Je (être) très content(e).
6 J'(organiser) une grande fête pour mes amis.

7 J' (économiser) beaucoup.
8 Je ne (retourner) pas au lycée.
9 J'(habiter) un pays chaud.
10 Je (sortir) tous les soirs.
11 J'(avoir) beaucoup de gens intéressés autour de moi.

> « Amis valent mieux qu'argent. »
> Proverbe français

 ## 12.6A À court d'argent

1 Depuis longtemps, vous avez envie de vous offrir un iPad et vous avez maintenant la chance de pouvoir en acheter un à un prix intéressant. Une amie, Sylvie, part à l'étranger et elle voudrait vendre son iPad. Malheureusement, vous n'avez pas l'argent nécessaire ; vous essayez de l'emprunter à votre famille et à vos amis…

VOUS

Papa, tu veux me prêter l'argent pour acheter un iPad ? C'est à un prix très avantageux.

VOTRE PÈRE

Je regrette, mais je ne peux pas. Je n'ai pas assez d'argent. Et la prochaine fois, je te conseille d'économiser.

VOUS

Maman, tu vas m'aider, n'est-ce pas ?

VOTRE MÈRE

Comment t'aider ?

VOUS

Je voudrais emprunter de l'argent pour acheter un iPad.

VOTRE MÈRE

Ce n'est pas que je ne veux pas, mais que je ne peux pas. Mes fonds sont en baisse. Pourquoi ne pas demander à ton frère…

2 VOUS

Hervé, tu pourrais me prêter un peu d'argent pour acheter un iPad ?

VOTRE FRÈRE

Non. Ce n'est pas que je ne peux pas, c'est que je ne veux pas. Si j'étais toi, je demanderais à l'oncle Bernard…

VOUS

Oncle Bernard, est-ce qu'il te serait possible de me prêter une petite somme d'argent ? Je te le rendrais aussi tôt que possible, bien entendu.

VOTRE ONCLE

Ah, je suis désolé. Je regrette de refuser, mais je n'ai pas le choix. À ta place, je m'adresserais à tante Henriette. Elle a de quoi payer le loyer…

VOUS

Tante Henriette, je suis désolée. Il faut que j'emprunte une somme d'argent avant le week-end et personne ne veut m'aider.

VOTRE TANTE

Oh, là, là, mon enfant ! C'est pour quoi faire, cet argent ?

VOUS

C'est pour acheter un iPad.

VOTRE TANTE

Un iPad ? Ça suffit ! Je n'ai pas de sous. Et je te conseille de ne pas insister. Le mieux serait de t'adonner à tes études.

VOUS

Oui, oui, tante Henriette… Merci (de rien)…

3 VOUS

J'ai essayé de persuader tous les membres de ma famille, et chacun a proposé que je cherche ailleurs.

VOTRE AMIE

C'est dommage, mais…

VOUS

Je ne suppose pas que tu puisses m'avancer…

VOTRE AMIE

Ah non. Inutile de me le demander. Je suis complètement fauchée. Mais, as-tu pensé à demander à Guillaume ? Le voici qui arrive.

VOUS

Hé, Guillaume ! Comment ça va, mon vieux ? Dis, tu ne voudrais pas me prêter de l'argent pour acheter un iPad ?

VOTRE AMI

Si, je voudrais bien, mais ça m'est impossible. Je viens d'en acheter un moi-même à Sylvie. Elle part à l'étranger !

Glossaire

emprunter : *to borrow*
prêter : *to lend*
économiser : *to save*
en baisse : *dropping low*
rendre : *to give back*
le loyer : *rent*
le sou : *a penny*
ailleurs : *elsewhere*
fauché : *broke*

Questions

Section 1

1 Pour quelle raison Sylvie vend-elle son iPad ?
2 Relevez un verbe au conditionnel.
3 Trouvez l'expression qui signifie « très bon marché ».

Section 2

1 Relevez un verbe au conditionnel.
2 Trouvez la phrase qui indique que tante Henriette a de l'argent.

3 Relevez une expression sarcastique.

Section 3

1 Trouvez la phrase qui signifie « Je n'ai pas de sous ».
2 Relevez un verbe au conditionnel.
3 Quelle est l'ironie à la fin du passage ?

12.6B Comment payer mes vacances ?

Votre classe va partir une semaine en Espagne à la fin du mois de juin, après le Bac. Vos parents sont d'accord, mais ils ne vont pas vous donner les 600 € nécessaires ! Vous avez donc deux mois pour trouver cette somme d'argent ! Que notez-vous dans votre journal intime ?

12.7 15 millions de dollars

Un Australien qui s'était fracturé la jambe a touché le gros lot en jouant les chiffres de son bracelet d'identification à l'hôpital. Le quinquagénaire a remporté 1,5 million de dollars (1,4 million d'euros)

Relevez les mots qui nous montrent

- la nationalité du gagnant
- ce qui lui est arrivé
- qu'il a gagné à la loterie
- où il a trouvé les numéros gagnants
- son âge approximatif

12.8 La vie chère

Vocabulaire et expressions de base

En ce moment, je suis fauché(e)
I am broke at the moment

« J'ai pas un rond »
I don't have a penny/a cent

Je n'ai pas de « fric », de « blé »
I don't have any 'dough'

Je n'ai pas beaucoup d'argent
I do not have much money

« Je n'ai pas un sou »
I haven't got a penny

La vie est très chère en Irlande
Life is very expensive in Ireland

Les vêtements sont très chers
Clothes are very expensive

Mon portable me coûte une fortune
My mobile costs me a fortune

Les places de cinéma ne sont pas bon marché
Cinema tickets are not cheap

Les transports en commun coûtent cher
Public transport costs a lot of money

Les prix sont encore très hauts
Prices are still very high

Je ne peux pas me permettre de sortir tous les week-ends
I cannot afford to go out every weekend

Tout mon argent part en essence pour ma voiture
All my money goes in petrol for my car

« Un sou est un sou. »
Anonyme

CD2, Track 36 **La question de notre examinateur à Sophie**

Est-ce que vous trouvez que la vie est chère en Irlande ?

Oui, pour les jeunes tout est vraiment très cher, les transports en commun, le portable, l'essence si on a la chance d'avoir une voiture... c'est un cauchemar ! Je fais toujours attention à ce que je dépense et je ne gaspille jamais mon argent.

L'ESSENCE TROP CHÈRE !

CD2, Track 37 **12.9 10 000 euros et des millions de lires dans les poches d'un SDF**

Questions

1 Why were the staff at the psychiatric hospital surprised?

2 What explanation did the homeless man give?

3 Write down the two figures you hear:
_____ euros _____ lire.

4 What age was the man?

5 Why did the Bank of Italy refuse to change the lire into euros?

> Revise
> exam guidelines and tips on
> reading comprehensions p. vii

> « L'argent coûte souvent trop cher. »
> Ralph Waldo Emerson

12.10 Vol de bijoux

1 Le train électrique s'arrête. Pierre Brégère, un garçon de quatorze à quinze ans, saute sur le quai, suivi de son ami Guy Luzerche. Tous deux portent sous le bras un sac d'écolier. Ils reviennent du lycée Condorcet et rentrent chez leurs parents, au Vésinet, dans la banlieue parisienne. Les jeunes gens, à la fois voisins et élèves du même lycée, sont des amis inséparables. Ils sortent de la gare en parlant. Les vacances de Pâques commencent le lendemain, et ils font des projets pour cette période heureuse.

Tout à coup, ils voient courir vers eux un de leurs camarades, plus jeune qu'eux : le petit Jacques Maillard. Il est tout rouge et respire très vite.

- Eh bien ! Qu'est-ce qu'il y a ? dit Pierre en riant.

2 – Vous ne savez pas ce qui vient d'arriver ? Une chose extraordinaire ! Vous savez, l'artiste... la vedette... Josyane Amba ? On lui a volé ses bijoux ! Il paraît qu'il y en a pour plus de cinq millions !

– Non ! Quand cela ?

– Cette nuit, sans doute. On ne s'est aperçu du vol qu'au déjeuner. La villa des Ibis est pleine de policiers.

– On y va voir. Tu viens avec nous, Jacques ?

– Non, maman m'a chargé d'aller faire des commissions.

– Bien, bien. Alors, au revoir !

Ils partent vers l'allée du Grand Veneur, dans le parc du Vésinet, où s'élève la belle maison de l'artiste.

3 Il y a une grande foule autour de la maison. Cette nouvelle a bouleversé toute la ville. La grille du jardin est ouverte, mais des agents surveillent les allées et venues. Se mêlant aux curieux, Guy et Pierre entendent autour d'eux de braves gens qui font des réflexions :

– Cette pauvre dame ! Cinq millions de bijoux !

– Voilà une aventure qui ne m'arrivera pas !

– Le commissaire de police est là ?

– Oui, oui. Il vient d'arriver. L'enquête est commencée.

– Quel malheur, tout de même !

– Pourtant elle a eu de la chance. Ils auraient pu la tuer.

Les deux garçons écoutent tout. Leur cœur bat à grands coups.

– Si nous pouvions aller sur place nous rendre compte, murmure Pierre, peut-être trouverons-nous quelque chose d'intéressant ? Peut-être mettrons-nous la police sur une piste sérieuse !

– Oui, mais les agents ne nous laisseront pas entrer.

– Peut-être qu'en faisant le tour, par derrière, nous pourrons entrer ? Il n'est pas difficile de sauter par-dessus la grille. Allons-y !

Les messagers mystérieux,
Gilles Hersay

Glossaire

sauter : *to jump*
le lendemain : *next day*
tout à coup : *suddenly*
la vedette : *star*
s'apercevoir : *to notice*
la foule : *crowd*
bouleverser : *to upset*
la grille : *railing*
se mêler : *to mingle*
pourtant : *however*
la piste : *track*

Questions

Section 1

1 Dans quelle partie de la gare les deux garçons se trouvent-ils ?

2 Trouvez les mots qui montrent qu'ils s'entendent très bien.

3 Trouvez un verbe au participe présent.

Section 2

1 Jacques a des nouvelles
   - (a) heureuses ☐
   - (b) surprenantes ☐
   - (c) joyeuses ☐
   - (d) de sa maman. ☐

2 Pourquoi est-ce que Jacques ne peut pas accompagner les deux garçons ?

3 Relevez un adjectif au féminin singulier.

Section 3

1 Trouvez la phrase qui indique qu'il y a beaucoup de monde à la villa.

2 Pourquoi le spectateur dit-il « Voilà une aventure qui ne m'arrivera pas », à votre avis ?

3 Pierre voudrait
   - (a) trouver la police ☐
   - (b) être policier ☐
   - (c) écouter la police ☐
   - (d) aider la police. ☐

> « L'argent est le nerf de la guerre. »
> Catherine de Médicis

12.11 Le loto/la loterie

Vocabulaire et expressions de base

Si je gagnais au loto/à la loterie…
If I won the lottery…

Je n'aurais plus de soucis financiers
I would have no more financial worries

Je me payerais des vacances avec mes copains
I would pay for a holiday with my friends

Je donnerais de l'argent à mes meilleurs amis
I would give money to my best friends

Je ferais un don à une œuvre caritative
I would donate to a charity

Je m'achèterais une maison au bord de la mer
I would buy myself a house beside the sea

Je m'achèterais une belle voiture, par exemple…
I would buy myself a beautiful car, for example…

Je prendrais une année sabbatique
I would take a year off

Je voyagerais à travers le monde entier
I would travel all around the world

Je pourrais me consacrer à ma passion
I could devote myself to my passion

Je deviendrais acteur/actrice, musicien/musicienne
I would become an actor, a musician

J'aurais ma propre entreprise
I would have my own company

Je serais mon/ma propre patron(ne)
I would be my own boss

J'ouvrirais un magasin de fleurs
I would open a flower shop

J'aiderais mes parents à rembourser leur crédit
I would help my parents to pay off their mortgage

J'aiderais mes amis à payer leurs dettes
I would help my friends to pay their debts

> « L'argent n'a pas d'odeur. »
> Vespasien

> Revise exam guidelines and tips on oral preparation
> p. vii

🎧 CD2, Track 38 **La question de notre examinateur à Eric**

Que feriez-vous si vous gagniez à la loterie ?

Je me payerais des vacances avec mes meilleurs amis juste après le bac.
Ensuite je prendrais une année sabbatique pour voyager à travers le monde
entier ; j'irais aux Seychelles, aux Bahamas, en Patagonie... Je resterais
dans les plus beaux hôtels et je mangerais dans les meilleurs restaurants !
Je payerais des vacances à mes parents et à mes grands-parents.

🎧 CD2, Track 39 **12.12 Émilie and Gérard meet in a café for a chat**

Vocabulaire

Avant d'écouter cette conversation, familiarisez-vous avec le vocabulaire suivant :

dépenser : *to spend*   financier : *financial*   des soucis : *worries*
endetté : *in debt*   lourdement : *heavily*

Questions

Section A

1 What is wrong with Émilie?
2 What normally happens in her family in January?
3 What about this year?

Section B

1 What was Émilie's mother's reaction when Émilie brought up the subject?
2 For how long have her parents been having financial difficulties?
3 What problem is her father having? (two details)
4 What problem is her mother facing?
5 Why?

Section C

1 This year, Émilie's parents are
(a) trying to save ☐
(b) trying to spend less ☐
(c) trying to earn more. ☐
2 Gérard offers some words of encouragement to Émilie. Mention one thing he says.

12.13A Ainsi vivent les riches

20 h 50 – *M6 Magazine*. « Capital » : « Planète flambeurs ». L'univers des milliardaires est un concentré de luxe kitsch où l'essentiel est de rester à l'abri des gens ordinaires. Des palaces aux night-clubs, des endroits ont été prévus pour ça. Visite.

1 Plus c'est cher, plus ça marche. Quand l'argent coule à flots, l'urgence est de mettre à l'abri le milliardaire du commun des mortels, quel que soit le prix à payer. Il y a pour cela des endroits de rêve. Imaginez une plage déserte en Sardaigne, une eau aux reflets turquoise, un ciel toujours bleu et un hôtel dont toutes les chambres donnent sur la mer. Pas de voisins. Un village à l'écart, peuplé de paysans sardes qui tous les jours se frottent les mains d'avoir quitté leurs montagnes et leurs chèvres pour s'enrichir en faisant les domestiques.

2 Ce village n'est qu'un décor, car autour de l'hôtel, on trouve tout. Des boulangeries, des charcuteries ? Certainement pas ! Des boutiques de parfum, d'articles de voyage, de fringues et encore de fringues. Les plus grandes marques. Que du beau, du rare, de l'extraordinaire. Le groupe qui gère ce lieu de vacances a tout prévu : des chambres aux sols en céramique, de la musique qui sort des murs, des jacuzzis et sur la terrasse, face à la mer, une piscine privée pour vous.

3 La chose a été pensée il y a quarante ans par Karim Agha Khan lui-même. Sur cette côte alors infestée de moustiques, il a voulu créer une station balnéaire capable de rivaliser avec Saint-Tropez, Monte-Carlo ou Marbella. Première exigence : la sécurité. Une police privée commandée par un ex-superflic italien veille jour et nuit aux abords du palace. Deuxième exigence : l'isolement. De la chambre au yacht de luxe, il n'y a qu'un pas. C'est la raison qui incite les plus grandes stars à visiter cette retraite dorée. Ce lieu a ainsi vu passer Grace Kelly, Catherine Deneuve, Ringo Starr, Marcello Mastroianni, Lady Di et Silvio Berlusconi.

Dominique Tarride
TéléObs cinéma

Glossaire

couler : *to flow*
le flot : *wave*
à l'abri : *shelter*
à l'écart : *apart*
se frotter : *to rub*
les fringues : *clothes*
gérer : *to manage*
le sol : *floor*
l'exigence : *requirement*
le flic : *cop*
veiller : *to guard*
le pas : *step*

Porto Cervo, une station balnéaire privée réservée aux milliardaires, créée de toutes pièces dans un coin désolé du nord de la Sardaigne, il y a quarante ans.

Questions

Section 1

1 Relevez l'expression qui nous montre que les très riches ne veulent pas vivre comme tout le monde.

2 Trouvez des mots qui indiquent que ce lieu est très agréable.

3 Pourquoi les paysans sardes « se frottent-ils les mains » ?

Section 2

Trouvez les endroits/les choses qui correspondent à ces verbes : dormir - nager - acheter - écouter - porter.

Section 3

1 Retrouvez l'expression qui montre que cette côte n'était pas très agréable il y a 40 ans.

2 Trouvez les mots qui signifient : « lieu de vacances au bord de la mer ».

3 Relevez les deux noms qui indiquent les deux priorités de cet endroit.

4 Relevez un adjectif au superlatif.

5 Trouvez le mot qui veut dire : « ancien policier de haute qualité ».

12.13B L'inégalité

> « Ce n'est pas juste. Il y a une petite minorité qui a trop d'argent, et la plupart des gens qui n'en ont pas assez. »

(Danielle, 17 ans, étudiante)
Qu'en pensez-vous ?

 CD2, Track 40 **12.14** Un jeune Chinois vit avec 11 euros 50 par semaine… et 100 000 personnes l'imitent

Questions

1 How does Huang Hau get to work now?
2 How much less does this cost him?
3 How old is he?
4 Why did he create a blog?

5 Which two things are Chinese people scared of?
6 What has Huang learned to do?
7 What costs him €1?
8 What's the last thing he does before going to bed?

12.15A « Fini le restaurant du samedi, on préfère les dîners entre amis »

Yves, 42 ans, Helen, 49 ans, et leur fils Louis, 14 ans

1 C'est un appartement agréable niché sous les toits de Paris. Murs et sol blancs, le salon, où le chat Katinka joue avec un bouchon, est simplement égayé d'un tableau et d'un tapis aux couleurs vives. Propriétaires de ce 90 m2 depuis 2007, Yves, 42 ans, barbe poivre et sel, et son épouse Helen, 49 ans, n'ont *a priori* pas de raison particulière d'être affectés par la crise. Nés d'un premier mariage, les trois aînés d'Helen volent de leurs propres ailes. À la maison, ne reste plus que Louis, 14 ans, issu du remariage d'Helen et Yves.

2 Et pourtant, l'inquiétude est bien là. Cadre dans le développement durable, Yves confie : « La période est anxiogène. Nous vivons un changement de société. Ça craque un peu de partout. La première semaine où la Bourse s'est effondrée, j'avais le moral à zéro. Pour ne plus avoir à rembourser 2 000 € par mois, nous avons même pensé à revendre l'appartement et à racheter dans un quartier moins cher ou une surface plus petite. » Finalement, le couple ne vendra pas. « Nous avons passé deux ans à faire des travaux ici, alors nous restons ! » dit Helen, directrice d'une salle de sport.

3 Mais la crise les incite plus que jamais à « vivre en cohérence avec nos convictions écolos ». Depuis quatre ans déjà, Yves va travailler à vélo après avoir vendu sa voiture. Quant à l'appartement, l'isolation de toit, les fenêtres à double vitrage, le repositionnement des radiateurs ont permis de faire tomber la note du gaz de 113 € à 65 € par mois. Ils ont aussi restauré une cheminée dont ils entendent bien profiter cet hiver.

Glossaire

niché : *nestling*
égayer : *to brighen up*
vif : *bright*
a priori : *at first glance*
une aile : *wing*
le cadre : *manager*
anxiogène : *worrying*
la Bourse : *stock market*
s'effondrer : *to collapse*
rembourser : *to pay back*
l'isolation : *insulation*
la note : *bill*
désormais : *henceforth*
les fringues : *clothes*
atteindre : *to reach*
soucieux : *anxious*
la dépense : *expense*

> « Les seuls problèmes que l'argent puisse résoudre sont des problèmes d'argent. »
> Kin Hubbard

▽

4 Désormais, cette famille parisienne fait aussi la chasse au superflu. Finis les achats d'impulsion : « J'ai renoncé aux fringues trop chères, comme les jeans de marque à 170 € », assure Helen. Terminés les déjeuners à la brasserie le midi pendant la pause : « Là-bas, la salade et le café me coûtaient 13 €. Je les ai remplacés par un plat acheté en supermarché que je réchauffe au micro-ondes au bureau et qui ne me coûte que 3 € », détaille Yves. Finie aussi la sortie du samedi soir au restau italien du quartier : « À trois, l'addition atteignait vite 80 € », rappelle Yves.

5 Dans l'alimentation, les produits surgelés et les fromages sont les deux postes dont ils ont sérieusement réduit les dépenses. Pour la première fois de leur vie, ils se sont mis à comparer les prix d'un supermarché à l'autre : « On accumule les tickets de caisse pour se rendre compte des différences », assure Helen, qui envisage maintenant « d'aller au marché à Barbès, comme certains de nos amis, car les fruits et légumes dans notre quartier sont hyperchers ».

Bien que soucieuse de maîtriser ses dépenses, cette famille ne s'interdit pas les petits plaisirs, comme les sorties au cinéma.

Le Parisien

Questions

Section 1

1 Relevez le mot qui signifie « femme ».

2 Trouvez l'expression qui montre que les trois premiers enfants d'Helen ont quitté la maison.

Section 2

1 Quels sont les métiers d'Yves et d'Helen ?

2 Quelle idée ont-ils eue pour dépenser moins d'argent ?

3 Ils ont décidé de rester. Pour quelle raison ?

Section 3

1 Nommez deux choses qu'ils ont faites pour dépenser moins d'argent.

2 Pourquoi ont-ils restauré la cheminée ?

Section 4

1 Relevez la phrase qui veut dire : « J'ai arrêté d'acheter des vêtements chers. »

2 Yves, où mange-t-il son déjeuner maintenant ?

3 À quel autre plaisir ont-ils renoncé ?

Section 5

1 Ils achètent moins cher deux produits. Lesquels ?

2 Trouvez le mot qui signifie « coûtent beaucoup d'argent ».

3 Nommez une chose qu'ils font toujours.

• **'This family have cut back severely on expenses.'**

Do you agree? Give examples from the article.

✒ **12.15B** La crise économique

Tout le monde est touché par la crise économique. En vous basant sur l'article, dites ce que peuvent faire les familles pour réduire leurs dépenses.

« Les bons comptes font les bons amis. »
Proverbe français

12.16 Sample Written Piece

Now let's take one of the written production questions relevant to this chapter from a past French Leaving Certificate paper:

Vous venez d'acheter un billet pour la Loterie Nationale pour la première fois. Et incroyable mais vrai, vous avez gagné 10 000 € !

Qu'est-ce que vous notez à ce sujet dans votre journal intime ?

(75 mots environ)

Plan what you want to say

- You need to express surprise and delight, even disbelief:
  Quelle surprise !
  Je suis trop content(e), ravi(e)
  Je n'y crois pas ! C'est incroyable !
- Say what you have decided you are going to do with the money:
  J'ai décidé de + infinitif
  Use the 'futur proche' and the 'si + présent + futur simple' structure to express your plans.
  Use the 'J'aimerais + infinitif' structure to say what you would like to do.
  You may need the verbs 'acheter', 'donner/offrir', 'aller', 'dépenser' (to spend), 'épargner' (to save).
- Is there an idiomatic expression you could use?
  Maybe 'L'argent ne fait pas le bonheur'?

Cher journal,

Quelle surprise ! Hier, j'ai joué au loto pour la première fois et... j'ai gagné 10 000 € !! Je suis ravi(e), car je m'inquiétais pour l'année prochaine – je n'avais pas l'argent pour la fac, les transports, les repas et les livres. J'allais travailler pendant l'été, mais je pense que maintenant, je vais me relaxer ! C'est incroyable !

J'ai décidé d'épargner 8 000 € et de dépenser le reste cet été. D'abord, j'aimerais offrir des cadeaux à tous mes amis. Puis je vais m'acheter des vêtements. Enfin, si je peux, j'irai passer une semaine avec ma mère/ mon père à Paris ; ce serait super !

Bon, il faut que j'aille me coucher. On dit que l'argent ne fait pas le bonheur, mais moi, je n'en suis pas si sûr(e) !

This piece of 'production écrite' goes a little over 100 words. This is not a problem, provided you know that you are on the right track and that your grammar and spelling are good. Leaving out the sentence about next year would bring the word count below 100, and there are other changes you could make to shorten it further.

🎧 CD2, Track 41 **12.17A** Vos parents, l'argent de poche et vous

« L'argent ne fait pas le bonheur. »
Proverbe français

Questions (…/27)

1 How often do this boy's parents give him pocket money? (…/3)
2 Why would they give him more than 25 euros? (two reasons) (…/6)
3 How does he spend his money? What does he say is very expensive? (…/6)
4 What job does he do to get more money? (…/3)
5 What does he do with his money? (…/3)
6 What does he want to get? Why? (two reasons) (…/6)

🎧 CD2, Track 42 **12.17B** Et si vous gagniez au loto ?

Questions (…/21)

1 What does this girl say about playing the lottery? (…/3)
2 What would she do straight away? (…/3)
3 What would she do with her donation to charity? (…/3)
4 To which association would she give money? Why? (…/6)
5 What would she get her parents? (…/3)
6 What does she want to avoid doing when she starts college? (…/3)

« Il vaut mieux être riche et en bonne santé que pauvre et malade ! »
Coluche

Montage 13 La planète

LES GESTES À LA MAISON

J'éteins les lumières quand je sors d'une pièce
J'utilise des ampoules basse consommation
Je ne laisse pas les lumières allumées tout le temps
Je ne laisse pas les appareils électriques comme la télé
J'éteins les appareils électriques en veilleuse
Je ne laisse pas utiliser le sèche-linge trop souvent
J'évite d'utiliser le chauffage et je mets un pull
Je baisse le chauffage et je mets un pull
Je ne fais pas une machine tous les jours
Je ne laisse pas couler l'eau quand je me brosse les dents
Je ne laisse pas couler l'eau
Je ne gaspille pas l'eau
Je ne passe pas trois heures sous la douche
Je fais le tri sélectif
Je recycle le papier, le plastique, le verre, les déchets organiques
Je recycle les emballages, les bouteilles en verre
Je donne mes affaires à des organisations caritatives

Montage 13
La planète

LES GESTES À L'EXTÉRIEUR DE LA MAISON

Je fais ce que je peux pour protéger l'environnement
J'essaye de réduire mon empreinte carbone
Je prends les transports en commun
Je vais à l'école à pied
Je prends mon vélo pour aller voir mes amis
Je ne conduis pas vite pour ne pas polluer
Je marche plutôt que de prendre un taxi
Je ne jette pas les emballages les chewing-gums par terre
Je fais du covoiturage avec mes voisins
Je ne fais pas des centaines de photocopies à l'école
J'utilise des sacs plastiques recyclables pour les courses
Je ramasse les excréments quand je promène mon chien
J'apporte mes déchets à la déchetterie

L'EFFET DE L'HOMME SUR LA PLANÈTE

Le réchauffement de la planète modifie les saisons
Les catastrophes naturelles sont de plus en plus puissantes
Certaines catastrophes sont causées par la pollution
Il y a des tempêtes, des tornades, des cyclones, des ouragans, des sécheresses, des inondations
La température de la planète augmente
Les glaciers fondent à cause du réchauffement climatique
La calotte glaciaire, au pôle Nord, diminue tous les ans
Les énergies renouvelables : l'énergie solaire, éolienne
Les marées noires tuent des milliers d'animaux
Les C.F.C. font des trous dans la couche d'ozone
L'effet de serre est causé par le gaz carbonique
Les multinationales déboisent la forêt amazonienne
Je suis contre le vieux vêtements et ses déchets radioactifs

🗨 13.2 Les gros émetteurs de CO_2

En milliards de tonnes, par an

États-Unis	4,881	
Chine	3,667	
Russie	2,103	
Japon	1,093	
Allemagne	0,878	
Inde	0,679	
Ukraine	0,611	
Royaume-Uni	0,566	
Canada	0,409	
Italie	0,407	
France	0,362	

> « Le monde contient bien assez pour les besoins de chacun mais pas assez pour la cupidité de tous. »
> Gandhi

> Revise exam guidelines and tips on oral preparation p. vii

🗨 13.3 Les gestes à la maison

Vocabulaire et expressions de base

J'éteins les lumières quand je sors d'une piece
I switch off the lights when I leave a room

On utilise des ampoules basse consommation
We use energy saving bulbs

Je ne laisse pas les lumières allumées tout le temps
I don't leave the lights on all the time

J'éteins les appareils électriques comme la télé
I switch off electrical appliances like the TV

Je ne laisse pas les appareils électriques en veilleuse
I don't leave electrical appliances on standby

J'évite d'utiliser le sèche-linge trop souvent
I avoid using the clothes dryer too often

Je baisse le chauffage et je mets un pull
I turn down the heat and put a jumper on

Ou ne fait pas une machine tous les jours
We don't put on a wash every day

Je ne laisse pas couler l'eau quand je me brosse les dents
I don't leave the tap on when I'm brushing my teeth

Je ne gaspille pas l'eau
I don't waste water

Je ne passe pas trop de temps sous la douche
I don't spend too much time in the shower

Je fais le tri sélectif
I sort the rubbish

Je recycle le papier, le plastique, le verre, les déchets organiques
I recycle paper, plastic, glass, organic waste

Je recycle les emballages, les bouteilles en verre
I recycle wrapping, glass bottles

Je donne mes vieux vêtements à des organisations caritatives
I give my old clothes to charity

🎧 CD2, Track 43 La question de notre examinateur à Sarah

The examiner will not necessarily ask you questions about the environment, however you could bring it up yourself in your document or insert it in your oral. Think of smart ways of using your material, 'À la maison, j'aide mes parents, par exemple je suis en charge du tri sélectif donc je trie le papier, le verre, etc.

> La nature est à la mode dans les sociétés qui la ravagent.

Que faites-vous chez vous au quotidien pour protéger l'environnement ?

J'éteins la lumière quand je sors d'une pièce, je ne laisse pas la télé allumée, je ne laisse pas l'eau couler quand je me brosse les dents… Tous ces petits gestes contribuent à protéger l'environnement car je dépense moins d'énergie.

Faut trier les déchets !

On en a assez de manger n'importe quoi…

 13.4 Être touriste par 40° C sous le ciel d'Orange

Revise exam guidelines and tips on reading comprehensions p. vii

Hier, la température a atteint des records dans la cité des princes.

1 Dans les rues quasi désertes, les passants sont rares. La ville, brûlante, appartient aux cigales qui chantent de plus en plus fort. Les habitants se calfeutrent soigneusement derrière les volets clos. « *Nous venons d'appeler les pompiers car une mamie a fait un malaise devant le théâtre antique* », témoigne Cathy, l'employée d'un glacier. Elle remarque que les touristes sortent « coûte que coûte » alors que les habitants ne se montrent qu'à la fraîche.

2 Plus loin, le chauffeur du petit train touristique attend. Déçu, il contemple la terrasse du café qui lui fait face. Les clients se pressent contre les brumisateurs et ne semblent pas se décider à bouger. « *Je devrais être parti, mais il n'y a personne. Depuis la canicule, les gens ne viennent qu'en fin d'après-midi* »,

constate-t-il. Du coup, sa balade est repoussée d'une demi-heure… si les clients se montrent.

C'est sur la place de la mairie que l'on rencontre le plus de monde. Les parents font profiter de la fontaine à leurs enfants sous le regard des aînés abrités sous le vieux marronnier.

3 Greffée sur un mur jaune, l'enseigne d'une pharmacie affiche 38° à l'ombre. Mais il fait bien plus au cœur du théâtre antique. En bas des gradins, la lumière réfléchie par la pierre rend brûlant le moindre objet. Et si les touristes ne boudent pas la visite, ils ne s'attardent pas. « *Nous veillons à ce que les enfants soient bien couverts et boivent beaucoup d'eau* », explique Peter Northcroft, spécialement venu d'Angleterre avec sa classe de trente-cinq élèves pour étudier la culture latine. D'ailleurs, les enfants sont sagement restés à l'ombre en haut des gradins.

4 Les bars de la ville auront été les réels bénéficiaires de la chaleur. À en croire les patrons, les clients ont consommé des boissons essentiellement sans alcool, les effets déshydratants de l'alcool se faisant plus sentir sous la chaleur.

Guillaume Garvanese
La Provence

Glossaire

quasi : *almost*
la cigale : *cicada*
se calfeutrer : *to be shut in*
à la fraîche : *in the cool of the day*
le brumatiseur : *cool spray*
la canicule : *heat wave*
abriter : *to shelter*
le marronnier : *chestnut tree*
greffer : *to graft*
le gradin : *terrace/tier*
la pierre : *stone*
bouder : *to shun*
s'attarder : *to linger*
la chaleur : *heat*

Questions

Section 1

1 Pourquoi les rues sont-elles « quasi désertes » ?
2 Quel est le contraste entre les habitants de la ville et les touristes ?

Section 2

1 Pour quelle raison le conducteur du petit train est-il déçu ?
2 Relevez l'expression qui signifie « vers 17–18 heures ».
3 Relevez la phrase qui explique pourquoi les gens viennent sur la place de la mairie.

Section 3

1 Trouvez la phrase qui explique pourquoi il fait si chaud dans le théâtre antique.
2 Trouvez un verbe au subjonctif.
3 Quelles précautions prend-on à l'égard des enfants ?

Section 4

1 Relevez un verbe au participe présent.
2 Pourquoi les clients des bars ont-ils consommé des boissons sans alcool ?

13.5 La démographie du monde en 2050

LES EUROPÉENS : 7 HUMAINS SUR 100 EN 2050

LES 10 PAYS EUROPÉENS LES PLUS PEUPLÉS EN 2050*
(ENTRE PARENTHESES : POPULATION EN 2009)

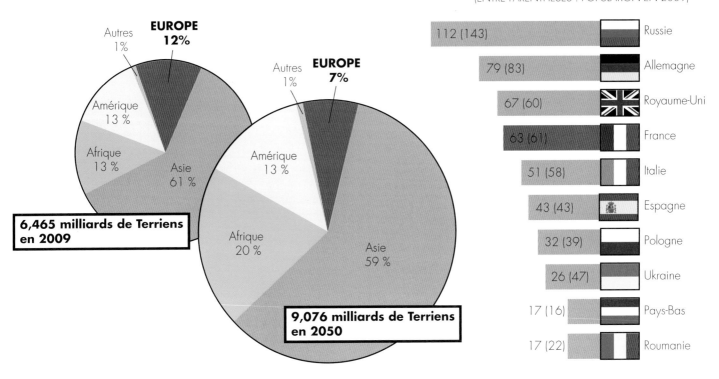

EUROPE 12%

Autres 1%

Amérique 13 %

Afrique 13 %

Asie 61 %

6,465 milliards de Terriens en 2009

Autres 1%

EUROPE 7%

Amérique 13 %

Afrique 20 %

Asie 59 %

9,076 milliards de Terriens en 2050

112 (143)	Russie
79 (83)	Allemagne
67 (60)	Royaume-Uni
63 (61)	France
51 (58)	Italie
43 (43)	Espagne
32 (39)	Pologne
26 (47)	Ukraine
17 (16)	Pays-Bas
17 (22)	Roumanie

 CD2, Track 44 **13.6**

Comment allez-vous affronter ces journées glaciales ?
(Hiver 2010)

« Tous les écologistes sont daltoniens. Ils voient vert partout ! »
Raymond Devos

Questions

A. Émilie Dubois

1 Age
2 Job
3 What age is the youngest child that Émilie minds?
4 What is the temperature today?
5 Name one measure she mentions to stay warm.
6 What does she say about her geraniums?

B. Martine Lesaint

1 Age
2 Job
3 What kind of cold weather does she prefer?
4 What temperature does she have her heating at?
5 Why is she used to harsh winters?

C. Danièle Levant

1 Age
2 Job
3 What temperature does she mention?
4 How does she keep her heating bills down?
5 Name one thing she'll do to keep warm.
6 What is the final task she mentions?

D. Jacques Gaury

1 Age
2 Job
3 What will he do in the mornings?
4 And the afternoons?
5 Name one measure he mentions to stay warm.
6 What will the cold weather not prevent him from doing?

13.7 Les gestes à l'extérieur de la maison

Je fais ce que je peux pour protéger l'environnement
I do what I can to protect the environment

J'essaye de réduire mon empreinte carbone
I try to reduce my carbon footprint

Je prends les transports en commun
I take public transport

Je vais à l'école à pied
I go to school on foot

Je prends mon vélo pour aller voir mes amis
I take my bike to go and see my friends

Je ne conduis pas vite pour ne pas polluer
I don't drive fast so as not to pollute

Je marche plutôt que de prendre un taxi
I walk instead of taking a taxi

Je ne jette pas les papiers/les chewing-gums par terre
I don't throw paper/chewing gum on the ground

Je fais du covoiturage avec mes voisins
I car pool with my neighbours

Je ne fais pas des centaines de photocopies à l'école
I don't do hundreds of photocopies at school

J'utilise des sacs plastiques recyclables pour les courses
I use recyclable plastic bags for my shopping

Je ramasse les excréments quand je promène mon chien
I pick up dog waste when I walk my dog

J'apporte mes déchets à la déchetterie
I bring my waste to the recycle centre

 CD2, Track 45 **La question de notre examinateur à Robert**

The examiner will not necessarily ask you questions about the environment; however, you could bring it up yourself in your document or insert it in your oral. Think of smart ways of using your material. « Je vais à l'école à pied plutôt que de prendre la voiture car je suis conscient de l'environnement et de mon empreinte carbone, etc. »

Êtes-vous conscient de la protection de l'environnement au quotidien ?

Oui, je fais ce que je peux pour protéger l'environnement. Par exemple, j'essaye de prendre les transports en commun le plus souvent possible : le matin je vais à l'école en bus, cela me prend une demi-heure. Je ne jette jamais les papiers par terre, c'est dégoûtant.

« L'homme est apparu comme un ver dans un fruit, comme une mite dans une balle de laine, et a rongé son habitat, en sécrétant des théories pour justifier son action. »
Paul-Émile Victor

13.8A Sondage : Quel est votre impact sur l'environnement ?

Le calcul de notre empreinte écologique montre qu'involontairement chacun de nous pèse lourd sur l'avenir de la planète.

Comment calculer votre empreinte écologique ?

Pour vous permettre au moins de l'évaluer, le WWF et la fondation Redefining Progress ont mis au point un test dont la version complète se trouve sur le site www.wwf.fr. Un logiciel y calcule immédiatement votre impact écologique. Nous vous en proposons ici une version simplifiée. Cochez la case correspondante à votre réponse et additionnez les points notés en blanc.

Alimentation

A Combien de fois par semaine mangez-vous des produits d'origine animale ?

- 0 Jamais
- 10 1 à 3 fois
- 20 4 à 6 fois
- 35 7 à 10 fois
- 50 Plus de 10 fois

B Combien de fois cuisinez-vous votre repas ?

- 25 Moins de 10 fois
- 20 10 à 14 fois
- 15 14 à 18 fois
- 10 Plus de 18 fois

C Achetez-vous de préférence des produits locaux ?

- 25 Oui
- 50 Parfois
- 100 Rarement
- 125 Non
- 75 Ne sait pas

Déchets

A Essayez-vous de réduire le volume de vos déchets (aliments achetés en vrac, refus des prospectus publicitaires, récipients réutilisables, produits d'entretien naturels) ?

- 0 Toujours
- 10 Parfois
- 20 Rarement
- 30 Jamais

B Faites-vous du compost avec vos déchets alimentaires ?

- 20 Jamais
- 15 Rarement
- 10 Parfois
- 0 Toujours

C Recyclez-vous les journaux, caisses, bouteilles de verre ou de plastique, etc. ?

- 0 Toujours
- 10 Parfois
- 15 Rarement
- 20 Jamais

D Combien de sacs poubelle sortez-vous chaque semaine ?

- 0 Aucun
- 5 Un sac à demi plein
- 10 1
- 20 2
- 30 Plus de 2

Consommation

A Combien d'achats de gros matériel avez-vous effectués l'an dernier (voiture, meubles, téléviseur, ordinateur, réfrigérateur, etc.) ?

- 0 Aucun
- 15 1 à 3
- 30 4 à 6
- 45 Plus de 6

B Avez-vous acheté des produits à meilleur rendement énergétique l'an dernier (ampoules basse énergie, réfrigérateur, chaudière, etc.) ?

- 0 Oui
- 25 Non

Transports

A Si vous utilisez un véhicule à moteur pour vos déplacements, de quel type est-il ?

- 15 Deux-roues motorisé léger
- 35 De petites dimensions (type Smart)
- 60 De dimensions

intermédiaires (type Golf)

- 75 De dimensions normales (type 406)
- 100 4 × 4, monospace ou voiture de sport

B Comment vous rendez-vous au travail ?

- 50 En voiture ou moto
- 25 Par les transports publics
- 20 À pied
- 0 À vélo ou en rollers

C Où avez-vous passé vos dernières vacances ?

- 0 Chez vous
- 10 Dans votre région
- 30 Dans une autre région française
- 40 En Europe
- 70 Hors d'Europe

D Combien de fois par semaine prenez-vous les transports publics au lieu de votre voiture ?

- 50 Jamais
- 40 1 à 5 fois
- 30 6 à 10 fois
- 20 11 à 15 fois
- 10 Plus de 15 fois

E Combien de fois par an partez-vous en week-end en voiture ?

- 0 Jamais
- 10 1 à 3 fois
- 20 4 à 6 fois
- 30 7 à 9 fois
- 40 Plus de 9 fois

Logement

A Dans quel type de logement vivez-vous ?

- 20 Appartement
- 40 Maison

B Combien de personnes compte votre foyer ?

30	1
25	2
20	3
15	4
10	5 ou plus

C Comment votre logement est-il chauffé ?

30	Au gaz naturel
40	À l'électricité
50	Au fioul
0	À l'énergie renouvelable (éolienne, solaire)

D Combien y a-t-il de robinets et de W.C. chez vous ?

5	Moins de 3
10	3 à 5
15	6 à 8
20	9 à 10
25	Plus de 10

Résultats

Si votre score total est de :

Moins de 150 : Bravo pour votre esprit vert. Votre empreinte écologique est inférieure à 4 hectares, comme celle d'un Ukrainien ou d'un Libyen.

150 à 350 : Votre empreinte écologique, comprise entre 4 et 6 hectares, est dans la moyenne française. Peut mieux faire.

350 à 550 : Située entre 6 et 7,7 hectares, votre empreinte écologique prouve que vous appréciez le grand confort. Un peu trop ?

550 à 750 : Votre empreinte écologique située entre 7,7 et 10 hectares est digne de celle d'un émir. Soyez plus raisonnable.

Plus de 750 : Redescendez sur Terre ! Une empreinte trop forte pèse aussi sur vos artères.

 ## 13.8B Protéger l'environnement

Et vous, que faites-vous pour protéger l'environnement ?

Utilisez le vocabulaire du test précédent dans votre réponse.

Verbes clés : chauffer - cuisiner - aller - habiter - acheter - recycler - manger – utiliser

Vocabulaire

Pour vous aider

– Chez nous, on recycle le…

– Près de chez moi, il y des conteneurs…

– Dans ma rue, il y a des poubelles spéciales…

– Ma mère recycle les déchets organiques en les transformant en compost pour le jardin.

– Dans mon école…

– À la maison, on garde les cannettes et, au bout de quelques semaines…

– Nous ne jetons pas les journaux…

13.8C Ville sale

« Si on se promène dans les rues de Cork ou de Dublin, le dimanche matin, on voit des déchets partout – des papiers, des emballages de fast-food, des cannettes – c'est incroyable ! » (Touriste français)

Pourquoi, à votre avis, nos villes et villages sont-ils si sales ?

« Se marier à un homme divorcé montre que vous êtes "écologiquement" responsable. Dans un monde où il y a plus de femmes que d'hommes, il faut participer au recyclage. »
Rita Rudner

13.9 Exercice de grammaire 1

Le subjonctif
Mettez les verbes au subjonctif.

1 Le changement climatique est un grave problème. Il faut que les gouvernements (faire) quelque chose !
2 On pourra sauver la planète, pourvu qu'on (être) prudent.
3 Donnez-nous une poubelle verte pour que nous (pouvoir) réduire nos déchets.
4 Je vais sortir quoiqu'il (neiger).
5 J'ai honte qu'elle ne (recycler) pas !
6 Ma mère veut que j'(aller) à l'école à pied.
7 Il vaut mieux que nous (utiliser) moins de pétrole.
8 Il est temps que tout le monde (faire) du compost avec ses déchets alimentaires.
9 Il faudrait que les gens (acheter) plus de produits locaux.
10 Il faut que toutes les maisons (avoir) une poubelle verte.

 ## 13.10 Exercice de grammaire 2

Mettez les verbes au subjonctif.

1. Il faut que je (travailler) dur cette année.
2. Il est dommage que tu ne (pouvoir) pas venir.
3. Il vaut mieux que tu le (savoir).
4. Au lycée, il faut qu'on (être) à l'heure.
5. Elle va sortir, quoiqu'il (faire) froid.
6. Il est possible qu'elle (venir) ce soir.
7. Il faut que je (rester) en forme.
8. Nous sortirons pourvu qu'il ne (pleuvoir) pas.
9. Je veux qu'il (se dépêcher) !
10. J'ai peur qu'elle ne (réussir) pas.

13.11 Un téléphone portable biodégradable

1 Des chercheurs de l'université de Warwick en Angleterre ont mis au point le premier téléphone portable écologique et biodégradable, qui se transformera en fleur une fois planté dans la terre.

Cette invention révolutionnaire permet, selon un communiqué de l'Université de Warwick publié mardi, de résoudre la question du recyclage des téléphones portables, qui se pose dans le monde entier depuis l'explosion de la téléphonie mobile. « *Les téléphones portables sont, parmi les accessoires électroniques, ceux que l'on renouvelle le plus rapidement : l'évolution rapide de la technologie et des goûts incite les consommateurs à changer constamment leur téléphone* », expliquent les inventeurs.

2 L'équipe de l'université de Warwick a travaillé en collaboration avec une société britannique de haute technologie, et le fabricant américain de téléphones portables Motorola.

L'appareil 100 % écologique est fabriqué à partir de polymères biodégradables qui se transforment en poussières lorsqu'ils sont enterrés dans du compost, explique le communiqué. Une graine de fleur est également insérée dans le portable « *Grâce à une petite fenêtre, elle est visible de l'extérieur, mais elle ne germera pas tant que l'utilisateur n'est pas décidé à recycler son téléphone portable* » en le plantant dans la terre.

3 Après de longues recherches, l'équipe du docteur Kerry Kirwan a déterminé que la fleur qui avait le plus de chance de pousser au contact du portable était le tournesol. Reste désormais à trouver à cette invention une application commerciale.

« *La technologie fonctionne, nous l'avons prouvé : n'importe quel fabricant de téléphones portables peut l'utiliser s'il pense que cette invention a un avenir commercial* », explique un porte-parole de l'université de Warwick.

> « La nature, pour être commandée, doit être obéie. »
> Francis Bacon

Glossaire

mettre au point : *to perfect*
parmi : *among*
la poussière : *dust*
le tournesol : *sunflower*
l'avenir : *future*

Questions

Section 1

1 Pour que le portable se transforme en fleur, que faut-il qu'on fasse ?

2 Trouvez l'expression qui montre que les téléphones portables ont beaucoup de succès.

3 Citez l'expression qui explique pourquoi les gens changent si souvent leur téléphone.

Section 2

1 Relevez un verbe au futur simple.

2 Citez les mots qui montrent que ce nouveau portable est très « vert ».

3 Comment peut-on voir la graine de fleur ?

Section 3

1 Pourquoi a-t-on choisi le tournesol ?

2 Relevez les mots qui signifient « il croit ».

13.12 Ecoles vertes

Your school has entered a Green Schools competition. Write about 100 words saying why you think your school should win the competition.

Vocabulaire

Pour vous aider

– It's your first time to enter the competition.

– You've all made a big effort.

– You've put recycling bins all over (**partout dans**) the school.

– You sort (**trier**) all the material – paper, glass, plastic, cardboard (**le carton**) into different bins.

– You also recycle batteries (**les piles**), mobile phones, ink cartridges (**les cartouches**).

– There's a fine for anyone who litters (**jeter des détritus par terre**).

– The whole school looks better and you're all proud of your effort.

13.13 L'effet de l'Homme sur la planète

Vocabulaire et expressions de base

Le réchauffement de la planète modifie les saisons
Global warming changes the seasons

Les catastrophes naturelles sont de plus en plus puissantes
Natural disasters are more and more powerful

Certaines catastrophes sont causées par la pollution
Some disasters are caused by pollution

Il y a des tempêtes, des tornades, des cyclones, des ouragans, des sécheresses, des inondations
There are storms, tornadoes, cyclones, hurricanes, droughts, floods

La température de la planète augmente
The temperature of the earth is rising

Les glaciers fondent à cause du réchauffement climatique
Glaciers are melting because of global warming

La calotte glaciaire, au pôle Nord, diminue tous les ans
The ice cap at the North Pole diminishes every year

Les énergies renouvelables : l'énergie solaire, éolienne
Renewable energies: solar and wind energies

Les marées noires tuent des milliers d'animaux
Oil spills kill thousands of animals

Les multinationales déboisent la forêt amazonienne
Multinationals are cutting down the Amazonian forest

Les C.F.C. font des trous dans la couche d'ozone
CFC gases make holes in the ozone layer

Je suis contre le nucléaire et ses déchets radioactifs
I am against nuclear energy and its radioactive waste

L'effet de serre est causé par le gaz carbonique
Greenhouse effect is caused by CO_2

CD2, Track 46 **13.14** 9,3 milliards de Terriens en 2050

Interview avec le démographe Henri Léridon.

Revise exam guidelines and tips on listening comprehensions p. x

Questions

1 The world's population is known, but with a certain margin of error:
 – What is the percentage of this margin?
 – What number of people does this represent?

2 How often does the UN (ONU in French) publish world population figures?

3 For how long have the UN been publishing the figures?

4 What happened to world population numbers in the 1960s?

5 Countries like Egypt tend to stabilise their populations when women have how many children?

6 What does the expert say about the population of Africa?

7 Why will cities in Africa and Asia increase their population?

8 What would be the result of intensive farming? (any one)

9 What must developed countries do?

10 The current obesity epidemic is a sign that we're _____ and especially too much _____.

13.15 « Épargnez ma boîte aux lettres »

1 Chaque jour, le geste se répète, devenu routinier : après l'ouverture de la boîte aux lettres, et un tri rapide, la majorité du contenu part à la poubelle. En moyenne, chaque foyer français reçoit 40 kilos de courrier non adressé. Soit un million de tonnes dans tout l'Hexagone qui, dans la plupart des cas, finissent, après un minimum de lecture, en déchets. Cette distribution est d'abord initiée par les grandes surfaces (58 %) ; viennent ensuite les journaux gratuits (18 %) et les commerces locaux (14 %). Les 10 % restants provenant des collectivités locales.

2 Évidemment, une fois distribués, et jetés, ces publicités et journaux doivent être collectés et traités… aux frais de la collectivité. On estime que, pour une commune de 100 000 habitants, la publicité et les journaux dans les boîtes aux lettres représentent une dépense de 250 000 € par an, somme supportée par le contribuable. Pour que les personnes qui le souhaitent puissent exprimer leur refus d'un tel gaspillage, le ministère de l'Écologie et du Développement durable vient d'éditer un million d'autocollants verts sur lesquels figure cette phrase : « L'abus de prospectus est dangereux pour ma planète. Merci d'épargner ma boîte à lettres ». Ils seront disponibles au début du mois de juillet dans les mairies, dans les associations concernées ou dans les espaces info-énergie (sept dans la région, sur le site www.ademe.fr).

3 L'autocollant devrait être respecté, le Syndicat de la distribution directe, La Poste, le Syndicat de la presse gratuite ainsi que la Fédération des entreprises du commerce et de la distribution, ayant apporté leur soutien. En cas de non respect, l'Ademe mettra un formulaire à remplir sur son site (www.ademe.fr).

Glossaire

le tri : *sorting out*
le foyer : *household*
le courrier : *mail*
les déchets : *rubbish*
la collectivité : *community*
les frais : *expenses*
le contribuable : *taxpayer*
le gaspillage : *waste*
un autocollant : *sticker*
épargner : *to spare*
disponible : *available*
le soutien : *support*
remplir : *to fill (out)*

Questions

Section 1

1 Que fait-on de la majorité du contenu de sa boîte aux lettres ?

2 Trouvez un autre mot pour « la France ».

3 Trouvez les mots qui signifient « hypermarchés ».

Section 2

1 Relevez un verbe au subjonctif.

2 Quel est le but de ces autocollants ?

Section 3

1 Retrouvez le mot qui veut dire : « qui ne coûte rien ».

2 Relevez un verbe au participe présent.

13.16

« Ce qui m'inquiète, c'est la pensée que l'homme est capable de s'habituer aux pires conditions de vie. Il pourra trouver parfaitement normal, d'ici un siècle, de vivre prostré dans quelques bunkers, avec des masques, de l'air artificiel. Il ne saura même plus alors que l'on vivait autrement. Que restera-t-il alors de l'homme ? »
Paul-Émile Victor

 13.17 La plage à Paris !

1 Bertrand Delanoë, maire de Paris, est fier de l'opération Paris-Plage, qui a débuté le 21 juillet et s'achève ce soir. Pendant trente jours, les voies sur berge de la rive droite – coupées à la circulation 24 heures/24 – ont été transformées en « station balnéaire » sur trois kilomètres, avec plages de sable, transats, guinguettes, animations et palmiers en pot.

2 Malgré une météo capricieuse début août, les estivants urbains se sont déplacés très nombreux, à pied, en rollers, à vélo, parfois équipés d'un maillot de bain et de crème solaire. Parisiens déstressés, banlieusards amusés, provinciaux étonnés, touristes étrangers comblés… Près de 2,3 millions de personnes – selon la mairie – se sont promenées au fil de l'eau, du quai Henri IV au quai des Tuileries. Ils étaient 600 000

le premier dimanche, de 80 000 à 150 000 les jours de soleil, de 25 000 à 30 000 les jours gris, de 10 000 à 12 000 les pires jours de pluie. Pour ce dernier week-end, avec le 15 août et le retour du beau temps, la foule a massivement réinvesti les lieux.

3 L'évacuation des passants commence ce soir à 21 heures. Mais les berges resteront interdites à la circulation entre 22 heures et 7 heures, durant quatre nuits (jusqu'à jeudi), afin de démonter les installations. Quelque 150 rotations de camions seront nécessaires pour déménager les 650 tonnes de sable , les terrains de pétanque et le mur d'escalade, les 300 transats, 130 parasols, 120 oriflammes, 22 cabines de plage, 4 buvettes…

4 Bertrand Delanoë entend bien tirer politiquement profit du

succès de Paris-Plage. Il est ravi de son « impact international » : la presse et les télévisions du monde entier ont parlé de lui (« le maire de Paris-sur-Mer », pour l'hebdomadaire britannique *The Observer*) et de son opération, la comparant à la promenade des Anglais, la Riviera, Copacabana…

Le Journal du Dimanche

Glossaire

s'achever : *to end*
la berge : *bank*
le transat : *deckchair*
la guinguette : *open-air café*
un estivant : *summer holiday-maker*
comblé : *happy*
une oriflamme : *banner*
la buvette : *small bar*
un hebdomadaire : *weekly paper*

Questions

Section 1

1 Relevez l'adjectif qui décrit la réaction du maire devant son projet « Paris-Plage ».

2 Trouvez l'expression qui nous montre que les véhicules étaient interdits dans cette partie de Paris.

3 Nommez trois choses/activités qu'on a installées à la « plage » :

(a) _____   (b) _____

(c) _____

Section 2

1 Citez les mots qui indiquent que des gens se sont comportés comme s'ils allaient vraiment à la plage.

2 Relevez les quatre participes passés qui décrivent les divers visiteurs à la « plage ».

3 Quel temps faisait-il quand il n'y avait que 10 000 personnes ?

Section 3

1 Retrouvez l'expression qui signifie : « endroits où l'on joue aux boules ».

2 Relevez un verbe au futur simple.

Section 4

1 À quoi le mot 'la' se réfère-t-il dans l'expression 'la comparant' ?

- **'In general the "Paris-Plage" project was a great success.' Do you agree ?**

Refer to the article to support your answer.

13.18 Sample written piece

Now let's take one of the written production questions relevant to this chapter from a past French Leaving Certificate paper:

Donnez vos réactions.

Plan what you want to say

- State the problems shown in the cartoon – polar bears threatened with extinction, melting ice cap.
- 2050 will be too late – use le 'futur simple'.
- Ask how this disaster can be averted.
- Mention two or three things that must be done – il faut que + subjonctif, devoir + infinitif.
- Remember to include key vocabulary like 'réchauffement climatique', 'environnement', 'consommation d'énergie'.
- Try to end on a positive note.

Les pauvres ours polaires ! J'ai vu des émissions à la télé ils sont menacés d'extinction ; la calotte glaciaire fond, au pôle Nord. 2050 sera beaucoup trop tard pour eux, parce qu'ils n'existeront plus !

Mais comment peut-on éviter ce désastre ?

D'abord, je crois que nous devons tous accepter que le réchauffement climatique existe et que la situation devient urgente.

Deuxièmement, chacun doit être responsable les petits gestes quotidiens comme le recyclage ou prendre les transports en commun aident à la protection de l'environnement.

Enfin, il faut que chaque gouvernement fasse attention à la consommation d'énergie et favorise les énergies renouvelables.

Ensemble, nous pouvons sauver l'habitat de ces beaux animaux !

« Le nucléaire est une énergie de l'avenir qui appartient au passé. »
Amory Lovins

13.19 Point de départ

| 150 litres | 30 min = 320 litres | 3 min = 60 litres | 10 litres | 150 litres | 10 min = 230 litres | 30 sec = 6 litres |

13.20 L'environnement

A. Avant la lecture

Voici dix phrases qui font allusion à des éléments figurant dans les trois articles suivants.

Pour chacune, dites si elle fait référence à :

(a) l'effet de serre

(b) la couche d'ozone

(c) la destruction de la forêt tropicale

(d) la pollution industrielle

(e) la pollution due aux véhicules.

- Cet écran nous protège des rayons ultra-violets du soleil.
- On la détruit pour construire des routes.
- La circulation contribue à l'empoisonnement de l'atmosphère.
- On y a découvert un trou énorme.
- Les bombes aérosols contribuent à sa destruction.
- La température de la Terre va augmenter.
- La glace aux pôles pourrait fondre et le niveau de la mer pourrait monter.
- Les arbres sont les poumons de la Terre.
- Les fumées des cheminées nuisent à l'environnement.
- Lorsqu'on coupe une forêt, le désert s'étend.

B. La terre dans 40 ans : une serre surchauffée

> **Glossaire**
>
> le charbon : *coal*
> le niveau : *level*
> bouleverser : *to change drastically*
> une hausse : *rise*
> le pire : *the worst*

D'ici à une quarantaine d'années, la température moyenne de la terre aura augmenté de 1,5 à 4,5°C. Au banc des accusés : le gaz carbonique que la combustion du bois, du charbon, du pétrole et du gaz naturel accumule dans l'air, et la destruction des forêts tropicales. Les remèdes : réduire les consommations d'énergie et s'adapter aux grands changements climatiques qui s'annoncent.

L'information est d'importance : d'ici à un siècle, le niveau de la mer pourrait monter de 65 cm, délogeant des millions d'habitants, bouleversant les façades maritimes de certains pays, provoquant des catastrophes économiques et sociales un peu partout dans le monde. La Terre est victime de « l'effet de serre », qui met en présence trois acteurs : la Terre, le soleil et certains gaz, notamment le CO_2, et dont l'effet normal est de maintenir la température moyenne de la terre à 15°C. S'il y a une hausse de température, la chose sera grave, d'autant que l'homme y est pour beaucoup. Pour éviter le pire, 143 pays sont tombés d'accord pour réduire les émissions de CO_2.

C. Le désert suit la forêt

« *Dans 50 à 70 ans, la forêt tropicale aura disparu* », avertit François Ramade, professeur d'écologie végétale à l'université de Paris XI. En Amazonie, on brûle les arbres sur des dizaines de milliers de kilomètres carrés pour construire des routes et dégager des terres cultivables ; à coups d'herbicides, on maintient des prairies 12 fois moins rentables qu'en Normandie. Et l'on épuise un sol qu'il faudra abandonner 5 ans plus tard pour aller déboiser plus loin. Et de fait, à chaque fois qu'on coupe une forêt, l'aridité augmente et le désert s'étend. En 25 ans, les Philippines ont perdu 55 % de leurs arbres. En 1950, 70 % du Costa Rica était couvert de forêts. Aujourd'hui, ce chiffre est tombé à 20 %. Même tableau en Thaïlande et en Inde. En 40 ans, la forêt tropicale a diminué de moitié. Au total, 200 000 km² de forêts disparaissent chaque année en fumée, entraînant une menace pour la faune et la flore (1 million d'espèces tropicales n'existeront plus dans 15 ans) et un bouleversement du climat. « *En Amazonie orientale par exemple, les pluies sont deux fois plus faibles qu'autrefois*, souligne François Ramade. *Et ce n'est pas fini : dans le bassin du Congo, 70 % des précipitations sont dues à la forêt. Si on l'abat, la région deviendra inévitablement semi-aride.* »

Glossaire

carré : *square*
épuiser : *to exhaust*
le sol : *soil*
déboiser : *to cut down trees*
s'étendre : *to spread*
entraîner : *to bring*
abattre : *to destroy, fell*

D. L'homme bouleverse le climat

La couche d'ozone

L'écran d'ozone qui nous protège des rayons ultra-violets les plus dangereux se déchire au-dessus des pôles. Conséquences redoutées : une multiplication des cancers de la peau, la destruction d'espèces marines, la chute des rendements agricoles et une modification du climat.

La pollution atmosphérique

Un monument de l'ère industrielle, gigantesque, menaçant. Des hautes cheminées de l'industrie sortent les fumées qui contribuent, partout dans le monde, à nuire à notre environnement. Simple vapeur d'eau ou gaz toxique, ces émanations représentent un danger pour le ciel, pour la terre, pour la mer. Certes, l'industrie fait énormément pour le progrès de l'humanité, pour son bien-être et son équilibre. Le revers de la médaille est toujours redoutable. Plus encore que la grande industrie, le parc automobile, avec ses millions de véhicules, contribue pour une part essentielle à l'empoisonnement de l'atmosphère.

Glossaire

déchirer : *to tear*
la chute : *fall*
nuire : *to harm*
le parc : *total number*

Questions

La couche d'ozone
1 Quel est le problème ?
2 Nommez deux conséquences de ce problème.

La pollution atmosphérique
1 Quelle est la cause principale de cette pollution ?
2 Citez les mots qui nous montrent le côté positif de l'industrie.
3 Trouvez l'expression qui signifie 'le mauvais côté d'une situation'.

 CD2, Track 47 **13.21** Parler de l'environnement

Questions (…/21)

1 Describe how the scientists' warnings are received by the general public. (…/3)
2 Name two things this person does to protect the environment. (…/6)
3 What does she say people should get into the habit of doing? (…/3)
4 What is her opinion on the effect of humans on the environment? (…/3)
5 How does she describe natural disasters? (…/3)
6 What's her final comment? (…/3)

Les musées préservent notre passé ; le recyclage préserve notre avenir.

Sans effet de serre, la température sur la planète serait de −18°C !!

Montage 14 La société

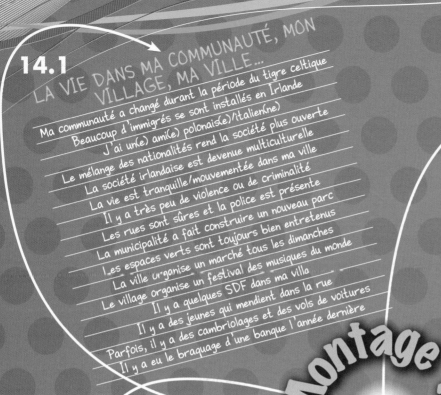

LA VIE DANS MA COMMUNAUTÉ, MON VILLAGE, MA VILLE…

Ma communauté a changé durant la période du tigre celtique
Beaucoup d'immigrés se sont installés en Irlande
J'ai un(e) ami(e) polonais(e)/italien(ne)
Le mélange des nationalités rend la société plus ouverte
La société irlandaise est devenue multiculturelle
La vie est tranquille/mouvementée dans ma ville
Il y a très peu de violence ou de criminalité
Les rues sont sûres et la police est présente
La municipalité a fait construire un nouveau parc
Les espaces verts sont toujours bien entretenus
La ville organise un marché tous les dimanches
Le village organise un festival des musiques du monde
Il y a quelques SDF dans ma ville
Il y a des jeunes qui mendient dans la rue
Parfois, il y a des cambriolages et des vols de voitures
Il y a eu le braquage d'une banque l'année dernière

Montage 14 — La société

PROBLÈMES DE SOCIÉTÉ : INÉGALITÉS, CHÔMAGE

Le chômage a augmenté
Certains jeunes émigrent à cause du chômage
La crise pousse les jeunes à quitter l'Irlande
Le taux de chômage ne baisse pas
Les personnes licenciées ont du mal à retrouver du travail
Je me pose des questions sur l'avenir
Depuis le début de la crise, le nombre de sans-abri est en hausse
Il faut les héberger dans des logements sociaux
Les associations comme Focus Ireland aident les sans-abri
En France, il y a des problèmes avec les banlieues
Ces problèmes sont liés aux inégalités sociales
Les gens en ont marre et organisent des manifestations
Les inégalités entre hommes et femmes persistent
Les salaires des hommes et des femmes sont inégaux
C'est injuste que les hommes gagnent plus que les femmes
Le partage des tâches domestiques est parfois inégal
Les hommes font souvent moins de tâches ménagères
En politique, il y a plus d'hommes que de femmes

LA SOCIÉTÉ FACE AU TIERS-MONDE

Concern et Trócaire aident les pays du Tiers-Monde
Tous les jours, des gens meurent de faim
La famine frappe les régions les plus pauvres du monde
On devrait donner plus d'argent aux associations caritatives
L'Irlande est un des pays les plus généreux d'Europe
Les Irlandais donnent beaucoup d'argent au Tiers-Monde
Tous les mois, je donne 10 euros à une organisation
J'aimerais aller travailler dans des pays pauvres
Je crois que c'est une expérience qui change la vie
Je sais que j'ai de la chance de vivre en Irlande
On ne choisit pas où on naît

LE VOTE, LES ÉLECTIONS, LA POLITIQUE

J'aurai le droit de voter au prochaines élections
Il me tarde d'avoir le droit de voter
Je m'intéresse à la politique et je suis l'actualité
Des gens sont morts pour avoir le droit de vote
Toutes les voix comptent
C'est difficile de comprendre les hommes politiques
Je trouve que la politique est ennuyeuse
Beaucoup de jeunes ne s'intéressent pas à la politique
Les hommes politiques sont tous les mêmes
Certains disent que ça ne sert à rien de voter !
Parfois, il y a de la corruption en politique
Pour changer les choses, il faut voter
C'est une manière d'exprimer ses opinions
Il faut du changement dans ce pays !

14.2 La vie dans ma communauté, mon village, ma ville…

Ma communauté a changé durant la période du tigre celtique
My community changed during the celtic tiger years

Beaucoup d'immigrés se sont installés en Irlande
A lot of immigrants settled in Ireland

J'ai un(e) ami(e) polonais(e)/tchèque/nigerian(ne)
I have a Polish/Czech/Nigerian friend

Le mélange des nationalités rend la société plus ouverte
The mix of nationalities creates a more open society

La société irlandaise est devenue multiculturelle
Irish society has become multicultural

La vie est tranquille/mouvementée dans ma ville
Life is quiet/eventful in my town

Il y a très peu de violence ou de criminalité
There is very little violence or crime

Les rues sont sûres et la police est présente
Streets are safe and the police are present

La municipalité a fait construire un nouveau parc
The council has built a new park

Les espaces verts sont toujours bien entretenus
The green spaces are always well maintained

La ville organise un marché tous les dimanches
The town organises a market every Sunday

Le village organise un festival des musiques du monde
The village organises a world music festival

Il y a quelques SDF dans ma ville
There are a few homeless people in my town

Il y a des jeunes qui mendient dans la rue
There are young people who beg on the street

En ville, les mendiants font la manche
In towns beggars ask for money

Parfois, il y a des cambriolages et des vols de voitures
Sometimes there are burglaries and car thefts

Il y a eu le braquage d'une banque l'année dernière
Last year there was a bank robbery

Un petit conseil

Questions on these topics could be asked in the oral exam. However, these topics are less commonly asked than the questions asked on family, etc. You could choose to integrate these topics in your oral and develop them further. It would always be a good idea as learning this material will help your written production.

FRANCE: 10 millions de mal logés 133 000 SDF: vous, moi, nous, **on fait quoi pour changer ça?**

 14.3A FOOTBALL : Le racisme court les stades

PAYS-BAS, ITALIE, FRANCE… IL CONTINUE DE SÉVIR PARMI LES SUPPORTERS DES CLUBS EUROPÉENS

Le mal n'est pas encore éradiqué dans les stades européens. La preuve : l'interruption par les autorités néerlandaises d'une récente rencontre à Eindhoven à la suite d'insultes antisémites lancées contre l'arbitre. Dans le Calcio, malgré la sévérité de la police italienne face aux supporters jugés « dangereux », qui doivent pointer deux fois au commissariat les soirs de match, les tribunes, dont celles de la Lazio de Rome, sont régulièrement infiltrées par des groupes fascistes. Autre exemple : celui du Camerounais Patrice Abanda, du Sparta Prague. « À chaque match, dès que je touche le ballon, raconte-t-il, j'entends des cris de singe. On m'a même lancé des bananes. »

Glossaire

sévir : *to exist*
un arbitre : *referee*
pointer : *to check in*
la tribune : *stand*
la recrudescence : *fresh outbreak*
la colère : *anger*
la banderole : *banner*
le berceau : *cradle*
aboutir : *to result in*
le gradin : *terrace*

▼

2 La France ne fait pas bande à part. À l'issue du match Bastia-Saint-Étienne, le 13 novembre, deux joueurs noirs du club corse ont été agressés par une trentaine de supporters locaux. Victimes d'injures racistes, Pascal Chimbonda et Franck Matingou ont été très choqués. Et leur club a déposé une plainte contre X. La recrudescence des violences physiques et verbales souvent xénophobes provoque la colère de Jean-François Lamour. « Les valeurs de la République ne doivent pas s'arrêter aux portes des stades », dit le ministre des Sports. Ce dernier a demandé au Garde des Sceaux, Dominique Perben, de rendre plus systématiques les pointages dans les commissariats. Objectifs : confisquer les banderoles à caractère raciste et traduire leurs auteurs devant la justice.

3 En Angleterre, berceau du hooliganisme, 3 982 arrestations ont été opérées avant, pendant ou après les matchs des quatre divisions du pays, aboutissant à 1 263 interdictions de stade. Cette intransigeance semble payer. La plupart des clubs d'outre-Manche, comme Chelsea, ont même créé des hotlines pour dénoncer les supporters qui entonnent des chants racistes dans les gradins. Vive le sport !

Paul Miquel
L'express

Questions

Section 1

1 Trouvez la raison de l'interruption d'un match aux Pays-Bas.
2 Qui doit pointer deux fois au commissariat de police les soirs de match ?
3 Donnez un exemple de racisme contre Patrice Abanda.

Section 2

1 Relevez l'expression qui veut dire « n'est pas une exception ».
2 « Pascal et Franck ont été très choqués. » Pourquoi ?
3 Retrouvez un verbe à l'infinitif.

Section 3

1 Qu'est-ce qui est arrivé à 1 263 supporters anglais ?
2 Trouvez la phrase qui signifie « Cette attitude rigide a l'air de marcher ».

- Football authorities in Europe are determined to stamp out racism. Give two examples from the text of how they're going about this.

 14.3B « Le racisme, j'ai horreur de ça ! C'est tout à fait injuste. »

(Caroline, 17 ans)
Donnez votre réaction.

« Ce qui compte ce n'est pas le vote, c'est comment on compte les votes. »
Staline

 CD2, Track 48 **14.4** Jusqu'où ira la télé-réalité ?

En Grande-Bretagne, une nouvelle émission de télé-réalité fait scandale. Le principe : vingt enfants vivent sans adultes pendant deux semaines.

Questions

1 What are we being asked to imagine in the opening sentence?
2 How many boys and girls are taking part in the experiment?
3 What are their ages?
4 What positive things have the children learned? (2 examples)
5 Name two things that are not so positive.
6 What have some psychologists demanded?

14.5 Problèmes de société : inégalités, chômage

Vocabulaire et expressions de base

Le chômage a augmenté
Unemployment has risen

Certains jeunes émigrent à cause du chômage
Some young people emigrate because of unemployment

La crise pousse les jeunes à quitter l'Irlande
The crisis forces young people to leave Ireland

Le taux de chômage ne baisse pas
The unemployment rate isn't coming down

Les personnes licenciées ont du mal à retrouver du travail
The unemployed find it hard to get work again

Je me pose des questions sur l'avenir
I wonder about the future

Depuis la crise le nombre de sans-abri est en hausse
Since the crisis the number of homeless has been rising

Il faut les héberger dans des logements sociaux
They have to accommodate them in social housing

Les associations comme Focus Ireland aident les sans-abri
Organisations like Focus Ireland help the homeless

En France, il y a des problèmes avec les banlieues
In France, there are problems with the suburbs

Ces problèmes sont liés aux inégalités sociales
These problems are linked to social inequalities

Les gens en ont marre et organisent des manifestations
People are fed up and organise protests

Les inégalités entre hommes et femmes persistent
Inequalities between men and women persist

Les salaires des hommes et des femmes sont inégaux
Men's and women's salaries are unequal

C'est injuste que les hommes gagnent plus que les femmes
It's unfair that men earn more than women

Le partages des tâches domestiques est parfois inégal
Housework is sometimes unequally shared

Les hommes font souvent moins de tâches ménagères
Men often do less housework

En politique, il y a plus d'hommes que de femmes
In politics there are more men than women

« Le droit de vote, ce n'est pas l'expression d'une humeur, c'est une décision à l'égard de son pays, à l'égard de ses enfants. »
Jacques Chirac

 14.6 Le futur simple et le futur proche

Turn these sentences into *futur simple* and *futur proche*.

Exemple :

Présent	Futur simple	Futur proche
Je vais en fac	J'irai en fac	Je vais aller en fac

1 Je donne de l'argent aux SDF.
2 Le chômage augmente.
3 Les jeunes émigrent.
4 La crise finit.
5 Je vote dans les élections.

6 Le gouvernement doit changer la loi.
7 On a assez d'argent pour vivre.
8 Elle est heureuse.
9 Il y a une récession.
10 Mais la vie est belle !

CD1, Track 49 **14.7** Three young people talk about voluntary work overseas

Questions

A. Bastien

1. Age?
2. What is he studying?
3. What subjects did he give classes in in Burkina-Faso?
4. Where did he sleep?
5. What was the only thing he didn't like?
6. What did his pupils used to do?
7. What are his plans for this year?

B. Sophie

1. Age?
2. Why did she volunteer?
3. What was her main task?
4. What made her happy? (one thing)

5. Name one thing she does currently.

C. Louis

1. With whom did Louis go to Mali?
2. What was their task?
3. How long did the trip last?
4. How much was their budget?
5. What contrast does he mention between Europe and Africa?
6. What's his final comment on his experience?

14.8A

IRLANDE

« La crise nous a poussés à nous intéresser à la politique »

MICHAEL (21 ANS) ET RYAN (23 ANS) • étudiant en école de commerce et chômeur

DUBLIN
DE NOTRE ENVOYÉE SPÉCIALE

1 « Quand j'ai commencé mes études, 100 % des diplômés de mon école étaient sûrs de trouver un bon job. Aujourd'hui, ceux qui sortent ne trouvent rien… »
Michael Breathnach, ce brillant étudiant de 21 ans qui a terminé sa troisième année d'école de commerce dans une des universités les plus cotées d'Irlande (University College de Dublin), cherchera un emploi l'an prochain. Une mission qui, dans un pays où plus de 30 % des jeunes sont au chômage, s'annonce particulièrement ardue.

2 Son ami Ryan Cronin-Neilan, 23 ans, diplômé d'une prestigieuse école de photographie depuis novembre, attend toujours de trouver le job de ses rêves. En vain. Faute de mieux, Ryan travaille entre quinze et vingt heures par semaine dans une boutique pour 10 € de l'heure, ce qui ne lui permet pas de se payer son propre logement à Dublin. Les prix à l'achat des biens immobiliers se sont effondrés dans la capitale (-46 % en trois ans), mais pas ceux des loyers. « Il faut débourser entre 500 et 700 € par mois pour une chambre. » Ryan comme Michael restent donc chez leurs parents. Ellen Flinn, 20 ans, est moins inquiète que les garçons. Étudiante en art dramatique au Trinity College, elle espère devenir

écrivaine : « J'ai choisi de faire ce qui me plaisait. J'ai brièvement pensé à suivre des études classiques. Mais à quoi bon, il n'y a pas de boulot. » Nombre de ses amis ont quitté le pays.

Glossaire

coté : *rated*
immobilier : *real estate*
s'effondrer : *to collapse*
le loyer : *rent*
l'écrivain : *writer*
le fonctionnaire : *public servant*
cloîtré : *shut away*
le souci : *worry*
la manif(estation) : *demonstration*
la colère : *anger*
l'étiquette : *label*

3 Le vide se fait aussi autour de Ryan. « Depuis deux ans, mes amis partent s'installer en Australie, au Viêt Nam, au Chili, en Nouvelle-Zélande… Je commence moi aussi à penser à émigrer ». C'est le choix d'un millier d'Irlandais chaque semaine. Michael, lui, veut voir son avenir en Irlande. Pourtant, la vie n'est pas toujours douce à Dublin. « Tout est incroyablement cher ici », constatent les trois amis. Michael doit faire très attention à ses dépenses. Ses parents, fonctionnaires, ont été touchés par les politiques d'austérité : leurs salaires ont baissé de 20 %. Pas question pour autant de rester cloîtré. « On fait toujours autant la fête. Si on sort, c'est pour penser à autre chose. » Mais Ryan commence à se faire du souci. « J'ai peur de ne jamais avoir les moyens de m'acheter une maison, ni d'élever des enfants… » Notre génération n'est pas responsable de la crise, mais nous allons en payer les conséquences », estime Michael. Sont-ils prêts à investir les rues, comme les indignés espagnols ? Pas si sûr. « J'ai participé à de nombreuses manifs l'année dernière », se souvient Ellen. « La crise nous a poussés à nous intéresser à la politique. Il y avait une très grande colère à l'époque. Cela a conduit à l'effondrement du gouvernement précédent », disent Michael et Ryan.

4 La colère est aujourd'hui un peu retombée. Ryan aimerait que les véritables responsables de la crise soient mis « face à leurs responsabilités », mais les trois amis réfutent l'étiquette de « génération sacrifiée ». Ryan et Michael se font du souci pour… les plus âgés : « Ceux qui ont perdu leur emploi dans l'industrie et qui ont perdu leur job. Ils ne retrouveront jamais rien. Nous, on a la vie devant nous. »

Aujord'hui en France

Questions

Section 1

1 De nos jours, qu'est-ce qui a changé pour les jeunes diplômés ?

2 Trouvez la phrase qui montre que Michael aura du mal à trouver un job.

Section 2

1 Relevez un adjectif au féminin singulier.

2 Pourquoi Ryan reste-t-il chez ses parents ?

3 Pourquoi Ellen n'a-t-elle pas fait des études classiques ?

Section 3

1 Que font « un millier d'Irlandais chaque semaine » ?

2 Selon les trois amis, habiter à Dublin

(a) est très agréable ☐

(b) coûte cher ☐

(c) n'est pas cher ☐

(d) ne coûte rien. ☐

3 Quelle est la peur exprimée par Ryan ?

4 Trouvez un verbe au futur proche.

Section 4

1 Trouvez la phrase qui veut dire « Actuellement, on est moins fâchés ».

2 Relevez un verbe au futur simple.

3 Citez la phrase qui montre que Ryan et Michael sont optimistes.

14.8B Mon avenir

« Michael, lui, veut voir son avenir en Irlande. » Et vous ? Allez-vous émigrer plus tard ? Ou bien voulez-vous rester ici, malgré tout ?

Écrivez un extrait de journal intime où vous vous posez ces questions.

« Les Français ont horreur des inégalités mais ils adorent les privilèges et souvent, "inégalités", c'est le nom qu'on donne aux privilèges des autres. »
Anne Roumanoff

14.9A No et moi – 1ère partie

No is a homeless girl (sans-abri or SDF, sans domicile fixe) who agrees to meet the narrator, a middle-class schoolgirl, after school.

1 Je sors par la grande porte, perdue au milieu du flot. Sur le trottoir d'en face, je l'aperçois. Je l'aperçois tout de suite : un point sombre dans la lumière du soir. No m'attend. Elle s'est souvenue du nom de mon lycée et elle est venue. Elle ne traîne pas avec elle son habituel barda, seulement un sac. No est là, il me suffit de traverser la rue. De loin ça se voit qu'elle est sale, son jean est maculé de traînées noires, ses cheveux collés par petits paquets. Je reste comme ça, plusieurs minutes, immobile, bousculée par les élèves, il y a le bruit des mobylettes, les rires, les éclats de voix. Il y a moi. En face d'elle. Quelque chose me retient. Alors je remarque ses yeux gonflés, les traces sombres sur son visage, son incertitude, d'un seul coup je n'ai plus d'amertume, ni de ressentiment, seulement l'envie de la prendre dans mes bras. Je traverse. Je dis viens. Elle me suit jusqu'au Bar Botté. Les gens nous regardent. Les gens nous regardent parce que No vit dans la rue et ça se voit comme le nez au milieu de la figure.

2 Elle raconte tête baissée, les mains entourant sa tasse. Elle dort dans un centre d'hébergement d'urgence du Val-de-Marne où elle a été admise pour quatorze jours. À huit heures trente, chaque matin, elle est dehors. Dehors pour toute une journée. Il faut tuer le temps. Marcher pour ne pas avoir froid. Trouver un endroit abrité pour s'asseoir. Il faut traverser tout Paris pour un repas chaud. Prendre un ticket. Attendre. Repartir. Demander de l'argent à la sortie d'un magasin ou dans le métro. Quand elle a la force. La force de dire s'il vous plaît. Bientôt il faudra trouver un autre lieu d'accueil. C'est sa vie. Aller de foyer en foyer. Tenir le plus longtemps possible. Trouver de quoi manger. Éviter de dormir dans la rue. Chercher du travail, elle a essayé. Les fast-foods, les bars, les restaurants, les supermarchés. Mais sans adresse la réponse est toujours la même. Contre ça, elle ne peut rien. Pas d'adresse, pas de boulot. Elle a abandonné. Elle n'a jamais pensé que sa vie deviendrait si merdique, quand elle était petite elle voulait être coiffeuse, faire des shampoings, des couleurs, et puis plus tard avoir un salon de coiffure. Mais elle n'a pas appris, ni ça, ni autre chose, elle n'a rien appris. Elle dit je sais pas ce que je vais faire, tu vois, je sais plus du tout.

No et Moi, Delphine de Vigan

Glossaire

le flot : *stream (of people)*
apercevoir : *to spot*
traîner : *to drag*
le barda : *gear*
maculer : *to stain*
la traînée : *smear*
bousculer : *to jostle*
gonfler : *to swell*
l'amertume : *bitterness*
vivre : *to live*
l'hébergement : *accommodation*
dehors : *outside*
la force : *strength*
le foyer : *refuge*
merdique : *crappy*

Questions

Section 1

1 Trouvez les mots qui veulent dire « immédiatement ».
2 En regardant No, on saurait, probablement, qu'elle est une sans-abri. Comment ?
3 La narratrice ressent de la pitié pour No. Citez l'expression qui montre cela.
4 Relevez les mots qui signifient « Il est tout à fait évident ».

Section 2

1 Qu'est-ce que No est obligée de faire le matin ?
2 Que fait No pendant la journée ?
3 À qui dirait-elle « s'il vous plaît » ?
4 Pourquoi No ne peut-elle pas trouver de travail ?
5 Trouvez un verbe au futur proche.

• **'No's life is very difficult and very sad.'**

Do you agree? Refer to the text in your answer.

14.9B Mon passé et mon avenir

« Quand elle était petite elle voulait être coiffeuse. » Et vous ? Que vouliez-vous être quand vous étiez petit(e) ?
Et maintenant ? Comment vous voyez-vous à l'avenir ?

14.10A

Read the article on juvenile delinquency.

Des délits commis dès l'adolescence

Ils ont entre 14 ans et 17 ans et ont commis récemment des délits en Île-de-France et en province.

> « La nature crée des différences, la société en fait des inégalités. »
> Tahar Ben Jelloun

- **Incendiaire à 14 ans.** Un garçon de 14 ans a fait une entrée fracassante dans le monde de la délinquance. Interpellé en flagrant délit dans la nuit de dimanche à lundi à Strasbourg, cet adolescent a reconnu avoir incendié vingt-deux voitures depuis le début de l'été dans son quartier de Cronenbourg. Mobile invoqué : l'ennui et le désœuvrement. « C'est un enfant oisif, non surveillé par ses parents, qui n'a rien à voir avec un pyromane », estime le procureur du tribunal pour enfants de Strasbourg, qui a requis le placement sous contrôle judiciaire.

- **Cambrioleur à 15 ans.** Cet adolescent a utilisé son agilité et ses talents d'acrobate pour piller des appartements à Clichy. Il s'introduisait au beau milieu de la nuit dans des logements dont les fenêtres étaient restées ouvertes. Il a escaladé seize façades d'immeubles depuis début juillet, se hissant une fois jusqu'au huitième étage. Le préjudice de ses cambriolages a été estimé à 30 000 €. Laissé libre, ce jeune sera jugé ultérieurement.

- **Braqueur à 17 ans.** Les policiers de Noisy-le-Grand le connaissaient pour ses « frasques ». À à peine 17 ans, il est désormais soupçonné d'avoir braqué une station-service jeudi dernier. Armé, le visage masqué et les mains gantées, le malfaiteur s'était emparé d'un butin de 532 €. Intrigué d'apercevoir un individu en train de retirer sa cagoule à proximité de la station, un riverain a reconnu formellement un de ses voisins. Interpellé, ce lycéen nie les faits bien que son alibi ne tienne pas. Il devrait être présenté à un juge des enfants.

CD1, Track 50 14.10B Êtes-vous pour plus de prévention ou plus de répression ?

Listen to the views of four people on the question: 'Which is better – prevention or punishment' ?

Questions

A. Mohamed
1. Job?
2. Age?
3. What punishment for crime does he want?
4. Certain young people register a complaint against two groups of people. Which two?
5. According to Mohamed, what do young people end up doing?

B. Marie
1. Job?
2. Age?
3. What's her solution to delinquency?
4. Where do young people see violence? (2 answers)

C. Jean-Marc
1. Job?
2. Age?
3. Who, according to Jean-Marc, is primarily responsible for preventing young people from getting into delinquency?
4. An imprisoned delinquent costs money. Where does the money come from, according to Jean-Marc?

D. Amir
1. Job?
2. Age?
3. At what age should punishment be very severe?
4. What facility is available for delinquents in Scandinavian countries?

14.11 La société face au Tiers-Monde

Vocabulaire et expressions de base

Concern et Trócaire aident les pays du Tiers-Monde
Concern and Trócaire help Third World countries

Tous les jours, des gens meurent de faim
Every day people die of hunger

La famine frappe les régions les plus pauvres du monde
Famine hits the poorest regions of the world

On devrait donner plus d'argent aux associations caritatives
We should give more money to charity

L'Irlande est un des pays les plus généreux d'Europe
Ireland is one of the most generous countries in Europe

Les Irlandais donnent beaucoup d'argent au Tiers-Monde
Irish people give a lot of money to the Third World

Tous les mois, je donne 10 euros à une organisation
Every month I give 10 euro to an organisation

J'aimerais aller travailler dans des pays pauvres
I would like to go and work in poor countries

Je crois que c'est une expérience qui change la vie
I believe it is a life-changing experience

Je sais que j'ai de la chance de vivre en Irlande
I realise that I am lucky to live in Ireland

On ne choisit pas où on naît
You don't choose where you are born

Au Tiers Monde

- 8 € Fournit une ration alimentaire pour nourrir un enfant tous les mois
- 10 € Permet à 500 personnes d'avoir de l'eau potable (désinfectée par du chlore)
- 15 € Sauve chaque année cinq enfants sévèrement mal nourris avec complication médicale
- 24 € Fournit un kit d'urgence des produits de première nécessité à douze familles

 14.12A La SDF aux 40 000 €

Denise réclame ses valises

Coiffée d'un béret, et chaussée de baskets. Denise a pris ses quartiers dans le couloir du gigantesque Centre d'hébergement des sans-abri (Chapsa) de Nanterre. Depuis qu'on l'a arrachée à son campement de fortune installé depuis vingt-cinq ans sur le trottoir de la rue Linois, dans le XVᵉ arrondissement de Paris, celle que l'on surnommait la Princesse ne quitte plus le fauteuil roulant que les soignants du Chapsa lui ont fourni. Comme toujours, elle refuse tout contact, et ne jette pas même un regard à ses compagnons d'infortune. Elle se déplace seulement pour les repas et pour gagner, le soir venu, son dortoir. Et parle peu. Sauf pour évoquer les deux choses qui la préoccupent : une maison qu'elle dit posséder dans le petit village breton de Beg-Meil, « en face de l'Atlantique, dans le Finistère ». Et surtout ses précieux bagages. « Mes valises, c'est la police qui les a ! » dit-elle en agitant les mains lorsqu'on évoque devant elle ses mystérieux sacs, remplis de près de 40 000 € en espèces.

Glossaire

l'hébergement : *accommodation*
arracher : *to uproot*
surnommer : *to nickname*
le fauteuil roulant : *wheelchair*
le dortoir : *dormitory*
en espèces : *in cash*
le poids : *weight*
entasser : *to pile up*
parvenir : *to succeed*
se remettre : *to get over*
avouer : *to admit*
mendier : *to beg*
enfouir : *to bury*

« Je comprends mieux pourquoi elle refusait les pièces »

2 Ce trésor secret, qui ne la quittait pas depuis des années, a été découvert par les policiers de la Bapsa, la brigade d'assistance aux personnes sans abri, le soir du 6 juillet. Surpris par le poids des sept bagages, les agents ont ouvert les sacs et découvert une multitude de billets de 5, 10, 20 et 50 €. Mais aussi des milliers de pièces de 1 et 2 €, entassées dans des sachets de plastique et des bouteilles. La « princesse » SDF dormait sur une petite fortune, dont personne n'est encore parvenu à déterminer l'origine.

3 Stupéfaits, les agents de la Bapsa ont amené dans leurs locaux de la Villette les sept valises et commencé un méticuleux travail de comptage. Le beau-frère de Denise devrait venir dans quelques jours à Paris et peut-être la convaincre de retourner dans le village breton qui l'a vu naître il y a soixante-cinq ans.

4 Dans son quartier d'adoption, un petit périmètre autour de la station de métro Charles-Michels, on ne se remet toujours pas de cette « extraordinaire » découverte. « Depuis vingt-cinq ans, tous les jours, je passe devant elle, s'exclame un habitant. Je comprends mieux maintenant pourquoi elle refusait les pièces. Moi, j'avais compris : pour ne pas me faire insulter, je ne lui donnais plus rien. » « Même pas un chocolat chaud, précise un barman. Tout, elle refusait tout. »

5 Selon de nombreux habitants, qui avouent « que ça fait bizarre de ne plus la voir comme d'habitude sous ses arcades », seuls quelques « privilégiés » avaient réussi à avoir un contact avec elle. « Mais attention, on ne parlait pas de sa vie privée, d'où elle venait, pourquoi elle s'était retrouvée à la rue », précise un jeune homme.

Jamais, ni en Bretagne, ni à Paris, l'étrange SDF ne s'est laissé aller à mendier, acceptant seulement une bouteille de vin ou de cidre, lorsque l'occasion se présentait. Jamais, non plus, elle n'a révélé l'existence du trésor enfoui au fond de ses sacs et elle ne semble pas plus disposée aujourd'hui à en évoquer l'origine.

Questions

Section 1

1 Comment Denise est-elle habillée ?

2 Depuis combien de temps habite-t-elle dans la rue ?

3 Au Centre, Denise est

  (a) réservée ☐

  (b) sociable ☐

  (c) bavarde ☐

  (d) joyeuse. ☐

4 Trouvez les deux choses qui lui sont très importantes.

5 Pourquoi le journaliste dit-il que les sacs sont « mystérieux » ?

Section 2

1 Relevez les mots qui expliquent pourquoi les agents ont ouvert les sacs.

2 Retrouvez la phrase qui signifie « On ne sait pas d'où est venu cet argent ».

Section 3

1 Trouvez l'adjectif qui décrit la réaction des agents.

2 Denise, quel âge a-t-elle ?

Section 4

1 Denise refusait les pièces d'argent. Pourquoi ?

2 Relevez le verbe au plus-que-parfait.

Section 5

1 Nommez une chose dont on ne parlait pas avec Denise.

2 Relevez les mots qui montrent qu'elle n'acceptait jamais d'argent.

3 Quelle phrase nous montre que Denise savait garder le secret ?

> « L'aide au Tiers-Monde est parfois l'aide des pauvres des pays riches aux riches des pays pauvres. »
> Anonyme

CD1, Track 51 **14.12B** « Elle sera en danger si elle retourne dans la rue »

Interview with a social worker, Jacques Deveo, a former SDF, on the same subject

Questions

1 What does Jacques say about homeless people and money?
2 How much money did the homeless grandmother have?
3 How much money was discovered in the old man's apartment?
4 What explanation does Jacques give for the fact that some SDF have so much money?
5 What is the attitude of the SDF to money?

6 How much time might it take to convince Denise to give up living on the streets?
7 Name one thing an SDF has to re-learn.
8 What example does Jacques give to show the difficulty of the transition from outdoor to indoor living?
9 Why would Denise be in danger if she went back on the street?
10 What, according to Jacques, must Denise do?

 14.13 Le vote, les élections, la politique

Vocabulaire et expressions de base

J'aurai le droit de voter aux prochaines élections
I will have the right to vote in the next election

Il me tarde d'avoir le droit de voter
I cannot wait to vote

Je m'intéresse à la politique et je suis l'actualité
I am interested in politics and I follow the news

Des gens sont morts pour avoir le droit de vote
People died to get the right to vote

Toutes les voix comptent
All ballots count

C'est difficile de comprendre les hommes politiques
It's hard to understand politicians

Beaucoup de jeunes ne s'intéressent pas à la politique
A lot of young people are not interested in politics

Je trouve que la politique est ennuyeuse
I find politics boring

Les hommes politiques sont tous les mêmes
Politicians are all the same

Certains disent que ça ne sert à rien de voter
Some say voting is useless

Parfois, il y a de la corruption en politique
There is sometimes corruption in politics

Pour changer les choses il faut voter
To change things you have to vote

C'est une manière d'exprimer ses opinions
It's one way of expressing one's opinions

Il faut du changement dans ce pays !
We need change in this country!

 CD1, Track 52 **14.14** Interview with a homeless man, Jacky

6 décembre, c'est la Saint-Nicolas, il fait déjà noir, il pleut, il fait du vent. J'entre dans la Taverne, où j'ai rendez-vous avec un SDF, Jacky. Nous sommes un peu gênés. Moi, en tailleur et manteau… chauds ! Lui, la trentaine, grand, mince, musclé, habillé comme le serait un étudiant fauché.

Questions

1 Name one job Jacky used to do.
2 What events caused him to become homeless?
3 What did he start doing when he found himself on the streets?
4 Why did he drink so much?
5 Why does Jacky avoid the homeless shelters? Where does he go instead?
6 What did the woman from the social services say to him?
7 What did Jacky say he would miss from his life on the streets?
8 What happened to Jacky one winter?
9 As a result, what did he become?
10 What was the SDF in the shelter accused of? What happened to him?

J'ai perdu mon pont

14.15 Sample written piece

Let's take one of the written production questions relevant to this chapter from a past Leaving Certificate Exam Paper.

« *Chez nous aussi, dans certaines villes, il y a des jeunes qui dorment sur les trottoirs. Pourquoi ? Que devrait-on faire pour eux ? Peut-on leur rendre l'espoir ?* »
(90 mots environ)

With this piece, you are asked specific questions. Be sure to answer them!

Plan what you want to say:

- A lot of homeless young people in e.g. Dublin. Shocking to see …
- Mention support organisations
- The government should … (N.B. Watch spelling! – 'Le gouvernement')
- Idiomatic phrase: 'Il vaut mieux prévenir que guérir' (Prevention is better than cure)
- Related vocabulary: mendier (to beg), sans-abri/SDF (sans domicile fixe), se droguer, résoudre un problème.

À Dublin, c'est vrai qu'il y a beaucoup de jeunes SDF dans les rues. Certains se droguent ou ont des problèmes de santé mentale. C'est choquant de voir un jeune en train de mendier.
Moi, je leur donne un café ou un peu de monnaie, mais ce n'est pas vraiment la solution. Heureusement, il existe des associations comme « Focus Ireland » et « Simon Community », qui aident les sans-abri. C'est bien, mais comme on dit, « il vaut mieux prévenir que guérir ».
Peut-être que certains vivaient dans des situations insupportables ou avaient des problèmes familiaux. Pour leur rendre espoir, je pense que le gouvernement devrait faire un plus gros effort pour résoudre leurs problèmes. Pourquoi ? Parce que, comme chaque jeune, ils représentent l'avenir de l'Irlande.

(Once again, this piece is over the approximate number of words required, but remember that the words 'Dublin', 'Simon Community' and 'Focus Ireland' won't count, and neither will a phrase like 'Pour leur rendre espoir', which is taken from the question. This brings the total down to around 110 words.)

« La société de masse ne veut pas la culture mais les loisirs. »
Anonyme

14.16 No et moi– 2e partie

> The narrator takes No to live in her apartment. One day the narrator is in her parents' car driving on the Paris ring road…

1 Moi j'avais peur. Peur que No soit partie. Peur d'être toute seule, comme avant. J'ai fini par m'endormir. Quand je me suis réveillée nous étions sur le périphérique, il faisait très chaud dans la voiture, j'ai regardé ma montre, il était bientôt vingt heures, No devait être à la maison. Mon père avait essayé d'appeler le matin même, elle n'avait pas répondu.

2 Le périphérique était bloqué, nous avons roulé au pas, par la vitre j'ai vu les campements de SDF sur les talus, sous les ponts, j'ai découvert les tentes, les tôles, je n'avais jamais vu ça, je ne savais pas que ça existait, là, juste au bord, mon père et ma mère regardaient droit devant eux, j'ai pensé des gens vivent là, dans le bruit des moteurs, la crasse et la pollution, au milieu de nulle part, des gens vivent là jour et nuit, ici, en France, Porte d'Orléans ou Porte d'Italie, depuis quand ? Mon père ne savait pas au juste. Depuis deux ou trois ans, les campements se sont multipliés, il y en a partout, tout autour, surtout à l'est de Paris. J'ai pensé c'est ainsi que sont les choses.

Les choses contre lesquelles on ne peut rien. On est capable d'ériger des gratte-ciel de six cents mètres de haut, de construire des hôtels sous-marins et des îles artificielles en forme de palmiers, on est capable d'inventer des matériaux de construction « intelligents » qui absorbent les polluants atmosphériques, on est capable de créer des aspirateurs autonomes et des lampes qui s'allument toutes seules quand on rentre chez soi. On est capable de laisser des gens vivre au bord du périphérique.

3 C'est ma mère qui a ouvert la porte, nous sommes entrés dans l'appartement, tout était normal à première vue, les rideaux tirés, les objets à leur place, rien n'avait disparu. La chambre de No était ouverte, le lit défait, ses affaires éparpillées. J'ai ouvert le placard pour vérifier que la valise était toujours là. C'était déjà ça. Alors j'ai vu les bouteilles d'alcool renversées par terre, quatre ou cinq, mon père était derrière moi, c'était trop tard pour les cacher. Il y avait de la vodka, du whisky et des plaquettes de médicaments vides.

On est capable d'envoyer des avions supersoniques et des fusées dans l'espace, d'identifier un criminel à partir d'un cheveu ou d'une minuscule particule de peau, de créer une tomate qui reste trois semaines au réfrigérateur sans prendre une ride, de faire tenir dans une puce microscopique des milliards d'informations. On est capable de laisser mourir des gens dans la rue.

No et Moi, Delphine de Vigan

Glossaire

rouler au pas : *to crawl along*
le talus : *embankment*
la tôle : *sheet metal*
la crasse : *filth*
le gratte-ciel : *skyscraper*
le palmier : *palm tree*
éparpiller : *to scatter*
renverser : *to overturn*
cacher : *to hide*
la plaquette : *packet*
la fusée : *rocket*
la ride : *wrinkle*
la puce : *chip*

Questions

Section 1

1 Quelle émotion la narratrice ressent-elle ?

2 Relevez la phrase qui montre qu'on avait tenté de joindre No.

Section 2

1 Pourquoi la voiture roulait-elle si lentement ?

2 En voyant les tentes des SDF, la narratrice était

(a) indifférente ☐

(b) amusée ☐

(c) surprise ☐

(d) contente. ☐

3 Relevez la phrase qui montre que les parents ne voulaient pas voir les SDF.

4 Vers la fin de cette section, la narratrice semble être

(a) en colère ☐

(b) heureuse ☐

(c) fatiguée ☐

(d) indifférente. ☐

Section 3

1 Relevez des mots qui indiquent que la chambre de No était en désordre.

2 Qu'est-ce qui montre que la narratrice ne veut pas que son père voie les bouteilles d'alcool ?

- 'In sections 2 and 3 the writer's outrage at the plight of the homeless is very movingly expressed.'

Discuss with reference to the text.

Appendix A

List of difficult words

A

accueil : *welcome/reception*
accueillant : *welcoming/friendly*
accueillir : *to welcome*
actuellement : *at present/now*
ailleurs : *elsewhere*
d'ailleurs : *besides*
ainsi : *so/thus*
à la fin : *at the end*
allongé : *stretched out*

âme : *soul*
améliorer : *to improve*
assis : *sitting*
attendre : *to wait*
attente : *wait*
s'attendre à : *to expect*
au début : *at the beginning*
augmenter : *to increase*
au lieu de : *instead of*

aussitôt : *immediately*
autant : *so much/as much*
avoir du mal à : *to have trouble (doing)*
avoir   envie : *to feel like*
       faim : *to be hungry*
       honte : *to be ashamed*
       peur : *to be afraid*
       soif : *to be thirsty*

B

en baisse : *going down*

bâtiment : *building*

bonheur : *happiness*

C

carrière : *career*
cependant : *however*

certes : *undoubtedly*
craindre : *to fear*

crainte : *fear*

D

debout : *standing*
déchirer : *to tear up*
dedans : *inside*
dehors : *outside*
demeure : *dwelling*

demeurer : *to dwell*
désormais : *from now on*
dès que : *as soon as*
de toute façon : *in any case*
devoir : *to have to/duty*

devoirs : *homework*
diffuser : *to broadcast*
diminuer : *to decrease*
dormir : *to sleep*

E

éloigné : *distant*
émeute : *riot*
emprunter : *to borrow*
empêcher : *to prevent*

en dépit de : *despite*
s'endormir : *to fall asleep*
en train de : *in the act of*
esprit : *mind/spirit/wit*

étonnant : *astonishing*
événement : *event*
éviter : *to avoid*

F

il faut : *must/have to*
   faudra
   faudrait
   fallait
   a fallu

fier : *proud*
fierté : *pride*
former : *to train*
formation : *training*

G

gens : *people*
gérer : *to manage*

gestion : *management*
grâce à : *thanks to*

H

s'habiller : *to get dressed*

en hausse : *going up*

hormis : *apart from*

I

il y a (+ *a time*) : *ago*
n'importe où : *wherever*
   quand : *whenever*
   qui : *whoever*

inquiet : *worried*
s'inquiéter : *to worry*

L

larme : *tear (cry)*
locataire : *tenant*
location : *rental/hire*
loin de : *far from*

lors de : *during*
lorsque : *when(ever)*
louer : *to rent/hire*
loyer : *rent*

lutte : *struggle/fight*
lutter : *to struggle*

M

maîtriser : *to master*
malgré : *despite*
malheur : *unhappiness*

manquer : *to miss/lack*
meilleur : *better (adj.)*
métier : *job/profession*

meubles : *furniture*
mieux : *better (adv.)*

N

ne... guère : *hardly*
néanmoins : *nonetheless*

nier : *to deny*
nourriture : *food*

O

ou bien : *or else*

P

à peine : *hardly*
pire : *worse*
se plaindre : *to complain*

plusieurs : *several*
pourtant : *however*
prêter : *to lend*

prévenir : *to warn*
puisque : *since/because*

Q

Quoique : *although*

R

raconter : *to tell*
rater : *to miss*
reconnaissant : *grateful*
redouter : *to dread*

rencontrer : *to meet*
se rendre à : *to go to*
renseignements : *information*
se renseigner : *to inform oneself*

réussir : *to succeed*
réussite : *success*
rire : *to laugh*

S

(se) sentir : *to feel*
se servir de : *to use*

sourire : *to smile*
surveiller : *to watch/supervise*

T

tandis que : *whereas*
tant de : *so much/many*
tel : *such*

témoignage : *testimony*
témoigner : *to testify*
témoin : *witness*

traduire : *to translate*
traduction : *translation*
tribunal : *court*

Appendix B

Les nombres et les quantités

Par exemple

midi	calcul	mille
millier	addition	gagner
cent	premier	beaucoup
un mètre	le quart	un peu
soixante	peser	zéro
quelques	milliard	moins
deux heures	minuit	
un demi	dizaine	

A. Numbers 1–20

1	un/une	11	onze
2	deux	12	douze
3	trois	13	treize
4	quatre	14	quatorze
5	cinq	15	quinze
6	six	16	seize
7	sept	17	dix-sept
8	huit	18	dix-huit
9	neuf	19	dix-neuf
10	dix	20	vingt

In listening to French, watch out for three pairs of numbers which frequently get confused. These numbers sound very alike when followed by a vowel, for example when talking about ages (… **ans**) or times (… **heures**).

Examples:
Elle a deux ans.
Il est deux heures.
Elle a douze ans.
Il est douze heures.
Marie a trois ans.
Il est trois heures.
Marie a treize ans.
Il est treize heures.
J'ai six ans.
Il est six heures.
J'ai seize ans.
Il est seize heures.

B. Numbers 21–69

These numbers follow a pattern.

21	vingt et un	24	vingt-quatre
22	vingt-deux	25	vingt-cinq
23	vingt-trois	26	vingt-six

27	vingt-sept	40	quarante
28	vingt-huit	50	cinquante
29	vingt-neuf	60	soixante
30	trente		

The pattern of numbers from 21 to 29 is repeated in the 30s, 40s, 50s and 60s, so you can work out any of these numbers for yourself.

Examples:
46 = quarante-six
53 = cinquante-trois
61 = soixante et un

With the numbers you have learned so far, you will be able to cope with a lot of different situations:
(a) a wide range of ages;
(b) temperatures, e.g. in weather forecasts. Remember they will be in centigrade, so the highest you might need would be about 45;
(c) times;
(d) dates;
(e) prices on smaller items;
(f) some telephone numbers.

C. Numbers 70–100

The French have a very different system for these numbers. For seventy: they say 'sixty ten'. Eighty is 'four twenties'. (The English language had a similar system in the past, when eighty was 'four score', so this idea is not as unusual as you might think.)

70	soixante-dix	86	quatre-vingt-six
71	soixante et onze	87	quatre-vingt-sept
72	soixante-douze	88	quatre-vingt-huit
73	soixante-treize	89	quatre-vingt-neuf
74	soixante-quatorze	90	quatre-vingt-dix
75	soixante-quinze	91	quatre-vingt-onze
76	soixante-seize	92	quatre-vingt-douze
77	soixante-dix-sept	93	quatre-vingt-treize
78	soixante-dix-huit	94	quatre-vingt-quatorze
79	soixante-dix-neuf	95	quatre-vingt-quinze
80	quatre-vingts	96	quatre-vingt-seize
81	quatre-vingt-un	97	quatre-vingt-dix-sept
82	quatre-vingt-deux	98	quatre-vingt-dix-huit
83	quatre-vingt-trois	99	quatre-vingt-dix-neuf
84	quatre-vingt-quatre	100	cent
85	quatre-vingt-cinq		

80 = 20 + 20 + 20 + 20
quatre-vingts = vingt + vingt + vingt + vingt

Adding these numbers to what you've done so far, you can now work out:

(a) any telephone numbers (which are written as follows:
03.87.91.30.05;

(b) most prices;

(c) the whole range of ages.

D. Thousands

1,000 = mille ('mil' in dates)
1,000,000 = un million (de)
1,000,000,000 = un milliard (a billion)

Learn the formula 'mil neuf cent' or 'dix-neuf cent', which is how you say '19...' in a year.

Example:
1998 = mil neuf cent quatre-vingt-dix-huit *or*
dix-neuf cent quatre-vingt-dix-huit

How would you say these years?

(i) The year you were born.

(ii) The year you'll leave school.

NOTE: The year 2000 = L'an deux mil

2003 = deux mil trois
2010 = deux mil dix

In what year will you be 25? 40? 50? 65?

E. Expressing approximate numbers

une dizaine (de) = *about ten*
une quinzaine (de) = *about fifteen*
(also means 'a fortnight')
une vingtaine (de) = *about twenty*
une trentaine (de) = *about thirty*
une quarantaine (de) = *about forty*
(This is where we get the English word 'quarantine'. What do you think it originally meant?)
une cinquantaine (de) = *about fifty*
une soixantaine (de) = *about sixty*
une centaine (de) = *about a hundred*
un millier (de) = *about a thousand*
NOTE: une douzaine = a dozen

Examples:
Elle a une quarantaine d'années. = *She's about forty.*
Il a une vingtaine d'années. = *He's about twenty.*
Des centaines de personnes ont été blessées. = *Hundreds of people were injured.*

F. L'heure *(the time)*

As in English, there are two basic ways of telling the time in French.

A. The first uses 'a quarter past', 'a quarter to', 'twenty to', etc.

B. The second, much simpler way is to say the hour followed by the minutes, e.g. 'ten fifteen', 'two forty-five'. (This way includes the 24-hour system, where, for example 5.15 pm = 17.15 = dix-sept heures quinze.)

Here are examples: eight different times done both ways.

A.

Il est	It's
dix heures.	*ten o'clock.*
quatre heures dix.	*ten past four.*
cinq heures et quart.	*a quarter past five.*
trois heures et demie.	*half past three.*
neuf heures moins vingt.	*twenty to nine.*
une heure moins le quart.	*a quarter to one.*
midi.	*midday.*
minuit	*midnight.*

B.

Il est	It's
dix heures (10 h)	*ten o'clock.*
quatre heures dix (4 h 10)	*four ten.*
cinq heures quinze (5 h 15).	*five fifteen.*
trois heures trente (3 h 30).	*three thirty.*
vingt heures quarante (20 h 40).	*eight forty.*
douze heures quarante-cinq (12 h 45).	*twelve forty-five.*
douze heures (12 h).	*twelve o'clock.*
vingt-quatre heures (24 h).	*twelve midnight.*

Note: 'a.m.' and 'p.m.' translate as 'du matin', de l'apres midi' and 'du soir' in French.

4 a.m. = quatre heures du matin or quatre heures
4 p.m. = quatre heures de l'après-midi or seize heures

G. 1st, 2nd, 3rd, etc.

premier = *1st*
deuxième = *2nd (in school, 'seconde' – pronounced 'segonde' – is the class two years before the final year)*
troisième = *3rd*
quatrième = *4th*
cinquième = *5th*
sixième = *6th*
septième = *7th*
huitième = *8th*
neuvième = *9th*
dixième = *10th*
etc.

For dates, you need only 'le premier' from the above list. After the first of the month, you say 'le deux', 'le trois', 'le vingt-neuf', etc.

These numbers are often heard in the following situations:
  (i) centuries: **le dix-huitième siècle** = the eighteenth century
au dix-septième siècle = in the seventeenth century
un bâtiment du dix-neuvième = a nineteenth-century building
  (ii) in placings (often in sport):
Il est arrivé en septième place. = He came seventh.

H. Fractions, decimals, percentages

1/3 = un tiers (le Tiers-Monde – *the Third World*)
1/4 = un quart (un quart d'heure – *a quarter of an hour*)
1/2 = un demi/la moitié (une demi-heure – *half an hour* la moitié du temps – *half the time*)
3/4 = trois quarts (trois quarts d'heure – *three quarters of an hour*)
1.2 = 1,2 = un virgule deux
3.5% = 3,5 % = trois virgule cinq pour cent

Note: two out of ten = **deux sur dix**

I. Les quantités (quantities)

peu de = *little*	J'ai peu d'argent.
un peu (de) = *a little*	J'ai un peu d'argent.
assez (de) = *enough*	J'ai assez mangé.
beaucoup (de) = *a lot/lots/ much*	Elle a beaucoup de talent.
trop (de) = *too/too much*	J'ai trop de travail.
plus (de)-(que) = *more (than)*	Paul a plus d'argent que Marc.
moins (de)-(que) = less (than)	Marc a moins d'argent que Paul.

un kilo/litre/paquet de = *a kilo/litre/packet of*
une bouteille/boîte de = *a bottle/tin/can of*
une tranche de = *a slice of*
un morceau de = *a piece of*
un verre de = *a glass of*
une tasse de = *a cup of*
une livre de = *a pound of*
la moitié de = *half of*

J. Exercice

Match the two sides.

1   J'ai mal à l'estomac.
2   Tu n'as que cinq euros !
3   Donnez-moi des oranges.
4   Un verre de
5   Achète ce pull.
6   Je prends une boîte de
7   Tu veux encore du café ?
8   Une tranche de
9   Pour moi, un morceau
10 Un paquet de

(a) Un kilo ? Deux ?
(b) Il est moins cher.
(c) vin rouge, s'il vous plaît.
(d) sardines.
(e) Non merci. J'en ai assez bu.
(f) J'ai trop mangé.
(g) Marlboro, s'il vous plaît.
(h) de gâteau au chocolat.
(i) Oh ! C'est très peu.
(j) jambon.

Appendix C

Grammaire

Rappel !

à, au, à la, à l', aux
to/to the/at the/in the/in

Remplissez les blancs avec **à**, **au**, **à la**, **à l'**, ou **aux** :

1 On va _____ théâtre ce soir.
2 Elle a tout expliqué _____ élèves.
3 Moi, je déjeune _____ cantine.
4 Il a décidé de parler _____ Françoise.
5 Le patron a demandé _____ homme de partir.
6 Pourquoi parlais-tu _____ cette dame ?
7 Je suis payé _____ fin du mois.
8 Ils habitaient _____ États-Unis.
9 Elle s'est fait beaucoup d'amis _____ cours de l'année.
10 Il faut bien réfléchir _____ ce problème.
11 _____ début, c'était intéressant.
12 J'ai laissé mon cahier _____ maison.
13 Tu as acheté ça _____ marché ?
14 Franchement, il n'ose pas le dire _____ ses parents.
15 Il ira _____ université.

Rappel !

de, du, de la, de l', d', des
of/from/of the/from the/some/any

Remplissez les blancs avec **de**, **du**, **de la**, **de l'**, **d'** ou **des** :

1 Il m'a parlé _____ situation.
2 Quel est le titre _____ livre ?
3 Où sont les parents _____ enfant ?
4 Il a vécu au début _____ siècle.
5 J'aimerais faire le tour _____ monde.
6 Tu connais la mère _____ Pierre ?
7 Je n'aime pas la fin _____ cette histoire.
8 Il est parti acheter _____ pain, _____ eau, _____ fruits et _____ confiture.
9 Il est allé habiter aux États-Unis à la fin _____ guerre.
10 Il n'a pas _____ amis, selon son frère.
11 Beaucoup _____ mes copains vont à la fac.
12 On va au café à la sortie _____ cours.
13 Ils arrivent au début _____ mois d'août, je crois.
14 Le cinéma, c'est au bout _____ rue.
15 Je n'ai plus _____ argent, et toi ?

Rappel !

Les adjectifs possessifs

	Singulier		Pluriel
	Masculin	Féminin	
My	Mon	Ma	Mes
	Mon père	Ma mère	Mes parents
	Mon enfant	*(Mon amie)	Mes enfants
Your	Ton	Ta	Tes
	Ton frère	Ta sœur	Tes sœurs
	Ton grand-père	*(Ton arrière-grand-mère)	Tes frères
His	Son	Sa	Ses
	Son frère	Sa cousine	Ses cousines
	Son neveu	*(Son épouse)	Ses oncles
Her	Son	Sa	Ses
	Son frère	Sa cousine	Ses cousines
	Son neveu	*(Son amie)	Ses oncles
Our	Notre	Notre	Nos
	Notre grand-père	Notre grand-mère	Nos parents
Your	Votre	Votre	Vos
	Votre père	Votre mère	Vos parents
Their	Leur	Leur	Leurs
	Leur fils	Leur famille	Leurs enfants

*To help pronunciation, '**mon/ton/son**' instead of '**ma/ta/sa**' is used before vowels/silent h.

Exercices – Les adjectifs possessifs

Rewrite the following sentences, using the correct adjective, then translate them.

1   Il parle à (son/sa) mère.
2   Je ne comprends pas (ton/ta) point de vue.
3   Ils viennent chercher (ses/leur/leurs) enfants.
4   Mince ! J'ai oublié (mon/ma) carte.
5   Elle m'a invité à (son/sa) exposition.
6   (Notre/Nos) frères sont dans la même classe.
7   Ils ont demandé à (ses/leur) fille de participer.
8   Cette petite fille ressemble à (son/sa) père.
9   Vous avez trouvé (votre/vos) clefs ?
10 J'habite à côté de (mon/ma) école.

Les adjectifs au féminin

As you know, adjectives (words which describe nouns and pronouns) 'agree' with the nouns which they describe. They can agree in two ways:

(a) in number (singular or plural);
(b) in gender (masculine or feminine).

When describing the appearance or personality of a person, you need to be able to use the masculine and feminine form of adjectives.

A.   **For most adjectives, you will get the feminine by adding 'e' to the masculine.**

content   →   contente
grand   →   …

But not all adjectives make their feminine forms this way. Here are some of the more common exceptions.

B.   **Adjectives ending in 'x' change to 'se'.**

jaloux   →   jalouse
heureux   →   ….

C.   **Adjectives ending in 'f' change to 've'.**

actif   →   active
sportif   →   ….

D. In some adjectives, we double the last letter, then add 'e'.

bon   →   bonne

bas   →   basse

gros   →   ....

E. Adjectives ending in 'er'/'et' become 'ère'/'ète'.

cher   →   chère

complet →   ....

F. Adjectives ending in 'e' make no change.

jeune   →   jeune

sympathique →   ....

G. Some adjectives have a very irregular feminine.

beau   →   belle *beautiful*

fou   →   folle *mad*

vieux   →   vieille *odd*

long   →   longue *long*

blanc   →   blanche *white*

franc   →   franche *blunt / honest*

nouveau →   nouvelle *new*

doux   →   douce *soft*

sec   →   sèche *dry*

frais   →   fraîche *fresh*

faux   →   fausse *false*

Les adverbes en –ment

En anglais, les adverbes se terminent souvent en '... ly'. L'équivalent, en français, c'est « ...**ment** ». Il est très facile de former cette sorte d'adverbe.

Dans la plupart des cas, on trouve d'abord l'adjectif, puis on cherche la forme féminine, et finalement on rajoute la terminaison –**ment**.

Exemple :

Heureux > heureuse > heureusement

Si l'adjectif se termine en –**e**, –**é**, –**i** ou –**u** on rajoute la terminaison sans faire de changements.

Exemple :

bête	>	bêtement
carré	>	carrément
poli	>	poliment
absolu	>	absolument

Si l'adjectif se termine en –**ent**, on enlève cette terminaison, et l'on ajoute –**emment**.

Exemple :

abondant > abondamment

Si l'adjectif se termine en –**ent**, on enlève cette terminaison, et l'on rajoute -**emment**.

Notez :

1 –**emment** se prononce exactement comme –**amment**.

2 **lent** devient **lentement**

Pour certains adverbes, il faut rajouter un –**é** avant d'ajouter la terminaison.

Exemple :

profond	>	profondément
précis	>	précisément

Il existe aussi, comme toujours, des adverbes irréguliers. Voici les plus utiles :

bon > bien

mauvais > mal

gentil > gentiment

bref > brièvement.

Il existe, enfin, des adverbes impossibles à former avec –**ment**. Notez, par example, qu'on dit 'avec tact'. En anglais, on dirait 'tactfully'.

Exercice

A. Transformez les adjectifs suivants en adverbes :

1 constant

2 malheureux

3 régulier

4 personnel

5 franc

6 complet

7 lent

8 dangereux

9 actif

10 absolu

B. Maintenant, faites une phrase avec chacun des adverbes ci-dessus.

The present tense

A. Regular

To form the present tense of the vast majority of French verbs, you can follow a rule. These verbs are called 'regular' ('**règle**' = rule / ruler, '**régulier**' = regular). To form the present tense of regular verbs, they are divided into three groups, depending on whether the infinitive ends in '**er**', '**ir**', or '**re**'.

(i) –ER verbs   e.g. Travailler (to work)
   Rule
   – Drop '**er**' (➤ travaill)

– Add	e	je	travaille
	es	tu	travailles
		il	
	e	elle	travaille
		on	
	ons	nous	travaillons
	ez	vous	travaillez
	ent	ils	travaillent
		elles	

Regular –ER verbs form by far the biggest group in the French language. Here is an alphabetical list of some of the more useful ones:

A accepter, accuser, admirer, adorer, aider, aimer, ajouter, amuser, arriver, assurer, attraper, augmenter
B baisser, bavarder, blesser, brosser, brûler
C cacher, casser, causer, cesser, chanter, chercher, comparer, compter, conseiller, continuer, coucher, couper, coûter, créer, crier
D danser, décider, déjeuner, demander, demeurer, dépenser, dessiner, détester, développer, dîner, discuter, donner, douter
E échapper, écouter, embrasser, empêcher, emprunter, enseigner, entrer, épouser, étudier, expliquer, exprimer
F fâcher, féliciter, fermer, fonder, fouiller, frapper, fumer
G gagner, garder, gâter, goûter, grimper, gronder
H habiller, habiter, hésiter
I imposer, indiquer, insister, intéresser, inviter
J jouer, jurer
L lâcher, laisser, laver, louer
M manquer, marcher, mériter, monter, montrer, moquer
N nier, noter

O oser, oublier
P parler, passer, pêcher, penser, plaisanter, pleurer, porter, poser, pousser, présenter, prêter, prier, prouver, puer
Q quitter
R raconter, refuser, regarder, regretter, remarquer, remercier, rencontrer, rentrer, réparer, repasser, reposer, ressembler, rester, retourner, réveiller, rêver, rouler
S sauter, sauver, séjourner, sembler, séparer, serrer, siffler, signaler, signer, sonner, souffler, souhaiter, supporter
T téléphoner, tenter, terminer, tirer, tomber, toucher, tourner, tousser, traiter, traverser, tricher, tromper, trouver, tuer
U utiliser
V verser, visiter, voler, voter

(ii) –IR verbs   e.g. Finir (to finish)
   Rule
   – Drop '*ir*' (➤ fin)

– Add	is	je	finis
	is	tu	finis
		il	
	it	elle	finit
		on	
	issons	nous	finissons
	issez	vous	finissez
	issent	ils	finissent
		elles	

Here are some other verbs which follow the same rule:
A abolir
B bâtir – bénir – blanchir
C chérir – choisir
D démolir
E établir
F fournir – frémir
G grandir
M maigrir
N nourrir
P punir
R réfléchir – remplir – réussir – rougir
S saisir – salir
T trahir
U unir
V vieillir

(iii)   RE verbs   e.g. Perdre (to lose)
Rule
– Drop 're' (➤ perd)

– Add	s	je	perds
	s	tu	perds
		il	
	–	elle	perd
		on	
	ons	nous	perdons
	ez	vous	perdez
	ent	ils	perdent
		elles	

Here are some other verbs which follow the same rule:

A   attendre
D   défendre – dépendre – descendre
E   entendre – étendre
F   fendre – fondre
M   mordre
P   pendre – prétendre
R   rendre – répandre – répondre
T   tendre – tondre – tordre
V   vendre

Before looking at irregular verbs, it's worth looking at some verbs which are not totally regular, but which don't qualify as irregular, because the changes in their spelling occur in regular circumstances. These verbs fall into two categories.

1.   Verbs whose spelling changes slightly before silent syllables (mute e).

There are four types of spelling changes in these verbs.

Examples:

e ➤ è	é ➤ è
PESER	**PRÉFÉRER**
je **pèse**	je **préfère**
tu **pèses**	tu **préfères**
il **pèse**	il **préfère**
elle **pèse**	elle **préfère**
on **pèse**	on **préfère**
nous pesons	nous préférons
vous pesez	vous préférez
ils **pèsent**	ils **préfèrent**
elles **pèsent**	elles **préfèrent**

consonant doubles	y ➤ i
JETER	**NETTOYER**
je **jette**	je **nettoie**
tu **jettes**	tu **nettoies**
il **jette**	il **nettoie**
elle **jette**	elle **nettoie**
on **jette**	on **nettoie**
nous jetons	nous nettoyons
vous jetez	vous nettoyez
ils **jettent**	ils **nettoient**
elles **jettent**	elles **nettoient**

(NOTE: The above spelling changes are not limited to the present tense – they occur in any tenses where silent syllables occur.)

Here are some examples of other verbs which make these changes.

e ➤ è	é ➤ è
– acheter	– céder
– achever	– espérer
– amener	– (s')inquiéter
– élever	– posséder
– emmener	– protéger
– enlever	– répéter
– geler	– suggérer
– (se) lever	
– mener	
– (se) promener	

consonant doubles	y ➤ i
– (s')appeler	– balayer* (optional)
– (se) rappeler	– employer
– rejeter	– (s')ennuyer
– renouveler	– envoyer
	– essayer* (optiona)
	– payer* (optional)

*(Can you see what the three which have an optional change have in common?)

2. Verbs whose spelling changes before a hard vowel (a, o, u).

These are verbs ending in 'cer' and 'ger', e.g. commencer, voyager.

The change is made to retain the sound of the **c** and **g** as they are in the infinitive, and takes place where the **c** or **g** is followed by **a**, **o** or **u** (in any tense). In the present tense, this only occurs in the **–ons** form.

Examples:

COMMENCER	VOYAGER
je commence	je voyage
tu commences	tu voyages
il commence	il voyage
elle commence	elle voyage
on commence	on voyage
nous **commençons**	nous **voyageons**
vous commencez	vous voyagez
ils commencent	ils voyagent
elles commencent	elles voyagent

c is softened by the addition of a **cedilla**.

g is softened by the addition of an **e**.

Other CER verbs:
- annoncer
- avancer
- divorcer
- lancer
- menacer
- placer
- prononcer
- remplacer

Other GER verbs:
- changer
- corriger
- déranger
- manger
- nager
- neiger (il neigeait)
- obliger
- partager
- plonger
- ranger
- songer

The present tense

B. Irregular

Although a huge number of French verbs form their present tense by using the rules outlined in section A, some of the most commonly used verbs are irregular in the present tense. (This is the case in many other languages as well.) However, even with irregular verbs, there are still certain patterns to be seen. If you look through the following irregular verbs, you will see, for example, that:

(i) only one verb doesn't have **–ons** in the 'nous' form.

(ii) only three verbs don't have **–ez** in the 'vous' form.

(iii) only four verbs don't have **–ent** in the 'ils/elles' form.

Identify and remember these verbs.

aller (to go)

je	vais
tu	vas
il	
elle }	va
on	
nous	allons
vous	allez
ils }	
elles }	vont

connaître (to know person or place)

je	connais
tu	connais
il	
elle }	connaît
on	
nous	connaissons
vous	connaissez
ils }	
elles }	connaissent

avoir (to have)

j'	ai
tu	as
il	
elle }	a
on	
nous	avons
vous	avez
ils }	
elles }	ont

devoir (to owe/have to)

je	dois
tu	dois
il	
elle }	doit
on	
nous	devons
vous	devez
ils }	
elles }	doivent

boire (to drink)

je	bois
tu	bois
il }	
elle }	boit
on	
nous	buvons
vous	buvez
ils }	
elles }	boivent

dire (to say)

je	vais
tu	vas
il }	
elle }	va
on	
nous	allons
vous	allez
ils }	
elles }	vont

écrire (to write)

je	écris
tu	écris
il	
elle	écrit
on	
nous	écrivons
vous	écrivez
ils	
elles	écrivent

mettre (to put/put on)

je	mets
tu	mets
il	
elle	met
on	
nous	mettons
vous	mettez
ils	
elles	mettent

recevoir (to receive)

je	reçois
tu	reçois
il	
elle	reçoit
on	
nous	recevons
vous	recevez
ils	
elles	reçoivent

venir (to come)

je	viens
tu	viens
il	
elle	vient
on	
nous	venons
vous	venez
ils	
elles	viennent

être (to be)

je	suis
tu	es
il	
elle	est
on	
nous	sommes
vous	êtes
ils	
elles	sont

partir (to leave/depart)

je	vais
tu	vas
il	
elle	va
on	
nous	allons
vous	allez
ils	
elles	vont

sortir (to go out)

je	sors
tu	sors
il	
elle	sort
on	
nous	sortons
vous	sortez
ils	
elles	sortent

vivre (to live)

je	vis
tu	vis
il	
elle	vit
on	
nous	vivons
vous	vivez
ils	
elles	vivent

faire (to make/do)

je	fais
tu	fais
il	
elle	fait
on	
nous	faisons
vous	faites
ils	
elles	font

pouvoir (to be able)

je	peux
tu	peux
il	
elle	peut
on	
nous	pouvons
vous	pouvez
ils	
elles	peuvent

savoir (to know)

je	sais
tu	sais
il	
elle	sait
on	
nous	savons
vous	savez
ils	
elles	savent

voir (to see)

je	vois
tu	vois
il	
elle	voit
on	
nous	voyons
vous	voyez
ils	
elles	voient

lire (to read)

je	lis
tu	lis
il	
elle	lit
on	
nous	lisons
vous	lisez
ils	
elles	lisent

prendre (to take)

je	prends
tu	prends
il	
elle	prend
on	
nous	prenons
vous	prenez
ils	
elles	prennent

vouloir (to want)

je	veux
tu	veux
il	
elle	veut
on	
nous	
vous	
ils	
elles	veulent

One of the most important points to note in using the present tense in French is that unlike in English, Irish and Spanish, for example, there is no present continuous.

The statements 'he talks' and 'he is talking' are both translated by 'il parle'. This mistake is very common at Leaving Cert level, both in the oral and the written exam, and is particularly common when people want to say/write 'I am going' or 'we are going'. These are simply 'je vais' and 'nous allons'.

The interrogative

There are three ways of asking a question in French.

1   Turn a statement into a question by using your voice.

Examples:

Vous aimez le vin ?
Il est parti ?
Tu viens avec nous ?

This type of question is more suited to conversational French. When writing, either of the following two ways of asking questions is more appropriate.

2   Put 'est-ce que' before the statement.

Examples:

Est-ce que vous aimez le vin ?
Est-ce qu'il est parti ?
Est-ce que tu viens avec nous ?

3   Invert (change round) the subject and the verb.

Examples:

Aimez-vous le vin ?
Est-il parti ?
Viens-tu avec nous ?

Both 1 and 2 above are very simple. However, there are a couple of things to watch out for when using the third way of asking a question.

(i)   When you invert the 'ils/elles' person, you will always have a t followed by a vowel. This t is always pronounced.

Examples:

arrivent-ils   sont-ils
font-elles   donnent-elles

(ii)   With the 'il/elle/on' person, you will very often have a t or a d followed by a vowel. The t or d is always pronounced, and both have a t sound.

Examples:

fait-il
prend-elle
connaît-il

(iii)   Where there is no t sound in the 'il/elle/on' person, you must put one in.

Examples:

Comment s'appelle-t-il ?
Que mange-t-elle ?
Souffre-t-elle beaucoup ?
A-t-il un problème ?
(Note the hyphens.)

(iv)   It's not possible to invert all verbs in the 'je' person. The following can be inverted:

avoir	→	ai-je ?
être	→	suis-je ?
aller	→	vais-je ?
pouvoir	→	puis-je ?
savoir	→	sais-je ?
devoir	→	dois-je ?

(v)   When you are using a name/noun instead of a pronoun, simple inversion isn't possible.

For example, to turn the sentence 'Pierre vient avec moi.' into a question, you must say either:
'Il vient avec moi, Pierre ?' or
'Pierre vient-il avec moi ?'

Likewise with the sentence, 'Les enfants vont rester ici.':
'Ils vont rester ici, les enfants ?'
or
'Les enfants vont-ils rester ici ?'
If you want to use an interrogative word in a question, follow it with either 'est-ce que' or inversion.

Examples:

Quand est-ce qu'il arrive ?
or
Quand arrive-t-il ?
Qu'est-ce que tu fais ?
or
Que fais-tu ?
Où est-ce que vous allez ?
or
Où allez-vous ?

Exercices – Le présent

A. Écrivez au présent un article qui raconte votre journée à l'école.

Utilisez les verbes suivants :

se réveiller	aller (en récré)
se laver	manger (à la cantine)
prendre (une douche)	(les cours) finir
prendre (le petit déjeuner)	faire (du sport)
	rentrer
partir (pour l'école)	faire (les devoirs)
arriver	regarder (la télé)
(les cours) commencer	se coucher

B. Écrivez au présent un article qui raconte un jour de congé, par exemple le samedi ou le dimanche.

Utilisez les verbes suivants :

faire (la grasse matinée)
se lever
s'habiller
sortir (avec les copains/copines)
aller (en ville)
voir (un film)
faire (du shopping)
disputer (un match)
se reposer
écouter (de la musique)
prendre (une douche)
téléphoner (à des copains/copines)
faire (ses devoirs)
se retrouver (au café/au bistrot/en discothèque)
se coucher (tard)
travailler
lire (les journaux)
faire une promenade

C. Complétez les phrases.

1. J' _____ 17 ans. (avoir)
2. Je _____ Lisa Murphy. (s'appeler)
3. Mes parents ne _____ jamais au théâtre. (aller)
4. Le soir, je _____ mes devoirs. (faire)
5. On _____ le bus pour aller à l'école. (prendre)
6. Qu'est-ce que tu _____ ? (dire)

7. Sophie _____ à sa tante toutes les semaines. (écrire)
8. Nous _____ en vacances au mois d'août. (partir)
9. Est-ce que vous _____ encore du café ? (vouloir)
10. Je ne _____ pas venir samedi soir ! (pouvoir)
11. Mon frère _____ toujours la table. (mettre)
12. Non, je ne _____ pas nager. (savoir)
13. On _____ du champagne pour les fêtes en France. (boire)
14. Vous _____ ce monsieur ? (connaître)
15. Les enfants _____ partir très tôt le matin. (devoir)
16. À Noël, nous _____ des cadeaux. (recevoir)
17. Ma mère _____ beaucoup en hiver. (lire)
18. Est-ce que vous _____ le magasin là-bas ? (voir)
19. Qui _____ le ménage chez vous ? (faire)
20. _____-tu un café-crème ? (vouloir)

D. Which makes most sense in English, the present indicative (e.g. 'I go') or the present continuous (e.g. 'I am going')? Using the context as your guide, translate the following sentences. If two translations make sense, give both.

E.g. (a) Je me lève tôt demain – j'ai un examen à 9 heures.

I'm getting up early tomorrow – I have an exam at 9 o'clock.

(b) Je me lève à 7 heures chaque matin.

I get up at 7 o'clock every morning.

1. Où vas-tu ?
   Je vais au cinéma, pourquoi ?
2. Qu'est-ce qu'elle fait le samedi matin ? (= on Saturday mornings)
   Je ne sais pas – je crois qu'elle joue au basket.
3. Que fais-tu samedi prochain ?
   Je ne fais rien.
4. Pourquoi pleure-t-il ?
   Parce qu'il quitte sa famille pour deux mois.
5. Quel temps fait-il ?
   Il pleut.
6. Il pleut beaucoup en hiver.
7. Ils vont à la piscine chaque samedi.
8. Ils vont à Paris cet été.

9 Tu viens avec nous ?

J'aimerais bien, mais ma tante arrive des États-Unis demain soir.

10 J'espère aller à l'université l'année prochaine.

E. Turn these statements into questions in as many ways as possible:

1 Elle arrive lundi.
2 Ils font leurs devoirs.
3 Tu comprends mon problème.
4 Vous prenez le train.
5 Il déjeune à la cantine du lycée.
6 Magalie va au Portugal.
7 Ses parents ne sont pas d'accord.
8 Vous connaissez bien Dublin.
9 On va acheter un ordinateur.
10 Il a des copains là-bas, en Suède.

Quand on est malade on se soigne !
J'AVANCE
Je suis prête à vous suivre, si…
« Vous êtes belle »
Ce sont des fous
Cela dépend de vous !!
« J'écris pour pouvoir me sentir libre »
Je me soigne
Tout le monde peut se tromper
C'est très drôle…
On ne part pas ?
Ça marche !
Le temps presse…
NOUS NOUS BATTONS POUR VOUS !
C'est drôle ?
Une soirée qui s'annonce bien !
Je me sens mieux
Tout le monde descend !
LA FIÈVRE NE TOMBE PAS !
On a le droit de rêver, non ?
Toutes les solutions sont possibles
J'ARRÊTE DE FUMER
Le temps c'est de l'argent
Il est plus agréable de donner que de reçevoir.

The imperfect tense (L'imparfait)

There is a simple rule for forming this tense, and there is only one exception.

Rule
– Take the 'nous' form of the present tense. For 'aller' this is 'allons'.
– Take off the -ons: allons → all
– Add these endings:

ais	j'	allais
ais	tu	allais
ait	il / elle / on	allait
ions	nous	allions
iez	vous	alliez
aient	ils / elles	allaient

There is only one exception to the rule, and that is the verb 'être', which is the only verb which doesn't have –ons in the 'nous' form of the present.

j'	étais
tu	étais
il / elle / on	était
nous	étions
vous	étiez
ils / elles	étaient

Using the imperfect tense

The imperfect is the tense which is used:
- **To say how things were at the time**
  – how things looked
  - C'était une très grande maison.
  – how people looked
  - Il était grand et mince.
  – how people felt
  - J'étais très content. Il était furieux.
  – what the weather was like
  - Il faisait beau. Il y avait du vent.

- **To convey the idea of 'was/were …ing'**
  - We were going …
    - Nous allions…
  - The children were playing.
    - Les enfants jouaient.
  - I was wondering …
    - Je me demandais…
  - It was snowing.
    - Il neigeait.

- **To describe what used to happen regularly/used to be the case:**
  - Every day she would get up at six.*
    - Tous les jours, elle se levait à six heures.
  - We used to spend our holidays at the seaside.
    - Nous passions nos vacances au bord de la mer.
  - I used to live in Paris.
    - J'habitais à Paris.

*Note: Sometimes we use the word 'would' in English, meaning 'used to'. This is different from the use of 'would' in the conditional.

Voici vingt phrases au présent. Mettez-les à l'imparfait.
E.g. Elle est très contente. Elle était très contente.

1   Papa est furieux.
2   Ma sœur a la grippe.
3   Nous allons au cinéma.
4   On ne veut pas y aller.
5   Tu as 10 ans.
6   Pierre et Jean sont en ville.
7   Maman et moi voulons changer de chaîne.
8   Je prends toujours le bus.
9   Il finit ses devoirs.
10 Vous n'êtes pas sûr ?
11 Elle s'appelle Anne-Marie.
12 Je ne comprends pas.
13 C'est facile.
14 Il fait très mauvais.
15 Pourquoi ne veux-tu pas venir ?
16 Est-ce que Jules se lève tôt ?
17 Il y a une station de métro près de chez moi.
18 Mon petit frère a peur. C'est un film d'épouvante.
19 J'ai très froid !
20 Il n'y a pas de stade dans notre village.

Il était agité, ça se voyait.
C'était incroyable !
J'étais ravie !
Il neigeait, ce jour-là.
Tout était parfait.
Hélas ! Elle n'était plus là…
Marc parlait, parlait, parlait…
J'ALLAIS LUI DIRE QUELQUE CHOSE, MAIS…
Nous étions sur le point de partir, quand le téléphone a sonné. C'était elle.
MES PARENTS ÉTAIENT FURIEUX, MAIS MOI, JE NE VOYAIS PAS POURQUOI.
Je n'avais que 15 ans à l'époque, j'étais beaucoup trop jeune pour comprendre ce qui se passait.
On n'a pas voulu le réveiller – il dormait comme une souche.
Personne ne voulait venir avec moi – et, franchement, je commençais à me demander pourquoi…

Le passé composé

Using the passé composé
This is the tense which is used to say:

- **what happened**
  - I looked out of the window.
  - J'ai regardé par la fenêtre.
  - He understood.
  - Il a compris.
  - We arrived at five o'clock.
  - Nous sommes arrivés à cinq heures.
  - She fell.
  - Elle est tombée.
  - It started to rain.
  - Il a commencé à pleuvoir.
- **what has happened**
  - I've lost my chequebook.
  - J'ai perdu mon chéquier.
  - He's had an accident.
  - Il a eu un accident.
  - I've been sick.
  - J'ai été malade.
- **what has been happening**
  - It has been raining.
  - Il a plu.
  - He's been crying.
  - Il a pleuré.
  - They've been very kind.
  - Ils ont été très gentils.
  - You've been drinking.
  - Tu as bu.

But if you want to say something has been going on for a specific period of time, use the present tense and '**depuis**'.

- I've been waiting for twenty minutes.
- J'attends depuis vingt minutes.
- We've been living here for five years.
- Nous habitons ici depuis cinq ans.
- I've been going to this school for three years.
- Je vais dans cette école depuis trois ans.

PASSÉ COMPOSÉ

WITH AVOIR

j'ai	
tu as	
il	
elle	a
on	
nous avons	
vous avez	
ils	
elles	ont

1. Regular
- ER e.g. donner = donné
- IR e.g. finir = fini
- RE e.g. vendre = vendu

j'ai donné
tu as donné
il a donné
elle a donné
on a donné
nous avons donné
vous avez donné
ils ont donné
elles ont donné

2. Irregular
No rule, so you must learn the past participles and then proceed as you would with regular verbs.

avoir	→ eu	ouvrir	→ ouvert
boire	→ bu	plaire	→ plu
comprendre	→ compris	pleuvoir	→ plu
connaître	→ connu	pouvoir	→ pu
courir	→ couru	prendre	→ pris
croire	→ cru	recevoir	→ reçu
devoir	→ dû	rire	→ ri
dire	→ dit	savoir	→ su
écrire	→ écrit	suivre	→ suivi
être	→ été	vivre	→ vécu
faire	→ fait	voir	→ vu
lire	→ lu	vouloir	→ voulu
mettre	→ mis		

In the verbs conjugated with 'avoir', the past participle never agrees with the subject (but it agrees with a preceding direct object).

Examples:
La lettre que j'ai reçue.
Je les ai vus en ville hier.

WITH ÊTRE

je	suis
tu	es
il	
elle	est
on	
nous	sommes
vous	êtes
ils	
elles	sont

'The 17'

aller	→ allé	parvenir	→ parvenu
arriver	→ arrivé	rentrer	→ rentré
descendre	→ descendu	rester	→ resté
devenir	→ devenu	retourner	→ retourné
entrer	→ entré	revenir	→ revenu
monter	→ monté	sortir	→ sorti
mourir	→ mort	tomber	→ tombé
naître	→ né	venir	→ venu
partir	→ parti		

je suis allé(e)
tu es allé(e)
il est allé
elle est allée
on est allé
nous sommes allé(e)s
vous êtes allé(e)s
ils sont allés
elles sont allées

In the verbs conjugated with 'être', the past participle agrees in number and gender with the subject (= the person doing the action).

Reflexive verbs

Examples:

se laver	je me suis lavé(e)
se lever	tu t'es lavé(e)
s'habiller	il s'est lavé
se déshabiller	elle s'est lavée
se rhabiller	on s'est lavé
se raser	nous nous sommes
s'asseoir (p.p. 'assis')	lavé(e)s
se coucher	vous vous êtes lavé(e)s
se réveiller	ils se sont lavés
s'endormir	elles se sont lavées
se blesser	

In these verbs, the past participle agrees in number and gender with the subject, except when a part of the body is mentioned.

Examples:

Elle s'est coupée.
Elle s'est coupé le doigt.
Marie s'est lavée.
Marie s'est lavé les cheveux.

NB: Don't forget the reflexive pronoun (me, te, etc…).

Le passé composé négatif

It is extremely simple to form the **passé composé négatif**. All you have to do is make the auxiliary (**avoir** or **être**) negative, and then add the past participle. However, despite this simplicity of formation, it is very common for learners to put the **'pas'** in the wrong place, so practise reading aloud the following verbs. This will help to ensure that you avoid this common pitfall.

(a) **J'ai** vu — Je n'ai pas vu
(b) **Il a** pris — Il n'a pas pris
(c) **Nous avons** compris — Nous n'avons pas compris
(d) **Je suis** allé — Je ne suis pas allé
(e) **Elle est** arrivée — Elle n'est pas arrivée
(f) **Tu as** fini — Tu n'as pas fini
(g) **Je me suis** baigné — Je ne me suis pas baigné

Exercices – Le passé composé négatif

Maintenant, transformez vous-même les verbes suivants :

1 Elle est morte.
2 J'ai décidé de venir.
3 Ils ont écrit cette lettre.
4 Vous avez tout perdu.
5 Je suis né en 1985.
6 Mes copains ont dîné ici.
7 Il est tombé.
8 Elle a refusé de répondre.
9 Il a été très malade.
10 Le médecin a pu venir tout de suite.
11 Il a dit non.
12 Vous avez préparé assez de sandwichs.
13 Ils ont choisi le cadeau eux-mêmes.
14 Je suis parti avec Hervé.
15 Elle s'est blessée.
16 Tu as fait la même erreur que moi.
17 Nous sommes arrivés à l'heure.
18 Elles ont joué au tennis.
19 On a pu avoir des tickets pour tout le monde.
20 Maman a retrouvé son porte-monnaie.

Note: All four compound tenses form their **négatif** in this way.

Le passé composé interrogatif

As with the present tense, there are three ways in which you can ask a question.

E.g. Tu as pris le train.

1   Tu as pris le train ?
2   Est-ce que tu as pris le train ?

And to use inversion, simply invert (turn around) the subject (**je**, **tu**, etc.) and the auxiliary (**avoir** or **être**):

3   As-tu pris le train ?

Exercice

Make each of these statements interrogative using methods 2 and 3 above:

(a) Nous avons fait des progrès.
(b) Vous avez fini votre travail.
(c) Il a pris sa décision. (Be careful inverting 'Il a'.)
(d) Elle est tombée dans l'escalier.
(e) Ils ont tout perdu dans l'incendie.

Traduisez en français :

1   I went to France.
2   She left for Paris.
3   They took the bus.
4   We played football.
5   I did the washing-up.
6   We went out together.
7   Did you open the door?
8   Martine drank a coffee.
9   We had ten exams!
10 I haven't seen that film.
11 Have you written the letter?
12 I got up at eight.
13 The child fell in the schoolyard.
14 We stayed at home.
15 I didn't wake up at eight!
16 Have you finished?
17 François has sold his car.
18 My brother bought an iPod.
19 Didn't you do your homework?
20 My parents arrived at six.

Remplissez les blancs avec les mots de la liste. Attention aux accords !

1   Est-ce que tu as _____ le TGV ?
2   Nos amis français ont _____ l'Irlande.
3   Alain est _____ en 1979.
4   J'ai _____ malade, mais maintenant ça va.
5   Cécile n'est pas _____ avant deux heures !
6   Marc est _____ à l'école en moto.
7   Ma grand-mère est _____ il y a cinq ans.
8   Non, je n'ai pas _____ la lettre.
9   Tu n'as pas _____ le ménage ! C'est nul !
10 J'étais fatiguée. Je me suis _____ .

---

mort/morte,   pris,   né/née,   écrit,   fait,
visité,   été,   venu/venue,   rentré/rentrée,
couché/couchée.

C'est un fantôme qui l'a tué.
Je me suis toujours heurté au problème.
Le crime était presque parfait...
« Dans ma famille, c'était l'habitude... »
Elle n'a connu qu'un seul homme
IL REGARDAIT LA MER
Je l'ai rencontré !
J'ai appris à faire du ski
nous ne savions pas
« J'en avais assez d'être locataire ! »
Elle lisait trop de romans policiers
Ce matin j'ai tué
Nous étions tous des terroristes
NOS REGARDS SE SONT CROISÉS. J'ÉTAIS À CHEVAL. TU ÉTAIS À PIED.
On m'a dit...
« Chez moi, ça ne se faisait pas... »
J'ai perdu mon chéquier. Que faire ?
« Nous n'avons pas été prévenus ! »
« Je n'ai jamais connu une situation aussi bloquée. »
Ils ont gagné
IL IGNORAIT TOUT DE LA VIE ET DES FEMMES
Ce n'était pas plus mal avant...

The future

As in English, there are three ways of talking about the future.

- **Using the present tense**
  – What are you doing on Sunday? I'm going into town.
    - Que fais-tu dimanche ? Je vais en ville.
- **Using the present of the verb 'to go' and an infinitive (le futur proche)**
  – We're going to buy a new car.
    - Nous allons acheter une voiture neuve.
- **Using the future tense (le futur simple)**
  – I'll give the book to Jean tomorrow.
    - Je donnerai le livre à Jean demain.

The first two methods are very simple, and are very useful in an oral exam, where you could be asked about plans for this evening, the weekend, the holidays, what you'll do after school, and so on. To use the third one correctly, you will need, as usual, a few rules and a list of exceptions!

The regular future tense (le futur simple régulier)

Rule
– Add the endings
   ai
   as
   a
   ons
   ez
   ont
to the infinitive of the verb (take the **e** off –re verbs first).

trouver (to find)		attendre (to wait)	
je	trouverai	j'	attendrai
tu	trouveras	tu	attendras
il		il	
elle	} trouvera	elle	} attendra
on		on	
nous	trouverons	nous	attendrons
vous	trouverez	vous	attendrez
ils		ils	
elles	} trouveront	elles	} attendront

The endings used in the future tense are the same for all verbs, but some verbs, listed below, change their stem.

Le futur simple irrégulier

	Verb	Future Stem	'Je' Form
1	aller (to go)	ir	j'irai
2	avoir (to have)	aur	j'aurai
3	courir (to run)	courr	je courrai
4	devoir (to have to, to owe)	devr	je devrai
5	envoyer (to send)	enverr	j'enverrai
6	être (to be)	ser	je serai
7	faire (to make, to do)	fer	je ferai
8	falloir (to be necessary)	faudr	(il faudra)
9	mourir (to die)	mourr	je mourrai
10	pleuvoir (to rain)	pleuvr	(il pleuvra)
11	pouvoir (to be able)	pourr	je pourrai
12	recevoir (to receive)	recevr	je recevrai
13	savoir (to know)	saur	je saurai
14	tenir (to hold)	tiendr	je tiendrai
15	valoir (to be worth)	vaudr	je vaudrai
16	venir (to come)	viendr	je viendrai
17	voir (to see)	verr	je verrai
18	vouloir (to want)	voudr	je voudrai

Using the future

The future is a fairly straightforward tense to use. It's used exactly as in English in the sequence of tenses: 'if + present + future'.

Example:
   If I have the time, I'll come with you.
   = Si j'ai le temps, je viendrai avec vous.

However, you need to watch out for the 'concealed future'. This occurs after 'quand' (when). You must distinguish between two types of sentence.

Example:
   When we have the time, we go to the cinema.

This is obviously the present tense, and in French will be:
Quand nous avons le temps, nous allons au cinéma.

BUT the following sentence is different:
   I'll phone you **when I arrive**.

It's obvious that the arrival is in the future, so in French this sentence will be:
   Je te teléphonerai **quand j'arriverai**.

Exercice

Convert the following sentences from 'futur proche' to 'futur simple':

E.g. Elle va prendre le train – Elle prendra le train.

1   Je vais aller en ville.
2   Il va rester ici.
3   On va partir à 8 heures.
4   Elles vont être déçues.
5   Nous allons faire de la voile.
6   Elle va avoir 18 ans.
7   Ils vont écrire à leurs cousins.
8   Vous allez voir Marie ?
9   Tu vas pouvoir venir ?
10 Je vais recevoir 1 000 €.
11 Il va faire beau.
12 Je vais le faire.
13 On va le savoir ce soir.
14 Vous allez vendre la voiture ?
15 Nous allons essayer de partir avant 6 heures.

Exercices – le futur simple

A. Mettez la forme correcte du verbe :

1   Je _____ demain. (venir)
2   Il y _____ un jour de congé. (avoir)
3   Dépêche-toi ! Sinon tu ne _____ pas à l'heure ! (être)
4   Il le _____ demain. (savoir)
5   Je _____ samedi matin. (jouer)
6   Est-ce que vous _____ à l'étranger ? (travailler)
7   J'_____ en France à Pâques. (aller)
8   Vous _____ le bus ou le train ? (prendre)
9   Il _____ bien travailler l'année prochaine. (falloir)
10 Si j'ai l'argent, je _____ m'acheter une raquette de tennis. (pouvoir)

B. Traduisez en français :

1   I'll see.
2   It will be cold in Finland.
3   She'll do her homework later.
4   Marc won't be able to come, unfortunately.
5   I'll have the money on Monday.
6   She'll phone when she arrives.
7   If you tell him that you're going, he'll go to the cinema with you.
8   I'll go to university if possible.
9   Dad will come to the station.
10 There will be snow in January.

Tout ira bien
On peut le faire, donc on le fera...
« Je reviendrai »
Je reprendrai le travail
VOUS NE SEREZ PAS DÉÇUS
Il y aura des étoiles
un jour je serai médecin
Je vais me cacher
« Je les laisserai vivre ensemble »
Tu seras directeur, mon fils
Ils vous parleront
Vous serez agréablement surpris
Plus tard, je serai clown et...
« *La prochaine fois, cela fera beaucoup plus mal* »
« La prochaine fois je répondrai... »
Nous la construirons
« IL IRA LOIN... »
Un jour ou l'autre, il faudra bien revenir.
Il retrouvera la liberté
NOUS NE NÉGOCIERONS JAMAIS !

The conditional (le conditionnel)

This is the one area where you can follow a rule and be sure to get the correct result. However, in order to follow the rule, you must be familiar with two other tenses: the future and the imperfect.

Rule
– Add the endings of the imperfect
    ais
    ais
    ait
    ions
    iez
    aient
to the stem of the future.

aller (to go)

j'	irais (I would go)
tu	irais
il	
elle }	irait
on	
nous	irions
vous	iriez
ils }	
elles }	iraient

STEM OF FUTURE + ENDINGS OF IMPERFECT = CONDITIONAL
THERE ARE NO EXCEPTIONS TO THIS RULE!

- The conditional is used as in English:
  - I would like …   • J'aimerais/Je voudrais…
  - She would be …   • Elle serait…
  - We would sell … • Nous vendrions…
- Note that it's used with the imperfect in the sequence of tenses:
  if + imperfect + conditional.
  - If I had the time, I'd go with you.
  Si j'avais le temps, j'irais avec toi.
  - If she took the bus, she'd arrive before eight.
  Si elle prenait le bus, elle arriverait avant huit heures.

Exercices – le conditionnel

1. Écrivez un paragraphe (80 mots environ) sur ce que vous feriez :
   (a) si vous gagniez le gros lot à la Loterie Nationale.
      ou
   (b) si vous étiez président(e) de notre pays.

   Utilisez les verbes suivants :

   > aller changer avoir aimer acheter
   > habiter faire donner être pouvoir

2. Traduisez en français :
   (i) We'd go to the concert if we had the money.
   (ii) If I had a car, I'd be able to help my sister on Sunday.
   (iii) If we had the ingredients, we'd make a cake.
   (iv) She would buy the presents if she had the time.
   (v) They would arrive before 7 o'clock if they took the train.
   (vi) If I knew him I'd speak to him.
   (vii) He'd be happy if he knew we were coming.
   (viii) My parents would be furious if they knew.
   (ix) We'd go to the beach if it was hot.
   (x) I wouldn't go out if I was tired.

3. Remplissez les blancs :
   1 Si j'avais le temps, j'_____ avec toi. (aller)
   2 Si tu avais l'argent, est-ce que tu _____ une Ferrari ? (acheter)
   3 Si maman gagnait à la Loterie Nationale, elle _____ très contente ! (être)
   4 Je _____ cinq timbres à 50 centimes d'euro. (vouloir)
   5 Aller à Paris, ce _____ chouette ! (être)
   6 Vous _____ du mal à faire ça. (avoir)
   7 Si nous commencions à huit heures, nous _____ à minuit. (finir)
   8 Le _____ mieux de prendre un taxi. (être)
   9 Tu _____ travailler ce soir. (devoir)
   10 Est-ce que tu ne te _____ pas de bonne heure demain ? (lever)

4. Give the imperfect and conditional ('je' form) of the following verbs:
   Example:
   Partir
   Je partais
   Je partirais

1	Aller	8	Pleuvoir (il)
2	Travailler	9	Manger
3	Être	10	Voir
4	Prendre	11	Mettre
5	Finir	12	Recevoir
6	Avoir	13	Dire
7	Faire	14	Dormir
		15	Venir

   > *Ce serait super, non ?*
   > Si j'étais à ta place, je dirais non.
   > Elle préférerait un plat sans viande, je crois.
   > IL A DIT QU'IL VERRAIT, MAIS JE NE SAIS PAS.
   > Je pourrais te l'envoyer si j'avais ton adresse.
   > Je suis désolé, mais ça ne ferait aucune différence.
   > *Pourriez-vous m'expliquer votre problème ?*
   > Ah, non, ce serait impensable !
   > Sans toi, je ne pourrais pas le faire, c'est sûr.

Here is an overview of a selection of verbs ('*je*' form) in the tenses covered so far. The twenty verbs are divided according to how they behave in the *passé composé* – this doesn't affect the other tenses.

	Infin.	Pres.	P.C.			
1	travailler	j'ai travaillé	je travaillais	je vais travailler/je travaillerai	je travaillerais
2	finir	j'ai fini	je finissais	je vais finir/je finirai	je finirais
3	perdre	j'ai perdu	je perdais	je vais perdre/je perdrai	je perdrais
4	avoir	j'ai eu	j'avais	je vais avoir/j'aurai	j'aurais
5	devoir	j'ai dû	je devais	je vais devoir/je devrai	je devrais
6	dire	j'ai dit	je disais	je vais dire/je dirai	je dirais
7	être	j'ai été	j'étais	je vais être/je serai	je serais
8	faire	j'ai fait	je faisais	je vais faire/je ferai	je ferais
9	lire	j'ai lu	je lisais	je vais lire/je lirai	je lirais
10	mettre	j'ai mis	je mettais	je vais mettre/je mettrai	je mettrais
11	prendre	j'ai pris	je prenais	je vais prendre/je prendrai	je prendrais
12	voir	j'ai vu	je voyais	je vais voir/je verrai	je verrais
13	aller	je suis allé(e)	j'allais	je vais aller/j'irai	j'irais
14	descendre	je suis descendu(e)	je descendais	je vais descendre/je descendrai	je descendrais
15	monter	je suis monté(e)	je montais	je vais monter/je monterai	je monterais
16	partir	je suis parti(e)	je partais	je vais partir/je partirai	je partirais
17	sortir	je suis sorti(e)	je sortais	je vais sortir/je sortirai	je sortirais
18	se blesser	je me suis blessé(e)	je me blessais	je vais me blesser/je me blesserai	je me blesserais
19	se coucher	je me suis couché(e)	je me couchais	je vais me coucher/je me coucherai	je me coucherais
20	se lever	je me suis levé(e)	je me levais	je vais me lever/je me lèverai	je me lèverais

Verbes suivis de l'infinitif

A. Verbes suivis directement de l'infinitif, sans préposition

1 adorer faire
2 aimer faire
3 aller faire
4 avoir beau faire
5 compter faire
6 détester faire
7 devoir faire
8 entendre faire
9 espérer faire
10 faire faire
11 falloir faire
12 laisser faire
13 oser faire
14 penser faire
15 pouvoir faire
16 préférer faire
17 savoir faire
18 valoir mieux faire
19 venir faire
20 vouloir faire

Exemples :

(a) Elle va rester ici.
(b) Je dois aller en ville.
(c) Il espère trouver du travail.
(d) Ils font construire une maison.
(e) Il faut réfléchir.
(f) Tu n'oses pas donner ton avis ?
(g) Elles pourront venir avec nous.
(h) Vous savez conduire ?
(i) Il vaut mieux partir.
(j) Viens voir !

Exercices

I Traduisez les phrases ci-dessus.
II Traduisez en français :
1 We love spending a month in Spain.
2 She's hoping to go to college.
3 He won't dare say no.
4 I was thinking of staying here.
5 My parents want to invite Pierre to dinner.
6 Do you know how to close this door?
7 Hélène would hate to do that.
8 He had to park the car two kilometres from the centre.
9 Come and help the boys. (N.B. Ne traduisez pas le mot 'and'.)
10 It's going to rain.

B. Verbes suivis de « de »me + l'infinitif

1. arrêter de faire
2. avoir peur de faire
3. cesser de faire
4. commencer de (ou à) faire
5. continuer de (ou à) faire
6. décider de faire
7. défendre (à quelqu'un) de faire
8. demander (à quelqu'un) de faire
9. dire (à quelqu'un) de faire
10. empêcher (quelqu'un) de faire
11. essayer de faire
12. finir de faire
13. menacer de faire
14. oublier de faire
15. persuader (quelqu'un) de faire
16. prier (quelqu'un) de faire
17. promettre (à quelqu'un) de faire
18. proposer (à quelqu'un) de faire
19. refuser de faire
20. regretter de faire
21. remercier (quelqu'un) de faire
22. suggérer (à quelqu'un) de faire
23. tâcher de faire
24. tenter de faire
25. venir de faire

Exemples :

(a) Papa a arrêté de fumer.
(b) Il essaie de comprendre.
(c) Je lui demanderai de m'appeler.
(d) Zut ! J'ai oublié d'apporter mes clefs !
(e) Tu peux la persuader de venir ?
(f) Tu me promets de faire ton lit ?
(g) Je n'ai pas fini de parler.
(h) Elle refuse de partir.
(i) Il m'a suggéré de voir le directeur.
(j) Je viens de voir Marie.

Exercices :

I   Traduisez les phrases ci-dessus.
II Traduisez en français :
1. She's afraid to go out.
2. He continued talking.
3. He told Marc to come here at 8 o'clock.
4. I'll try to find the money.
5. They promised to come home before midnight.
6. She refused to leave.
7. I've just seen your brother.
8. Have you finished writing?
9. Don't forget to give the book to Monsieur Grimoin.
10. It has started to rain.

C. Verbes suivis de « à » + l'infinitif.

1. aider (quelqu'un) à faire
2. s'amuser à faire
3. apprendre (à quelqu'un) à faire
4. arriver à faire
5. avoir à faire
6. commencer à (ou de) faire
7. continuer à (ou de) faire
8. se décider à faire
9. encourager (quelqu'un) à faire
10. enseigner (à quelqu'un) à faire
11. forcer (quelqu'un) à faire
12. hésiter à faire
13. inviter (quelqu'un) à faire
14. se mettre à faire
15. obliger (quelqu'un) à faire (mais: être obligé de faire)
16. parvenir à faire
17. réussir à faire
18. tenir à faire

Exemples :

(a) Il m'a aidé à faire mes devoirs.
(b) Cela les encourage à faire un effort.
(c) J'hésite à l'acheter.
(d) Elle s'est mise à pleurer.
(e) Je tiens à écrire cette lettre moi-même.
(f) Tu as réussi à le faire ?

Exercices :

I   Traduisez les phrases ci-dessus.
II Traduisez en français :
1. I succeeded in finishing the work.
2. She invited Léa to come with us.
3. He has made his mind up to leave Ireland.
4. We will encourage the children to go to the concert.
5. She taught her brother to drive.
6. They forced the boys to clean the kitchen.
7. I'll continue to come on Saturdays if you want.
8. Would you like to help to prepare the meal?
9. He started to laugh.
10. I hesitate to criticise (critiquer) your work.

Voici des phrases contenant des verbes suivis d'un infinitif. Remplissez les blancs (si nécessaire).

1. Je commence _____ comprendre.
2. Elle n'a pas voulu _____ venir avec moi.
3. Vous avez oublié _____ apporter vos maillots de bains ?
4. Mon père a décidé _____ chercher du travail à Paris.
5. Ils ont demandé à leur employeur _____ réfléchir.
6. Ils ont aidé les pompiers _____ éteindre le feu.
7. Nous espérons _____ partir en France cet été.
8. Elle a dit à son fils _____ prendre le bus.
9. Jean apprend _____ conduire.
10. Je préfère _____ rester ici, merci.
11. Elles avaient promis _____ arriver à l'heure.
12. Je vous remercie _____ être venue, madame.
13. Il faut les encourager _____ sortir, à mon avis.
14. Pourrais-tu _____ aider papa ?
15. Il est défendu _____ fumer ici, monsieur.
16. On a fait _____ venir le médecin.
17. Ils nous ont invités _____ passer le week-end chez eux.
18. Ma sœur a arrêté _____ fumer il y a deux mois.

Elle ne peut pas les empêcher de partir
Le barrage menace de s'effondrer
LAISSEZ-NOUS TRAVAILLER !
Respectez vos amis. Ne les forcez pas à boire de l'alcool.
Ne peut être vendu séparément
ALLEZ VOIR VOTRE CONCESSIONNAIRE
Frédéric veut oublier 1994
Vous pouvez faire trois bonds de plus
MES PARENTS N'ARRIVENT PAS À COMPRENDRE
Pourquoi hésitez-vous à accepter ce que je dis ?
La France va retirer une partie de ses forces
Il va vous parler
ON A RÉUSSI À LE FAIRE !
Sur la route il faut être prudent pour deux et prévoir que « l'autre » peut commettre une faute

ATTENTION ! Beaucoup de verbes ont ceci de particulier qu'en anglais, ils sont suivis d'une particule, alors qu'en français ce n'est pas le cas.

Exercice : Traduisez les phrases ci-dessus.

1	attendre	to wait **for**	J'attends mon père.
2	chercher	to look **for**	Il cherche ses clefs.
3	demander	to ask **for**	Elle a demandé l'addition.
4	écouter	to listen **to**	Écoute ton père !
5	entrer	to come/go **in**	Entrez, s'il vous plaît !
6	essayer	to try **on**	Essayez cette veste.
7	habiter	to live **in**	Nous habitons un appartement.
8	ignorer	to be unaware **of**	J'ignorais cela.
9	mettre	to put **on**	Je vais mettre un pull.
10	payer	to pay **for**, to treat **to**	Je te paie un café.
11	regarder	to look **at**	Regardez le tableau noir.
12	sentir	to smell **of**	Ça sent l'ail.
13	soigner	to take care **of**	Il soigne sa tenue.
14	sortir	to go **out**	Elle est sortie à 16 heures.
15	travailler	to work **on/at**	Je dois travailler mes maths.

Le passé simple

(The past historic/past definite)
This is a past tense which is used in literature and in some journalistic passages. It is also to be seen in some very formal contexts. It is generally a written tense, and certainly for the purposes of Leaving Certificate French, it will always be so. **You will not have to write in this tense, but you must be able to recognise it.**
There are three main patterns to be aware of in the **passé simple**. These are given below, followed by (a) the main group of verbs which follow this pattern and (b) other verbs which do so (usually after a change in the stem of the verb).

1. donner

je	donnai (I gave)
tu	donnas
il	
elle }	donna
on	
nous	donnâmes
vous	donnâtes
ils	
elles }	donnèrent

Groups which follow this pattern:

All –ER verbs

Others:

None

2. finir

je	finis (I finished)
tu	finis
il	
elle }	finit
on	
nous	finîmes
vous	finîtes
ils	
elles }	finirent

Groups which follow this pattern:

Most –IR and –RE verbs

Other verbs which make a stem change and then follow the pattern:

acquérir	➤	j'acquis
conduire	➤	je conduisis
craindre	➤	je craignis
écrire	➤	j'écrivis
faire	➤	je fis
mettre	➤	je mis
naître	➤	je naquis
prendre	➤	je pris
voir	➤	je vis

3. vouloir

je	voulus (I wanted)
tu	voulus
il	
elle }	voulut
on	
nous	voulûmes
vous	voulûtes
ils	
elles }	voulurent

Groups which follow this pattern:

Most –OIR and –OIRE verbs

Other verbs which make a stem change and then follow the pattern:

apercevoir	➤	j'aperçus
avoir	➤	j'eus
connaître	➤	je connus
courir	➤	je courus
devoir	➤	je dus
être	➤	je fus
lire	➤	je lus
mourir	➤	je mourus
pleuvoir	➤	il plut
pouvoir	➤	je pus
recevoir	➤	je reçus
savoir	➤	je sus
vivre	➤	je vécus

Two verbs, '**venir**' and '**tenir**', are exceptions:

venir

je	vins
tu	vins
il	
elle }	vint
on	
nous	vînmes
vous	vîntes
ils	
elles }	vinrent

tenir

je	tins
tu	tins
il	
elle }	tint
on	
nous	tînmes
vous	tîntes
ils	
elles }	tinrent

also:

devenir, revenir, parvenir, convenir, prévenir, se souvenir, etc.

also:

appartenir, contenir, retenir, obtenir, etc.

Many verbs in the '**passé simple**' will be instantly recognisable, e.g. 'il donna' is obviously part of the verb 'donner'. 'Je vécus', although not instantly recognisable as being the verb 'vivre', is very similar to the past participle of 'vivre' – 'j'ai vécu' – so its meaning can in fact be easily worked out.

However, be very careful of the few verbs highlighted below, as they can be misleading.

NB		
	avoir	j'eus
	être	je fus
	faire	je fis
	voir	je vis

Meaning of the 'passé simple'

The meaning of this tense is very similar to the meaning of the passé composé, that is, '**il alla**' = 'he went'; '**elle naquit**' = 'she was born'; '**je compris**' = 'I understood'. The passé composé can appear in the same passage as the passé simple. It will be used in speech, because the passé simple is largely a written tense. In the following passage, note the use of:

(i)   The passé simple, to say what happened.

(ii) The imparfait to describe a person's appearance or attitude.

(iii) The passé composé, to say what happened (in conversation).

Marc **entra** dans la cuisine. Il **avait** l'air très content. « Ils **sont arrivés** ! » **dit**-il. « Qui ça ? » **demanda** sa mère, qui **n'aimait pas** cette sorte d'interruption.

Exercices

A. Récrivez les dix phrases suivantes au passé composé :
1 (Exemple) Elle prit le bus. Elle a pris le bus.
2 Nous arrivâmes à 5 heures.
3 Il répondit tout de suite.
4 Ils lurent tous la lettre.
5 Nous dînâmes au restaurant.
6 Je regardai mon père.
7 Elle courut à la porte.
8 Ils firent le travail.
9 Elle naquit le 5 juillet.
10 Je vis qu'elle ne comprenait pas.

B. Écrivez les phrases suivantes en choisissant le bon verbe :
1 Elle fut/fit/eut très choquée.
2 Il naquit/mourut à l'âge de 60 ans.
3 Ma grand-mère vit/fut/vécut très longtemps.
4 On fut/fit/fallut venir le médecin.
5 Je fus/Je fis/J'eus très peur.

Voici un extrait de la Bible (il s'agit de l'Ancien Testament, tout au début – le récit de la création) :

Au commencement, Dieu créa le ciel et la terre. La terre était informe et vide. Les ténèbres étaient partout et l'esprit de Dieu planait sur l'abîme.
Dieu dit : « Que la lumière soit ! » Et la lumière fut. Dieu vit qu'elle était bonne et il la sépara des ténèbres. Dieu appela la lumière Jour et les ténèbres Nuit. Ainsi, il y eut un soir et il y eut un matin, ce fut le premier jour.
Dieu dit : « Qu'il y ait un firmament entre les eaux et qu'il sépare les eaux d'avec les eaux. » Et Dieu fit le firmament et sépara les eaux au-dessous du firmament d'avec celles qui sont au-dessus. Dieu nomma le firmament Ciel. Ainsi, il y eut un soir et il y eut un matin, ce fut le second jour.
Dieu dit : « Que les eaux qui sont au-dessous du ciel se rassemblent en un seul lieu et que les continents apparaissent. » Et il en fut ainsi. Dieu nomma les continents Terre, et il nomma les eaux Mers.

Puis Dieu dit : « Que la terre produise de l'herbe, des plantes portant semence et des arbres fruitiers. » Il en fut ainsi et Dieu vit que tout cela était bon. Ce fut le troisième jour.
Dieu dit alors : « Qu'il y ait des lumières au firmament du ciel pour séparer le jour de la nuit. Qu'elles servent de signes pour marquer les saisons, les jours et les années, et qu'elles servent de sources de lumière au firmament du ciel pour éclairer la terre. » Et il en fut ainsi. Dieu créa deux grandes lumières : la plus grande pour présider au jour et la plus petite pour présider à la nuit. Il fit aussi les étoiles et les plaça dans le firmament pour éclairer la terre, pour présider au jour et à la nuit et pour séparer la lumière des ténèbres. Dieu vit que cela était bon. Ce fut le quatrième jour.

Exercice écrit
1 Notez tous les verbes au passé simple.
2 Faites la distinction entre ces verbes et ceux à l'imparfait, qui désignent l'état des choses plutôt que des actions.

En passant…
Les injonctions de Dieu – « Que la lumière soit », « Qu'il y ait… », etc., sont au subjonctif (expliqué à la page 254).

Les temps composés (compound tenses)

Le passé composé (the perfect tense)	Le plus-que-parfait (the pluperfect)	Le futur antérieur (the future perfect)	Le conditionnel passé (the conditional perfect)
Formation: present of auxiliary + past participle	**Formation:** imperfect of auxiliary + past participle	**Formation:** future of auxiliary + past participle	**Formation:** conditional of auxiliary + past participle
J'ai vu	J'avais vu	J'aurai vu	J'aurais vu
Tu as vu	Tu avais vu	Tu auras vu	Tu aurais vu
Il a vu	Il avait vu	Il aura vu	Il aurait vu
Elle a vu	Elle avait vu	Elle aura vu	Elle aurait vu
On a vu	On avait vu	On aura vu	On aurait vu
Nous avons vu	Nous avions vu	Nous aurons vu	Nous aurions vu
Vous avez vu	Vous aviez vu	Vous aurez vu	Vous auriez vu
Ils ont vu	Ils avaient vu	Ils auront vu	Ils auraient vu
Elles ont vu	Elles avaient vu	Elles auront vu	Elles auraient vu
Meaning: saw, have seen, did see	**Meaning:** had seen	**Meaning:** will have seen	**Meaning:** would have seen

AVOIR e.g. voir

Formation: as above + agreement of past participle	**Formation:** as above + agreement of past participle	**Formation:** as above + agreement of past participle	**Formation:** as above + agreement of past participle
Je suis sorti(e)	J'étais sorti(e)	Je serai sorti(e)	Je serais sorti(e)
Tu es sorti(e)	Tu étais sorti(e)	Tu seras sorti(e)	Tu serais sorti(e)
Il est sorti	Il était sorti	Il sera sorti	Il serait sorti
Elle est sortie	Elle était sortie	Elle sera sortie	Elle serait sortie
On est sorti	On était sorti	On sera sorti	On serait sorti
Nous sommes sorti(e)s	Nous étions sorti(e)s	Nous serons sorti(e)s	Nous serions sorti(e)s
Vous êtes sorti(e)s	Vous étiez sorti(e)s	Vous serez sorti(e)s	Vous seriez sorti(e)s
Ils sont sortis	Ils étaient sortis	Ils seront sortis	Ils seraient sortis
Elles sont sorties	Elles étaient sorties	Elles seront sorties	Elles seraient sorties
Meaning: went out, have gone out, did go out	**Meaning:** had gone out	**Meaning:** will have gone out	**Meaning:** would have gone out

ÊTRE ('17') e.g. sortir

Formation: as above + reflexive pronoun	**Formation:** as above + reflexive pronoun	**Formation:** as above + reflexive pronoun	**Formation:** as above + reflexive pronoun
Je me suis reposé(e)	Je m'étais reposé(e)	Je me serai reposé(e)	Je me serais reposé(e)
Tu t'es reposé(e)	Tu t'étais reposé(e)	Tu te seras reposé(e)	Tu te serais reposé(e)
Il s'est reposé	Il s'était reposé	Il se sera reposé	Il se serait reposé
Elle s'est reposée	Elle s'était reposée	Elle se sera reposée	Elle se serait reposée
On s'est reposé	On s'était reposé	On se sera reposé	On se serait reposé
Nous nous sommes reposé(e)s	Nous nous étions reposé(e)s	Nous nous serons reposé(e)s	Nous nous serions reposé(e)s
Vous vous êtes reposé(e)s	Vous vous étiez reposé(e)s	Vous vous serez reposé(e)s	Vous vous seriez reposé(e)s
Ils se sont reposés	Ils s'étaient reposés	Ils se seront reposés	Ils se seraient reposés
Elles se sont reposées	Elles s'étaient reposées	Elles se seront reposées	Elles se seraient reposées
Meaning: rested, have rested, did rest	**Meaning:** had rested	**Meaning:** will have rested	**Meaning:** would have rested

ÊTRE (reflexive) e.g. se reposer

Note: Je venais de + infinitive = I had just …

Example: Je venais de voir Marie.

Note: J'aurais dû + infinitive = I should have
J'aurais pu + infinitive = I could have

Example: J'aurais dû rester. = I should have stayed.

Exercices

You are now going to translate some sentences into French, using the grid on the previous page. Do them in three stages:

Step 1. First of all, locate the column you need – is it 'had done', 'did', 'will have done', or 'would have done'?

Step 2. Then decide what the verb is, in its infinitive form.

Step 3. Thirdly, decide which band you want within the column – is it an 'avoir', 'être' (17), or 'être' (reflexive) verb?

If you follow these three steps, you can't go wrong. Don't take any short cuts until you are absolutely sure of what you are doing.

Here is one done as an example:
You want to say: 'I would have gone.'

Step 1. *Would have done something* is the conditionnel passé, therefore you want column 4.

Step 2. The verb in *would have gone* is the verb 'to go' = 'aller'.

Step 3. Aller is an *être* (17) verb, therefore the middle band will help you to work out your verb.

'I would have gone' = 'Je serais allé(e)'

Now try these:
(i) I will have finished
(ii) You would have seen the money
(iii) She had gone to bed (se coucher)
(iv) He has been in France
(v) I had left
(vi) We would have got up
(vii) They have understood
(viii) She would have died
(ix) I'll have sold the bike
(x) He had completely forgotten

1. **Remplissez les blancs dans les phrases suivantes avec le verbe auxiliaire :**
(a) Je suis arrivé chez lui à 8 heures comme prévu, mais il _____ déjà sorti.
(b) Si j'avais su que vous alliez au cinéma hier, je _____ allé avec vous.
(c) Nous _____ décidé de déménager.
(d) Elle _____ perdu son sac la veille.
(e) Si tu lui avais expliqué le problème, il _____ compris pourquoi elle était en retard.
(f) Ne viens pas l'après-midi – nous _____ déjà partis.

(g) Il s'_____ déjà couché quand son frère a téléphoné.
(h) Rappelle-moi ce soir. J'_____ parlé avec ses profs et je pourrai t'expliquer exactement ce qui s'est passé.
(i) Je me _____ blessé la main en coupant du pain ce matin.
(j) Nous ne serions pas allés la voir si nous _____ su qu'elle avait des invités.

2. **Dans les phrases suivantes, il s'agit de trouver un participe passé qui convient. Attention aux accords éventuels !**
(a) Elle ne serait pas _____ si elle avait su qu'il allait neiger.
(b) Ils se sont _____ de très bonne heure.
(c) Elle avait très mal à la jambe. Il paraît qu'elle s'était _____ le genou en faisant du ski.
(d) Il était _____ trop tard et il avait raté son bus.
(e) Il avait _____ à ses parents de rentrer avant minuit, mais à une heure du matin, il n'était toujours pas rentré.
(f) Avez-vous _____ une décision ?
(g) Elle était ravie – son équipe avait _____ le match.
(h) Si tu n'étais pas venu avec moi, je n'aurais pas _____ le courage de le faire.
(i) À mon avis, elle n'aurait pas _____ parler comme ça à ses amis.
(j) Ne venez pas après huit heures, il sera déjà _____ pour l'école.

Lentement, il s'est avancé vers elle
Les deux hommes s'étaient évadés en '76
ELLE SERAIT SÛREMENT PARTIE
Ils avaient eu un accident
On s'est demandé pourquoi... pourquoi nous ?
IL AURAIT ÉTÉ TRÈS CHOQUÉ
On avait ri, puis on avait pleuré
Elle aurait pu s'excuser, non ?
J'aurais dû le cacher
SA MÈRE AVAIT DÉJÀ PRIS SA DÉCISION
Cela s'était passé la veille
SI SEULEMENT J'AVAIS SU !

Pronouns

The two main problems are:
A. knowing which pronoun to use.
B. knowing where to put the pronoun in a sentence.

A. Knowing which pronoun to use

You will have come across all the following pronouns at Junior Certificate level. Here we have grouped them according to person. This will allow you to focus more clearly on which pronoun you need in a particular case.

- **1st person singular**

je (j')	= I (subject pronoun)	**Je** prends le bus.
me (m')	= me (direct object pr.)	Pierre **me** connaît.
me (m')	= to me (indirect obj. pr.)	Il va **me** parler.
me (m')	= myself (reflexive pr.)	Je **m'**apelle Anne.
moi	= me (disjunctive pr.)	C'est pour **moi** ?

- **2nd person singular**

tu	= you (subj. pr.)	**Tu** viens au cinéma ?
te (t')	= you (dir. obj. pr.)	Je **t'**ai vu en ville.
te (t')	= to you (indir. obj. pl.)	Elle **te** donnera 50 €.
te (t')	= yourself (refl. pr.)	Tu **te** couches à 11 h ?
toi	= you (disj. pr.)	C'est derrière **toi**.

- **3rd person singular (masculine)**

il	= he/it (subj. pr.)	**Il** n'était pas content.
le (l')	= him/it (dir. obj. pr.)	Je vais **l'**acheter.
lui	= to him/to it (indir. obj. pr.)	Elle **lui** dira
se (s')	= himself/itself (refl. pr.)	Il **se** demande pourquoi.
lui	= him/it (disj. pr.)	Papa **l'**a fait **lui**-même.

- **3rd person singular (feminine)**

elle	= she/it (subj. pr.)	**Elle** est partie.
la (l')	= her/it (dir. obj. pr.)	Je **la** prends.
lui	= to her/to it (indir. obj. pr.)	Nous **lui** écrivons.
se (s')	= herself/itself (refl. pr.)	Elle **se** fâche souvent.
elle	= her/it (disj. pr.)	Je vais partir sans **elle**.

- **1st person plural**

nous	= we (subj. pr.)	**Nous** habitons à Paris.
nous	= us (dir. obj. pr.)	Elle **nous** voit souvent.
nous	= to us (indir. obj. pr.)	Il **nous** téléphone à 2 h.
nous	= ourselves (refl. pr.)	**Nous** **nous** reposons.
nous	= us (disj. pr.)	Elle vient chez **nous**.

- **2nd person plural (or 2nd person singular polite)**

vous	= you (subj. pr.)	**Vous** désirez ?
vous	= you (dir. obj. pr.)	Je **vous** connais, non ?
vous	= to you (indir. obj. pr.)	Elle va **vous** expliquer.
vous	= yourself/selves (refl. pr.)	**Vous** **vous** amusez ?
vous	= you (disj. pr.)	C'est grâce à **vous**.

- **3rd person plural (masculine)**

ils	= they (subj. pr.)	**Ils** ne viennent pas.
les	= them (dir. obj. pr.)	Il ne **les** aime pas.
leur	= to them (indir. obj. pr.)	Je **leur** ai dit que non.
se (s')	= themselves (refl. pr.)	Ils **se** lèvent à 6 h 30.
eux	= them (disj. pr.)	Je sors avec **eux**.

- **3rd person plural (feminine)**

elles	= they (subj. pr.)	**Elles** ne fument pas.
les	= them (dir. obj. pr.)	Nous **les** voyons à midi.
leur	= to them (indir. obj. pr.)	Je **leur** ai prêté 100 €.
se (s')	= themselves (refl. pr.)	Elles **se** réveillent tôt.
elles	= them (disj. pr.)	C'est à cause d'**elles** ?

You will have noticed how straightforward some of these boxes are, compared with others. The most complicated ones are the 3rd persons, singular and plural. These are where a lot of confusion arises, and, as a result, where a lot of mistakes are made.
If you find the grammatical terminology difficult to understand or to remember, at the very least, learn the examples by heart – this will give you a structure on which to base other similar sentences.

Important notes

1. Use disjunctive pronouns (sometimes called 'stressed pronouns') – moi, toi, lui, elle, nous, vous, eux, elles

(a) after the following:

avec	chez	vers
en face de	derrière	grâce à
pour	sur	entre
à côté de	comme	à cause de
sans	sous	
devant	malgré	

(b) with 'même/mêmes' meaning 'self/selves':
moi-même, elle-même
nous-mêmes, eux-mêmes

(c) with 'aussi' meaning 'too/also/as well':
Toi aussi ?
Vous aussi, vous étiez là.

(d) when you want a pronoun to stand alone:
Qui est là ? Moi.

(e) for emphasis:
Lui, il habite seul.
Moi, je ne viens pas.

(f) With c'est, c'était, etc.
C'est moi.

2. Certain verbs look as though they should take a direct object when in fact they must be followed by an indirect object in French.

The most common mistakes occur with the following verbs:

• to tell someone	= dire à quelqu'un	Je **lui** ai dit de venir.
• to ask someone	= demander à quelqu'un	Il **leur** a demandé de partir.
• to phone someone	= téléphoner à quelqu'un	Nous **lui** telephonons.
• to give someone (something)	= donner (quelque chose) à quelqu'un	Je **lui** ai donné l'argent.
	= offrir (quelque chose) à quelqu'un	Elle **leur** a offert un petit cadeau.

Some other verbs which take an indirect object are:

• to resemble someone	= ressembler à quelqu'un
• to allow someone	= permettre à quelqu'un
• to promise someone	= promettre à quelqu'un
• to lend someone (something)	= prêter (quelque chose) à quelqu'un
• to teach someone (to …)	= apprendre (à…) = enseigner à quelqu'un (à…)

B. Knowing where to put the pronoun in a sentence

Now the question of how to fit a pronoun into a French sentence correctly. This is not always done the same way as in English. The word order can be the same in both languages.

Example:
I know your parents. = Je connais tes parents.

But the use of certain pronouns changes the order in French.

Example:
I know them. = Je les connais.

The following chart will show you how to position a pronoun correctly in any positive or negative sentence, and in sentences using simple tenses (such as the present, imperfect, future) or compound tenses (such as the 'passe composé'). The pronouns involved are all 'conjunctive', i.e. they come between the subject and the verb. Disjunctive pronouns (moi, toi, etc.) don't do this, so you don't need a chart to know where to put them.

Chart I

1	2	3	4	5	6	7	8	9	10
je (j') tu il elle on nous vous ils elles	ne (n')	me (m') te (t') se (s') nous vous se (s')	le (l') la (l') les	lui leur	y	en	verb	pas (or other negative)	past participle

This word-order chart is not difficult to memorise.

Remember a few basic points:

- There are ten columns.
- Nothing can come between the subject and 'ne'.
- 'Pas' always comes before the past participle, and after the main verb.
- The triangle takes up columns 3 to 7.

Now look at a few examples to illustrate the use of the chart. Work up from a basic subject and verb in the present tense to a negative 'passé composé' including pronouns. At each stage, check that the word order in the sentence fits with your chart.

1 I see. ➤ Je vois.
2 I see him. ➤ Je le vois.
3 I don't see him. ➤ Je ne le vois pas.
4 I saw. ➤ J'ai vu.
5 I saw him. ➤ Je l'ai vu.
6 I didn't see him. ➤ Je ne l'ai pas vu.

Example:
Now imagine that you have been asked if you gave some letters to the people next door. You want to reply 'Yes, I gave them to them this morning'. This sort of sentence is not easy to construct in French, but by practising building your sentences from this chart, it will get easier.

Without using 'them' and 'to them' it would be easy to say:
Oui, j'ai donné les lettres aux voisins ce matin.

Now substitute: 'les lettres' will be 'les'
'aux voisins' will be 'leur'

Reading off the chart, you will get:
Oui, je les leur ai données ce matin.

Try making the sentence negative – it's simple!

Q.– Can you remember why 'donné' has an added 'es'?
A.– Because 'les' is a preceding direct object (see 'passé composé').

The second chart you need to help you with sentence construction is for using when the sentence contains an infinitive. If you try using Chart 1, you'll end up with a mess. The sort of sentence we're considering here could be:

- I want **to buy** it.
- He doesn't want **to see** her.
- We're going **to talk** to them.
- She's hoping **to see** him.

The golden rule here is to keep the pronouns **after** the main verb. You'll notice a lot of similarities between the two charts.

Chart II *(for using with infinitives)*

1	2	3	4	5	6	7	8	9	10	11
je (j') tu il elle on nous vous ils elles	ne (n')	verb	pas (or other negative)	past participle	me (m') te (t') se (s') nous vous se (s')	le (l') la (l') les	lui leur	y	en	infinitive

Remember:
- The triangle is exactly the same as in Chart I, but spans columns 6 to 10.
- The infinitive comes at the end.
- The triangle comes **after** the main verb.

Here are some examples of how this chart helps you to form sentences with an infinitive, starting with the sentences given above:

Examples:
– I want **to buy** it.	Je veux l'**acheter**.
– He doesn't want **to see** her.	Il ne veut pas la **voir**.
– We're going to **talk** to them.	Nous allons leur **parler**.
– She's hoping to **see** him.	Elle espère le **voir**.

And using the 'passé composé':

Examples:
– I couldn't **send** them to you.	Je n'ai pas pu vous les **envoyer**.
– He wanted to **phone** me.	Il a voulu me **téléphoner**.

NB:
- The only time in French when the pronouns come after the verb is in a **positive command**.

Examples:
– Écoutez-moi !	Listen to me!
– Donne-le-lui !	Give it to him!

- In this case, '**me**' becomes '**moi**', and '**te**' becomes '**toi**'.
- The pronouns are hyphenated.
- If the command is negative the usual order of pronouns applies.

Examples:
- – Ne m'écoutez pas !
- – Ne le lui donne pas.

Les pronoms y et en

1. En

On dit *en* pour remplacer *de + un nom/une idée*. (Ça peut aussi être *d', du, de la, de l', des*.) :

Exemples :
- – Elle ne parle pas **de ses problèmes**.
  Elle n'**en** parle pas.
- – Il boit **du vin** tous les jours.
  Il **en** boit tous les jours.
- – Je rêve **d'habiter** à Paris.
  J'**en** rêve.

On l'emploie aussi pour parler d'un nombre/d'une quantité de choses ou de personnes.

Exemples :
– Vous avez **des CD des Beatles** ?	Oui, j'**en** ai beaucoup.
– Vous avez **des frères** ?	Oui, j'**en** ai deux.

2. Y

On dit *y* pour *à + un nom* :

Exemples :
Je mets l'argent **dans le tiroir**.
J'**y** mets l'argent.
Mes bottes sont **sous la table** ?
Oui, elles **y** sont.
Il habite **à Paris**.
Il **y** habite.
Je pense **à mes vacances**.
J'**y** pense.

Exercices

Refaites les phrases suivantes, en remplaçant les mots soulignés par « y » ou « en » :

Exemple :
Ton sac est **dans la voiture**.
Ton sac y est.

1 Il parle souvent **de ses projets**.
2 Elle était **à l'école**.
3 Elle a quatre **chats**.
4 Ma mère a mis son chéquier **dans le petit tiroir**.
5 Nous avons rêvé **de faire ça**.
6 Ils vont rester **aux États-Unis**.
7 Il a pris trois **magazines**.
8 Vous avez vu beaucoup **d'animaux sauvages** ?
9 On a passé quinze jours **dans ce camping**.
10 J'ai trouvé ton livre de maths **sous ton lit**.

Les pronoms relatifs

Pronoun	Function	Examples
Qui	Refers to persons or things which are the subject of the verb (who/which)	(Il a parlé au garçon. Le garçon n'est pas arrivé à l'heure.) Il a parlé au garçon **qui** n'est pas arrivé à l'heure.
Que (Qu')	Refers to persons or things which are the object of the verb (whom/which)	(J'ai lu le livre. Tu m'as donné **le livre**.) J'ai lu le livre **que** tu m'as donné.
Dont	Refers to persons or things preceded by 'de' (about whom/which, of whom [whose], of which)	(J'ai revu le garçon. Tu m'as parlé **de ce garçon**.) J'ai revu le garçon **dont** tu m'as parlé. (Il a un fils. Il est fier **de son fils**.) Il a un fils **dont** il est fier.

Exercices

A. Remplissez les blancs avec qui, que (qu'), dont :
1 J'ai perdu le livre _____ tu m'as prêté.
2 C'est une voiture _____ me plaît beaucoup.
3 Ce _____ m'énerve, c'est qu'elle n'arrive jamais à l'heure.
4 Où sont les documents _____ tu m'as parlé ?
5 J'ai l'impression qu'il n'aime pas le cadeau _____ on lui a offert.

B. Traduisez :
1 The cake she made (= which she made) was delicious.
2 The man who phoned left a message for you.
3 Here's the book I was talking about.
4 That's (C'est ça) what's difficult.
5 The boy I met (= whom I met) at the party is German.

Exercices – les pronoms

Traduisez en français :
1 My mother loves me!
2 My teacher is talking to me.
3 I go to bed at 11. (se coucher)
4 Come with me.
5 I'll see you at nine.
6 She'll ring you tonight. (téléphoner à)
7 What time do you get up? (se lever)
8 We'll go to your house. (chez)
9 I'm eating it!
10 She answered him. (répondre à)
11 He gets dressed in his bedroom. (s'habiller)
12 Marianne went out with him. (sortir)
13 The house? Yes, I've bought it.
14 I'm writing to her. (écrire à)
15 She gets dressed in the bathroom.
16 I can't live without her!
17 We go for a walk on Sundays. (se promener)
18 He's talking to us.
19 Mum will give us some money.
20 Come with us.
21 I don't want to see you. (vous)
22 Your aunt will write to you at Christmas. (vous)
23 Are you enjoying yourselves? (s'amuser)
24 Thanks to you (sing.) the problem is solved. (résolu)
25 I don't like them.
26 You didn't tell them? (dire à)
27 They look like each other. (se ressembler)
28 Go to their house. (chez)
29 The biscuits? Sorry, we've eaten them!
30 My sister lent them 100 €. (prêter à)
31 The girls are looking at each other. (se regarder)
32 The women did it themselves.
33 Are you leaving? Me too!
34 Look, it's him!
35 Look, it's her!
36 I didn't give it to him.
37 He will not give it to them.
38 You wouldn't phone them.
39 Marie? No, I don't know her.
40 I'll send it to you. (envoyer)
41 Will you give it back to me? (rendre)
42 Dad asked me for it. (demander à)
43 Here's a present for you.
44 He wants to see her.
45 I'm going to talk to them.
46 She wanted to phone you yesterday.
47 I wouldn't want to buy it.
48 Pass me the salt, please.
49 Speak to me!
50 Don't send it to her.
51 He doesn't want to talk to me about it.
52 I'd prefer to give it to them tomorrow.

The possessive

There are four basic possessive phrases you will come across in French:

1. The simple possessive phrase in which the owner and the owned are stated.

    Marie's car → la voiture **de** Marie

2. The phrase in which the owned is mentioned, but the owner is replaced by a possessive adjective (un adjectif possessif).

    her car → **sa** voiture

3. The phrase in which the owner is mentioned, but the owned is replaced, in French, by a demonstrative pronoun (un pronom démonstratif).

    Marie's → **celle de** Marie (the one/ that of Marie)

4. The phrase in which the owner and the owned are conveyed in one word in English, and two in French. This is the possessive pronoun (le pronom possessif).

    Hers → **la sienne**

You will be already familiar with 1 and 2 above. Here are full grids and examples of 3 and 4:

Les pronoms démonstratifs

	masculin	féminin
singulier	celui	celle
pluriel	ceux	celles

Remember that pronouns are used to replace nouns, where repetition would sound clumsy.

For example, instead of saying 'I like Marc's car, but I prefer Anne's car', it sounds better to say 'but I prefer Anne's.'

So, because 'voiture' is feminine singular it will be replaced by 'celle' from the above grid, to give: 'J'aime bien la voiture de Marc, mais je préfère celle d'Anne.'

Look at the following sentences and work out how the pronouns were chosen:

1 Mes enfants vont à l'université, mais ceux de mon frère sont toujours au lycée.

2 Quelle invitation acceptes-tu ? Celle de Céline ou celle de ton frère ?

3 Je crois que j'ai des problèmes, moi, mais quand je pense à ceux de Franck...

NOTE: Demonstrative pronouns are also used in other contexts.

Examples:
- Cette baguette n'est pas bonne. Celle que j'ai achetée hier était meilleure. (The one ...)
- Ceux qui n'aiment pas cette chanson, levez la main. (Those who ...)
- Quel chapeau préfères-tu ? Celui-ci ou celui-là ? (This one or that one?)

Les pronoms possessifs

	singulier		pluriel	
	masculin	féminin	masculin	féminin
mine	le mien	la mienne	les miens	les miennes
yours	le tien	la tienne	les tiens	les tiennes
his	le sien	la sienne	les siens	les siennes
hers	le sien	la sienne	les siens	les siennes
ours	le nôtre	la nôtre	les nôtres	les nôtres
yours	le vôtre	la vôtre	les vôtres	les vôtres
theirs	le leur	la leur	les leurs	les leurs

A. **Remember:** everything across from the word 'mine' means 'mine'. Which of the four you choose depends on the number and gender of the noun you're talking about.

1 Je n'aime pas **ce livre**. **Le tien** a l'air plus intéressant.

2 Peux-tu me prêter **tes clefs** ? J'ai perdu **les miennes**.

3 Je préfère **ce lycée**. **Le leur** est trop loin.

B. **The rules**

à + le = au
à + les = aux
de + le = du
de + les = des

still apply when using these pronouns.

Examples:
1 Moi, je vais demander à mon père, et Marie, elle va demander au sien.

2 J'aime bien ton dessin. Que penses-tu du mien ?

Now that you have studied the four different ways in which the possessive can be formed, try the following exercises. At the beginning of each section, you are given a noun, with its gender. This forms the basis for each exercise in that section.

Exercices

Traduisez les expressions suivantes en français :

1 (voiture, f.)
(a) Luc's car
(b) her car
(c) our car
(d) his car
(e) my car
(f) mine
(g) their car
(h) Luc's
(i) his
(j) ours

2 (problème, m.)
(a) my problem
(b) Marie's problem
(c) her problem
(d) hers
(e) Marie's
(f) theirs

3 (enfants, m.)
(a) your children
(b) my brother's children
(c) our children
(d) my brother's
(e) his
(f) ours

4 (cassettes, f.)
(a) the boy's cassettes
(b) their cassettes
(c) theirs
(d) my cassettes
(e) her cassettes
(f) hers
(g) your cassettes
(h) his

The passive (Le passif)

The passive voice is formed in French just as it is in English – with the verb 'to be' (être) and a past participle.

Example:

He will be freed.
Il sera libéré.

As always with 'être', agreement is needed (feminine: add e; plural: add s).

Examples:

She was expelled.
Elle a été renvoyée.
They are protected.
Ils sont protégés.

Note these other examples:

1 Cela **a été fait** l'année dernière.
2 Elle **sera embauchée** en juin.
3 Trois personnes **ont été blessées**.

Note:

1 The passive is used less often in French than in English: 'on' is very frequently used instead.

Example:

It was decided…
On a décidé…
She was told to stay.
On lui a dit de rester. (dire à)

2 If a verb cannot take a **direct** object, its past participle **cannot** be used passively.

Examples:

He's chatting with a neighbour.
Il barade avec un voisin.
She used to live in Paris.
Elle a vecu à Paris.
We were given books.
On nous a donné des livres.
(donner à)

Remember that when you are using the passive, **the verb** you are working with is the verb 'être'. Before trying to manipulate the passive, be sure that you know '**être**' well:

Can you say…		
	They have been	(Ils ont été)
	She will be	(Elle sera)
	They are	(Ils sont)
	etc…	

Once you can cope with the tenses of 'être', all you then have to think of is adding a past participle, which will agree with the 'ils', 'elle', etc.

Examples:

Ils ont été **retrouvés** sains et saufs.
Elle sera **renvoyée** de l'école.
Ils sont **perdus**.

Exercises

A. Newspaper headlines often contain an abridged version of a passive sentence.

Example:

'Le petit Marc **retrouvé** sain et sauf.'
The full sentence would be:
'Le petit Marc **a été retrouvé** sain et sauf.'

Rewrite the following headlines in their full form (numbers 4 and 5 will need two changes).

1 Deux soldats français blessés en Bosnie.
2 Quatre personnes tuées dans un incendie à Grenoble.
3 La France battue par l'Irlande 15 à 7.
4 Journaliste américain pris en otage en Colombie.
5 Avion russe détourné en Turquie.

B. Turn the following passive sentences into active ones.

Note: The tense of *être* in the passive sentence will be the tense of the verb (e.g. *découvrir*) in the active one.

Example:

La grotte **a été** découverte par un enfant.
Un enfant **a découvert** la grotte.

1 Le problème **sera** résolu par le prof. (résoudre)
2 La voiture **a été** vendue par mes parents. (vendre)
3 Les repas **sont** distribués par des bénévoles. (distribuer)
4 Des centaines de sans-abri **sont** logés par la Fondation Abbé Pierre. (loger)
5 L'argent **sera** remboursé par la banque. (rembourser)

C. Traduisez en français :
1 The car had been stolen the day before.
2 She was hired by an American company.
3 The bags were found in the park.
4 He would be expelled if he did that.
5 My suggestion has been rejected.

Les otages seront libérés dans dix jours
Ils ont été très mal traités
Hector Bianciotti est élu à l'Académie française
LE PAQUET AVAIT ÉTÉ LIVRÉ LA VEILLE
Le quartier est bouclé
Ce qui est fait est fait
Elle a été retrouvée saine et sauve
L'Italie a été battue par l'Allemagne
Il est jugé coupable
L'incendie a été vite maîtrisé
Le travail est très mal fait

The subjunctive – (le subjonctif)

The tenses you have met up to now are in what is known as 'the indicative mood'. Now you are going to meet 'the subjunctive mood'. Verbs are used subjunctively when they are affected by the tone of something which comes before them. This happens a lot in French. All of the situations/circumstances which require the use of a subjunctive are listed in grammar books, but we have listed below the most important ones for the purposes of Leaving Certificate French. The simplest approach is usually to learn some examples – this helps you to remember which constructions take the subjunctive.

How the subjunctive is formed:

1. The following seven verbs are irregular:

aller

que j'	aille
que tu	ailles
qu'il / qu'elle / qu'on	aille
que nous	allions
que vous	alliez
qu'ils / qu'elles	aillent

avoir

que j'	aie
que tu	aies
qu'il / qu'elle / qu'on	ait
que nous	ayons
que vous	ayez
qu'ils / qu'elles	aient

être

que je	sois
que tu	sois
qu'il / qu'elle / qu'on	soit
que nous	soyons
que vous	soyez
qu'ils / qu'elles	soient

faire

que je	fasse
que tu	fasses
qu'il / qu'elle / qu'on	fasse
que nous	fassions
que vous	fassiez
qu'ils / qu'elles	fassent

pouvoir

que je	puisse
que tu	puisses
qu'il / qu'elle / qu'on	puisse
que nous	puissions
que vous	puissiez
qu'ils / qu'elles	puissent

savoir

que je	sache
que tu	saches
qu'il / qu'elle / qu'on	sache
que nous	sachions
que vous	sachiez
qu'ils / qu'elles	sachent

vouloir

que je	veuille
que tu	veuilles
qu'il	
qu'elle }	veuille
qu'on	
que nous	voulions
que vous	vouliez
qu'ils	
qu'elles	veuillent

Although the above verbs are irregular, you will have noticed certain patterns.
For example, five of them have the following endings:

e
es
e
e
e
ions
iez
ent
ent

> With the exception of 'AVOIR' and 'ÊTRE', these are the endings of ALL verbs in the present subjunctive. You will also have noticed the use of 'que'.

2. All other verbs form their present subjunctive by following a rule. Look at four verbs below and see if you can work out the rule for yourself.
(Hint: the rule relates to the present tense.)

donner

que je	donne
que tu	donnes
qu'il	
qu'elle }	donne
qu'on	
que nous	donnions
que vous	donniez
qu'ils }	donnent
qu'elles	

finir

que je	finisse
que tu	finisses
qu'il	
qu'elle }	finisse
qu'on	
que nous	finissions
que vous	finissiez
qu'ils }	finissent
qu'elles	

prendre

que je	prenne
que tu	prennes
qu'il	
qu'elle }	prenne
qu'on	
que nous	prenions
que vous	preniez
qu'ils }	prennent
qu'elles	

boire

que je	boive
que tu	boives
qu'il	
qu'elle }	boive
qu'on	
que nous	buvions
que vous	buviez
qu'ils }	boivent
qu'elles	

You will probably have thought, after looking at 'donner' and 'finir' that you had worked out a rule. But as you looked at 'boire' and 'prendre' you will have seen that your rule didn't work! In fact, to be sure of being able to work out the present subjunctive of ANY verb, you need to have two parts to the rule:
(a) The stem of the 'ils' form in the present tense is the stem of the 'je', 'tu', 'il/elle/on', 'ils/elles' forms in the subjunctive.
(b) The stem of the 'nous' form in the present tense is the stem of 'nous' and 'vous' forms in the subjunctive.
Sometimes (a) and (b) will give you the same stem, as happens with 'donner' and 'finir'. But sometimes it will be different, as with 'boire' and 'prendre'.
So don't take short cuts with the rule until you know your verbs.

To form the present subjunctive:

present tense stem + endings = present subjunctive

ils	aim(ent)		e		que j'aime
	finiss(ent)		es		que tu finisses
	reçoiv(ent)	+	e	=	qu'il reçoive
	voi(ent)		ent		qu'elles voient

nous	aim(ons)				que nous aimions
	finiss(ons)		ions		que nous finissions
	recev(ons)	+	iez	=	que vous receviez
	voy(ons)				que vous voyiez

When to use the subjunctive

After	Examples
1. Verbs of wishing • désirer que • vouloir que • préférer que • souhaiter que, etc.	– Elle veut **que je fasse** mes devoirs. (She wants me to do my homework)
2. Verbs of fearing • avoir peur que • craindre que	– J'ai peur **qu'elle ne soit** malade. (I'm afraid she might be sick.) ('Ne' is used if both verbs are in the affirmative.)
3. Other verbs of emotion • avoir honte que • être content que • s'étonner que • être ravi que, etc.	Nous sommes contents **que tu sois** là. (We're happy that you're here.)
4. Verbs of saying, thinking, knowing (when there is an element of doubt) • penser que • croire que • être sûr que • dire que, etc.	– Je ne pense pas **que ce soit** une bonne chose. (I don't think it's a good thing.) – (But: 'Je pense que **c'est** une bonne chose.' I think it's a good thing.)
5. Verbs expressing a judgement • il faut que (falloir) • il est dommage que • il est temps que • il est important que • il vaut mieux que, etc.	– Il faut **que ton père comprenne** le problème. (Your father must understand the problem.) – Il vaut mieux **qu'elle le sache**. (It's better that she knows.)
6. Some conjunctions • pour que ⎱ so that • afin que ⎰ • de peur que ⎱ for fear • de crainte que (+ 'ne') ⎰ that/lest • avant que } before • à condition que ⎱ provided that • pourvu que ⎰ • quoique ⎱ although • bien que ⎰ • à moins que (+ 'ne') } unless	– Il a parlé anglais **pour que je comprenne** mieux. (He spoke English so that I would understand better.) – **Bien qu'elle soit** très jeune, elle lit beaucoup. (Although she is very young, she reads a lot.) – Je viendrai avec toi **à moins qu'il ne fasse** froid. (I'll come with you unless it's cold.)

The subjunctive is also used to mean 'whether':

Examples:

Qu'il l'aime ou pas/non. (Whether he likes it or not.)

Qu'il fasse beau ou qu'il fasse mauvais. (Whether the weather is good or bad.)

It is also used in making wishes.

Example:

Ainsi **soit-il.** (So be it./Amen.)

And finally, it comes after superlatives (most, best, worst, etc.)

Example:
> C'est le meilleur film que **j'aie** jamais vu.
> (It's the best film I've ever seen.)

The only other form of the subjunctive you might need is the perfect subjunctive. To form this, you simply make 'avoir'/'être' subjunctive, and leave the past participle unchanged.

Examples:
> Je ne pense pas **qu'elle soit partie**.
> (I'm not saying she has left.)
> Nous avons honte **que tu aies fait** ça.
> (We're ashamed that you did that.)

NOTE: You shouldn't use the subjunctive if the person in both parts of the sentence is the same. Look at these two pairs of sentences:

> Je veux **que tu partes**. (I want you to leave.)
> (two different subjects)

But:
> Je veux **partir**. (I want to leave.)
> Papa préfère **qu'elle reste**. (Dad prefers her to stay.)
> (two different subjects)

But:
> Papa préfère **rester**. (Dad prefers to stay.)

You may come across other uses of the subjunctive. Note them, and check with your teacher if you're not sure why it's being used in a particular situation.

Try learning off a few phrases, such as:
- Il faut que je parte.
- Il faut que je fasse mes devoirs.
- Il faut que j'aille chez le dentiste/en ville, etc.
- Il faut qu'on fasse quelque chose.
- Il est temps qu'on fasse quelque chose.
- Je veux que tu saches…
- Mes parent veulent que je poursuive mes études/que j'aille à l'université/que je trouve du travail, etc.

Exercises

A. Use the subjunctive of the verb in brackets to fill in the blanks.

1 (pouvoir)
Je l'ai invitée pour qu'elle _____ rencontrer Marc.

2 (aller)
Il faut que nous _____ la voir.

3 (dîner)
Je préfère qu'on _____ au restaurant.

4 (faire)
Malheureusement, il faut que je _____ un stage d'informatique cet été.

5 (pouvoir)
Je lui ai donné un plan pour qu'il _____ prendre le bus ce soir.

6 (accepter)
Je suis désolé, mais que vous l'_____ ou pas, c'est ce qui s'est passé.

7 (attendre)
Comme il faut que vous _____ votre fille, pourquoi pas écrire la lettre maintenant ?

8 (être)
On n'est vraiment pas sûr qu'elle _____ la personne ne qui a appelé.

9 (avoir)
Ses parents ont peur qu'elle n'_____ pas assez d'argent.

10 (donner)
Vous ne voulez pas qu'il _____ tout son argent, c'est ça ?

B. Translate sentences 1 to 10.

> J'y vais, moi, qu'il le veuille ou non !
> S'IL ME TROUVE BÊTE, QU'IL ME LE DISE !
> Quel dommage qu'on ne puisse pas aller au Portugal ensemble !
> Franchement, je ne crois pas que ce soit une très bonne idée.
> POURVU QU'ILS SACHENT LA VÉRITÉ…
> Je voudrais tant que tu sois là.
> Il faut absolument que tu le fasses.
> AINSI SOIT-IL.

Acknowledgements

The authors and publisher are grateful to the following for permission to reproduce copyrighted material:

'À vos marques ! : trois courses, trois victoires, trois records' by Raymond Boisset. © Je Sers - Labor et Fides, 1949; 'Ainsi vivent les riches' by Dominique Tarride for TéléObs cinema. © Le Nouvel Observateur; 'Ca m'interesse', © www.magui.fr; 'C'est un rêve que je croyais inaccessible', © La Dépêche du Midi, 2009; 'Confession d'un islamiste français', © L'Express, 2001; 'D'apres La Petite Bijou' by Patrick Modiano. © Gallimard, 2001; 'Dans les TGV, la chasse au fumeurs', © Le Journal de Dimanche, 2009; 'Denise, la SDF aux 70 000', © Le Parisien, 2007; 'Des Cornichons au Chocolat' by Phillippe Labro. Editions © Jean-Claude Lattes, 2007; 'Deux fois moins de morts sur les routes en dix ans', © Le Figaro, 2009; 'Du mandarin pour nos enfants', by Victoria Gairin. © Le Point, 2007; 'En Chine 90 Millions d'Enfants Uniques', © Le Point, 2007; 'Être touriste par 40° C sous le ciel d'Orange' by Guillaume Garvanese. © La Provence, 2006; 'Fini le restaurant du samedi, on prefere les diners entre amis', © Le Parisien, 2008; 'Football : Le racisme court les stades' by Paul Miquel. © L'Express, 2004; 'Heureux, les enfants du Net !' © books.fr, 2009; 'Il faut sauver Sara' by Marie Joly. © Libre Expression, 1999; 'J'ai toujours envie de toucher mon portable'. © Aujourd'hui en France; 'Jim Morrison – L'ange damne du rock' by Robert de Laroche. © Jeune et Jolie; 'La Plage à Paris', © Le Journal Du Dimanche; 'La Tribulations d'une caissière' by Anna Sam. © Editions Stock, 2008. 'Le camping où le temps s'est arrêté' by Isabelle Boidanghein. © Aujourd'hui en France, 2009; 'L'esprit de famille' by Janine Boissard. © Fayard, 1982; 'Le fils de l'Homme invisible' by François Berléand. Published by Edtions Stock, 2006; 'Le Journal de Zlata' by Zlata Filipović. © Robert Laffont, 1993; 'Les blogs sont leur royaume' by Aurélie Sobocinski. © Le Journal du Dimanche, 2004; 'Les femmes plus sportives qu'hier' by Julien Longchamp. © Le Monde, 2004; 'Les jeunes boivent moins mais se saoulent plus', © Le Figaro, 2006; 'Les mauvaises surprises des sejours linguistiques', © Le Figaro, 2008; 'Mamie a eu quinze ans' by Alica Dona. © Anne Carrière, 2006; 'Mémoires de Guerre' by Charles de Gaulle. © Universpoche, 2010; 'Montech, dans l'immeuble affolé, la chasse au python est lancée' by Fabrice Vironneau. © La Dépêche du Midi, 2009; 'No et moi' by Delphine de Vigan. © Editions Lattes, 2007; 'Nous irons cueillir les etoiles' by Gilbert Bordes. © Robert Laffont, 2007; 'Olivier, gardien de chiens dans des villas de luxe', © Le Parisien; 'Pierre Cardin', by Matthias Gurtler. © VSD.fr. 2006; 'Poème à mon frère blanc' by Léopold Sédar Senghor from Les Poèmes de Léopold Sédar Senghor. © L'Harmattan, 2008; 'Propos recueillis' by Arnaud Hermant. © Aujourd'hui en France, 2009; 'Telephonie : Parle-moi dans les yeux' by Guillaume Chazouilleres. © Le Nouvel Observateur; 'Une école pour les futurs cadres du Net' by Erwan Nenezet. © Le Parisien; 'Une personne sur deux telephone au volant', © L'Indépendant, 2011; 'Viou' by Henri Troyat. © Flammarion, 1980; 'Voyez comme on danse' by Jean d'Ormesson. © Gallimard, 2003.

The authors and publisher have made every effort to trace all copyright holders, but if any has been inadvertently overlooked we would be pleased to make the necessary arrangement at the first opportunity.